权威·前沿·原创

皮书系列为
“十二五”国家重点图书出版规划项目

四川法治发展报告（2015）

ANNUAL REPORT ON DEVELOPMENT OF THE RULE OF LAW IN SICHUAN (2015)

迈进制度红利的新时代

主　编／郑泰安
副主编／郑　鉉　马利民

社会科学文献出版社
SOCIAL SCIENCES ACADEMIC PRESS (CHINA)

图书在版编目（CIP）数据

四川法治发展报告：迈进制度红利的新时代. 2015/郑泰安主编.
—北京：社会科学文献出版社，2015.1（2015.7 重印）
（四川蓝皮书）
ISBN 978－7－5097－7024－5

Ⅰ.①四…　Ⅱ.①郑…　Ⅲ.①社会主义法制－建设－研究报告－四川省－2015　Ⅳ.①D927.71

中国版本图书馆 CIP 数据核字（2015）第 000504 号

四川蓝皮书
四川法治发展报告（2015）
——迈进制度红利的新时代

主　　编／郑泰安
副 主 编／郑　鈜　马利民

出 版 人／谢寿光
项目统筹／高振华
责任编辑／高振华

出　　版／社会科学文献出版社·皮书出版分社（010）59367127
地址：北京市北三环中路甲 29 号院华龙大厦　邮编：100029
网址：www.ssap.com.cn
发　　行／市场营销中心（010）59367081　59367090
读者服务中心（010）59367028
印　　装／北京京华虎彩印刷有限公司

规　　格／开 本：787mm × 1092mm　1/16
印 张：21　字 数：349 千字
版　　次／2015 年 1 月第 1 版　2015 年 7 月第 2 次印刷
书　　号／ISBN 978－7－5097－7024－5
定　　价／69.00 元

皮书序列号／B－2015－410

《四川法治发展报告（2015）》
编　委　会

主要编撰者简介

郑泰安　四川省社会科学院副院长、研究员、博士后合作导师，主要研究领域为立法学、行政法治、经济法学。兼任四川省立法研究会副会长、四川省法治与社会治理研究会副会长、四川省法学会商法学研究会常务副会长、四川省法学会行政法学研究会副会长、四川省法学会劳动与社会保障法学研究会副会长、四川省法学会环境资源法学研究会副会长。主持、主研并完成国家社科基金课题、省部级课题8项，出版专著13部，在CSSCI来源期刊、核心期刊等上发表论文50余篇，科研成果获省政府一等奖1项、二等奖2项，多次主持和参加地方立法的起草工作，多次应邀到英国国家学术院、国家高等教育质量委员会，台湾政治大学等进行学术交流。多次参加国家和省、市的立法起草、决策咨询会议，多项立法建议、决策咨询意见获多位省部级领导重要批示或被有关部门采纳。

郑　鈜　四川省社会科学院法学研究所副所长（正处级）、副研究员、硕士研究生导师，芝加哥大学访问学者，主要研究领域为应用法学、经济法治、行政法治。兼任中国证券法学研究会副秘书长，四川省立法研究会副秘书长，四川省法治与社会治理研究会副秘书长，四川省法学会商法学研究会秘书长，四川省法学会法理学研究会常务理事，四川省政协委员、协商立法专家。主持和主研国际合作课题、国家社科基金和省部级课题13余项，出版学术著作11部，在CSSCI来源期刊、核心期刊、重要报刊等上发表论文70余篇，为政府机关、企事业单位撰写对策建议、研究报告60余份80余万字，其中多份研究报告、对策建议和立法建议获多位国务院领导、省部级领导重要批示，被国务院有关部门和省级有关部门采纳，科研成果获四川省哲学社会科学优秀成果二等奖3项，全国学会优秀成果奖2项。

马利民　法制日报社四川记者站站长，四川省法治与社会治理研究会常务副会长。多次参与国家及省级重要社会治理项目对策建议及媒体策划，多次获得中国新闻奖，荣获全国先进工作者五一劳动奖章。

摘　要

《四川法治发展报告（2015）》包括总报告、主题报告、综合篇、地方法治篇和法治创新篇等，梳理了2014年四川法治发展领域的重点工作和热点问题，凸显在全面推进依法治国背景下制度红利新时代已经来临。

全书以四川贯彻落实《四川省依法治省纲要》为基础，围绕立法、执法、司法、守法等多个环节，重点关注了四川法治工作的新进展、产生的新思路、形成的新格局，以法治视角统筹分析经济、行政、社会等各个层面和领域的活动，助推法治理论、法治实践和法治精神对经济社会发展形成全面深刻影响。

除了在总体层面梳理了依法治省、立法、行政法治和司法实践，还探讨了立法协商、司法公开、社会稳定风险评估、行政裁量权规范、社区矫正、混合所有制经济发展等若干问题，积极回应了经济社会发展的需求；分享了民族立法、“大调解”、涉诉信访法治化、创新预防职务犯罪培训方式、综合执法试点改革等重要经验，向全社会贡献出四川法治的地方样本；重点分析了“法律七进”、行政审批改革、“诉非衔接”、医患纠纷调解解决、产权市场法治等创新做法，充分展示了四川法治领域锐意改革的睿智和勇气。

目录

𝔹Ⅰ 总报告

𝔹Ⅱ 主题报告

𝔹Ⅲ 综合篇

BⅣ 地方法治篇

BⅤ 法治创新篇

ⅥB 附录

皮书数据库阅读**使用指南**

总 报 告

General Report

B.1 法治四川新篇章

——四川省依法治省工作总报告

郑泰安 郑 妮*

摘 要： 党的十八大以来，四川省从顶层设计开始，突出高端谋划，厉行法治，成为深入贯彻落实依法治国方略的先行者，谱写了法治四川新篇章。四川先后颁布实施了《四川省依法治省纲要》、《四川省依法治省指标体系》、《关于贯彻落实党的十八届四中全会精神全面深入推进依法治省的决定》、《四川省"法律七进"三年行动纲要（2014～2016年）》等重要文件。就全国而言，四川依法治省已居于全国前列。本报告基于对四川省依法治省现状的实证调研，就四川部分地区依法治理

* 郑泰安，四川省社会科学院副院长，研究员，博士后合作导师；郑妮，四川省社会科学院副研究员，硕士生导师，法学博士；四川省社会科学院法学研究所硕士研究生席耀军、韩雪、舒清茏、乔小叶作为总报告课题组成员，参与了总报告的编写、数据采集、资料搜集、样本分析等工作。

的情况进行梳理，归纳了市（州）典型经验和亮点。从顶层设计、体制机制、实践探索等多个层面探寻四川省依法治省过程中存在的问题及挑战，并结合四川实际提出具有针对性的对策建议。基于以上分析，本报告最后提出了对四川省依法治省工作的整体展望，以期为全面推进法治四川建设提供理论上的支撑和实践上的支持。

关键词：依法治省　依法治理　法治四川建设

引言：四川省依法治省工作的现实背景

党的十八大以来，在依法治国的决策部署之下，经济建设、政治建设、文化建设、社会建设、生态文明建设和党的建设等各个领域，不断向规范化、制度化推进，取得举世瞩目的成就，良好的法治环境正在形成。

党的十八届三中全会高举全面深化改革的大旗，要求转变模式，突破传统格局，当然，改革过程也会面临不少矛盾和问题。我们认为，全面深化改革和依法治国的总目标是一致的，都是为了实现中华民族伟大复兴的中国梦，深化改革的过程需要运用法治思维和法治方式来解决各类问题，而依法治国有利于巩固改革的成果、创造良好的社会环境。因此，在 2014 年 1 月的中央政法工作会议上，习近平总书记要求，“各级领导干部要提高运用法治思维和法治方式深化改革、推动发展、化解矛盾、维护稳定能力”。[①] 2014 年 10 月，党的十八届四中全会首次以“依法治国”为会议主题，研究全面推进依法治国若干重大问题。这是党中央深刻总结历史、着眼未来的战略部署，必将推动依法治国迈向新的台阶。习近平总书记在 2012 年 12 月 4 日纪念现行宪法施行 30 周年大会上以及 2013 年 2 月 23 日中央政治局第四次集体学习的讲话中，均提出了“科学立法、严格执法、公正司法、全民守法”的新“十六字”方针。新

① 习近平：《在 2014 年 1 月的中央政法工作会议上的讲话》，www. mps. gov. cn/n16/n89，最后访问日期：2014 年 12 月 5 日。

“十六字”方针建立起法治中国的基本标准，明确了法治中国建设的方向。就法治四川建设而言，最重要的是要结合四川本土特点，因地制宜，将新“十六字”方针贯彻好、落实好。

为了响应依法治国的号召，贯彻法治这一伟大主题，四川省在《中共四川省委关于贯彻落实党的十八届三中全会精神全面深化改革的决定》中，提出了“治蜀兴川，厉行法治”这一主题。四川省领导高度重视依法治省，省委书记王东明强调：“我们贯彻落实党的十八大精神，提出加快建设法治四川，就是要形成办事依法、遇事找法、解决问题用法、化解矛盾靠法的良好环境，夯实治蜀兴川的法治根基。”① 省长魏宏提出：“增强建设法治四川的自觉性和坚定性。要抓紧研究制定具体落实措施，既要有总体安排，又要有年度计划，着力增强针对性和可操作性。”② 省委副书记柯尊平在全省学习贯彻《四川省依法治省纲要》培训班上提出：“大家身处推进依法治省工作‘第一线’，责任重大，使命光荣……大家要做依法治省工作的明白人、设计者、组织者、攻坚者。”③

2013 年 12 月 31 日，中共四川省委印发了《四川省依法治省纲要》。该《纲要》作为四川省法治建设的里程碑，意义重大。《纲要》共分为指导思想和原则目标、依法执政、科学立法、依法行政、公正司法、社会法治、学法用法、监督问责、组织保障 9 个部分。2014 年初，为深入贯彻落实《四川省依法治省纲要》和推进依法治省工作会议精神，结合全省 2014 年工作要点和工作实际，四川省制定了《四川省依法治省 2014 年工作要点》。该《工作要点》涵盖了法治宣传教育、依法执政、依法行政、司法改革、依法化解社会矛盾纠纷、基层法治建设示范创建、推进依法治理工作落实等七个方面，落脚于依法治省的最根本问题，绘制出了建设法治四川的宏伟蓝图。

2014 年 2 月，为全面贯彻落实依法治国基本方略，加快推进依法治省进程，四川省根据《四川省依法治省纲要》制定了《四川省依法治省领导小组开展依法治理基层示范单位创建活动实施方案》。开展依法治理基层示范单位

① 王东明：《治蜀兴川重在厉行法治》，《法制日报》2013 年 12 月 6 日。

② 张宏平：《四川省推进依法治省工作电视电话会议召开》，《四川日报》2014 年 1 月 10 日。

③ 柯尊平：《在全省学习贯彻〈四川省依法治省纲要〉培训班上的讲话》，http://www.xinduredcross.org/detail.jsp? id=35689，最后访问日期：2014 年 12 月 5 日。

创建活动，促进了党政机关和司法机关工作人员特别是领导干部牢固树立依法执政、依法行政、公正司法的理念，提高这一群体运用法治思维和法治方式深化改革、推动发展、化解矛盾、维护稳定的能力。2014 年 10 月 11 日，《四川省依法治省指标体系（试行）》正式对外发布，成为推动依法治省各项工作的“总指南”，更是检验依法治省工作成果的“试金石”。

2014 年 11 月 19～20 日，四川省委十届五次全会在成都举行。全会审议通过了《中共四川省委关于贯彻落实党的十八届四中全会精神全面深入推进依法治省的决定》和《中共四川省委关于坚持思想建党与制度治党紧密结合全面推进从严治党的决定》。把当前与长远统筹兼顾，把发展与治理统筹思考，把依法治省与从严治党统筹部署，把为民执政与执政兴党统筹推进，在新常态下肩负起治蜀兴川的新使命。为四川省全面深化改革、全面推进依法治省、全面建成小康社会提供了根本指针，为治蜀兴川的伟大实践提供了坚强保障。

至此，四川省治蜀兴川的各项事业被逐步纳入法治轨道。“推进依法治省、加快法治四川建设”作为一项重大部署，在四川全面展开。四川依法治省正在以前所未有的力度大力推进，并努力形成尚法守制、公平正义、诚信文明、安定有序的依法治省新格局。

一　四川依法治省进展及现状

（一）高度重视，法治建设已经成为全省上下一项重要任务

2013 年四川省委明确提出：“治蜀兴川重在厉行法治。”围绕依法执政、科学立法、依法行政、公正司法、社会法治、学法用法六大主要任务，顺利推进法治四川建设，并付诸实践。法治建设已经成为四川省上下一项重要任务。据不完全统计，从 2013 年 2 月 4 日召开的四川省政府第二次常务会议学习宪法开始，截至 2014 年 11 月 26 日，已开展了 50 次常务会议会前学法活动，内容紧紧围绕依法治省、经济发展以及社会治理展开。[①]

依法治省，全面部署发动。2013 年 3 月 4 日，依法治省领导小组召开第

① 赵文：《四川省市县两级政府法律顾问制度基本建立》，《四川法制报》2014 年 11 月 26 日。

一次会议；2013 年 12 月 6 日，四川省委书记王东明发表题为《治蜀兴川重在厉行法治》的署名文章；2013 年 12 月 25 日，四川省委颁布《四川省依法治省纲要》；2014 年 1 月 9 日，四川省召开推进依法治省工作电视电话会议；2014 年 1 月 13 日，省委、省政府办公厅印发《关于成立四川省依法治省领导小组的通知》（川委厅字［2014］1 号），决定成立省依法治省领导小组，由省委书记王东明亲任组长；领导小组办公室设在省委办公厅，办公室主任由省委副秘书长杨天宗兼任；1 月下旬召开的省十二届人大二次会议，将“依法治省”列为 1 号议案，四川省人大常委会审议通过《关于深入推进依法治省的决议》；2 月，省委十届四次全会将“依法治省”列为重点工作之一，举行全省学习贯彻《四川省依法治省纲要》培训班；8 月 26 日省依法治省领导小组召开第二次会议，审议通过《四川省依法治省指标体系（试行）》和《深入推进“法律进学校”的实施意见（2014～2016）》；11 月 19～20 日，中国共产党四川省第十届委员会第五次全体会议顺利召开，全会审议通过了《中共四川省委关于贯彻落实党的十八届四中全会精神全面深入推进依法治省的决定》和《中共四川省委关于坚持思想建党与制度治党紧密结合全面推进从严治党的决定》。

四川省人大机关制定《关于贯彻〈四川省依法治省纲要〉的实施意见》和《贯彻〈四川省依法治省纲要〉2014 年工作要点》，结合人大工作实际，依法履行职责，积极推进依法治省各项工作。进一步完善五年立法规划，科学制定 2014 年省人大常委会立法计划。按照年度立法计划，围绕深化改革、经济发展、社会管理和民生保障等，有序推进各项立法。并积极参与社会调研，围绕加快经济社会发展、加强和改进地方人大工作、推进依法治省、专题询问等 14 个方面的重大问题开展调查研究，并形成初步调研成果。

上自省委省政府，下至县乡一级，领导干部都将法治建设作为各项工作的重中之重，全面把握，并展开一系列学法用法活动。在强化依法行政方面，四川省 2014 年开展了国务院第三批取消、下放的 68 项行政审批事项的清理工作，并最大限度地减少了行政审批事项。在促进公正司法方面，四川法院系统更加注重审判工作透明度，不断开发完善统一的审判流程查询系统与便民系统，并在网上办案、联系法官等方面增加了在线诉讼服务，而四川检察院则以信息化为支撑，探索构建检察监督和检察建议平台，积极搭建控告举报平台。

在社会治理方面，四川已全面启动新一轮户籍制度改革，积极建立“以证管人、以房管人、以业管人”的实有人口管理新模式；与此同时，四川多地建立了以“6411”信息系统①为支撑的网格化服务管理模式，大大提高了社会服务能力，提高了群众满意度。

（二）全员动员，治蜀兴川，厉行法治已经成为全省各界普遍共识

作为西部内陆省份，四川人口基数大，经济发展较为落后。要想真正实现“中国梦”四川篇章，任重而道远。一方面，需要构建科学的发展模式，加快社会发展；另一方面，需要妥善处理社会转型过程中产生的新的矛盾与挑战。而这些问题，从根本上讲，均必须通过法治建设来解决。治蜀兴川重在厉行法治，已经成为全省各界的普遍共识。

政府层面，各级政府加大了依法行政、依法执政的力度，对依法治省起到较好的表率作用。2014 年 1 月 22 日，四川省人民政府办公厅印发了《〈四川省人民政府 2014 年度推进依法行政工作安排〉的通知》，强调了以地方政府职能转变和机构改革为契机，进一步消除依法行政工作体制机制障碍，加快建设法治政府和服务型政府。其主要做法：“一是清理规范行政审批事项。在去年取消调整 279 项的基础上，今年准备取消调整省本级行政审批事项 46 项，公布保留省本级行政审批事项 280 余项。二是推行行政权力清单制度。牵头清理汇总省级 55 个部门现有行政权力 7194 项，市（州）政府行政权力平均 6058 项，县（市、区）政府行政权力平均 4083 项。三是着力规范行政执法。代省政府起草《四川省规范行政执法裁量权规定》及贯彻通知，指导各级政府部门全面规范行政执法自由裁量权。”②

省级各部门立足本职工作，寻找依法治省的突破点。例如，四川省公安厅进一步深化平安四川建设，开展反暴恐社会治安清查整治行动和藏区维稳工作，严厉打击各类刑事犯罪，进一步强化安全监管；四川省教育厅深入推进依

① “6411”信息系统具体指：组织机构、人口信息、房屋信息、重点场所、城市管理、网格地图 6 个信息库；网格、网格化服务管理工作站、网格化服务管理分管中心、网格化服务管理监管中心 4 级管理体系；网格化服务 1 套闭环流程；网格服务 1 个平台。

② 刘佩佩：《全国媒体“法治四川行”开展全民普法教育　制定“法律七进”三年行动纲要》，四川新闻网，2014 年 8 月 5 日。

法治校，加大普法教育力度，将法治教育纳入中小学校长、幼儿园园长培训内容，并在全省大、中、小学增加法治教育课程，传授法律知识；四川省民政厅强力推进依法治村，加大对社会组织的培育和规范；四川省司法厅开展全民普法教育，制定了《“法律七进”三年行动纲要》；等等。

媒体方面，新老媒体均加大了依法治省宣传工作的力度，对依法治省起到很好的舆论宣传作用。四川省各地媒体，通过法治专栏，以新闻、以案说法等形式普法讲法，形式多样，效果显著。例如，2014 年 8 月 3 ~ 9 日，全国媒体“法治四川行”大型集中采访活动在成都举行，体现了媒体在依法治省中的责任担当。

基层民众方面，依法治省也得到深刻落实。例如，四川广安华蓥市双河街道果子村创新推进农村基层自治，以法律法规为基础制定村规民约，让每一位村民都参与到村务管理之中，全体村民全程参与到《村规民约》制定之中。《村规民约》制定于基层，服务于基层，监督于基层。①

藏区治理方面，加大了对寺庙的依法管理力度。例如，“阿坝县有 42 座大大小小的藏传佛教寺庙，以前寺庙场所的建设、管理基本上由寺庙做主，随意扩建、乱搭乱建等现象层出不穷，寺庙账目也混乱不清。如今，寺庙管理全部纳入了法制化轨道”。② “法律七进”中的“法律进寺庙”即规定了一系列法律进寺庙的路径和方法。

此外，全省 21 个市（州）普遍建立了法律顾问制度。据省政府法制办统计，截至 2014 年 7 月底，全省 21 个市（州）政府全部建立了法律顾问制度，183 个县（市、区）政府中有 167 个建立了法律顾问制度，建立率为 91.26%。至此，四川省市县两级政府法律顾问制度基本建立。

法治四川建设是全省的大局，是一个有机的整体，必须由各方面共同推动，方能取得预期成效。在治蜀兴川的各项工作中，四川省全体动员，将迈向制度红利的新时代。

（三）深入推进，依法治省工作全面部署开展并积极创新工作举措

四川省深化法律进机关、进学校、进乡村、进社区、进寺庙、进企业、进

① 刘裕国：《把权力关进法律的笼子里》，《人民日报》2014 年 10 月 19 日。

② 刘裕国：《把权力关进法律的笼子里》，《人民日报》2014 年 10 月 19 日。

单位等“法律七进”活动，把学校和寺庙作为重点，赋予新的内涵，探索新的形式，切实提高普法实效。在法制宣传方面积极创新工作举措。四川省委把2014年3月作为全省“依法治省宣传教育月”，由省依法治省办公室牵头，司法厅具体负责，相关单位协同配合，迅速掀起法治宣传教育的热潮，使全社会公民真正信仰法律、敬畏和遵从法律。坚持“谁执法、谁普法”原则，强化执法主体的法治宣传教育责任，使法治建设的过程成为向群众普及法律知识的过程。同时整合各类资源，打造品牌栏目，创新宣传方式，做到电视天天有新闻，报纸天天有文章，电台天天有声音，各种网络媒体天天有消息，各重要场所、重要节点、基层单位有醒目标语。

在依法治理信访秩序方面积极创新工作举措。四川省重视信访工作的制度化、规范化、法治化，集中治理缠访闹访、越级非访、以访谋利等突出问题，建立网上平台，实现网上受理信访规范化、制度化。先从制度上着手，建立健全解决群众诉求的长效机制，挖掘群众权利救济的新途径、新办法，合理改进涉诉信访依法终结制度，切实做到有法可依、有法必依，引导群众依法理性表达诉求。

在加大积案清理力度方面积极创新工作举措。例如，创新建立并完善积案台账制度和网络受理处理平台。重点加大了人民法院生效裁判的执行力度，切实提高司法公信力。依法治理重点领域矛盾纠纷和信访突出问题，发挥好各级信访联席办公室的作用，集中攻坚化解农村土地征用、城镇房屋拆迁、涉法涉诉、国有企业改制、企业军转干部、复员退伍军人安置、劳动和社会保障、环境保护、水库移民、非法集资等重点问题。

在基层法治示范创建工作方面创新举措。例如，中江县借助村规民约依法治村治社区，成都市以信息化为支撑加大网格化服务管理建设，江安县提倡“订单式普法”[①] 解决“法律七进”怎么进的问题等，均加大了法治的力度和深度。总体而言，四川省注重创新依法治省举措，深入推进依法治省各项工作。不少市（州）还积极做好动员部署工作，找准工作推进的薄弱点和突破

① 所谓“订单式普法”，是指在开展普法活动前，首先了解群众对法律知识的需求，然后由普法人员准备相应的法制宣传资料，再向群众进行讲解。简单地说，就是群众需要什么法律知识，法制宣传员就宣传什么法律知识。

口，着力解决一批各方关注的热点和难点问题，在法治的框架之下切实解决各种疑难问题。

二　四川依法治省典型经验

（一）具有地方特色的《四川省依法治省指标体系》

2014 年 10 月，具有地方特色的《四川省依法治省指标体系》（以下简称《指标体系》）出台，通过指标形式推进依法治省工作的全方位开展，这在全国尚属首例。《指标体系》与《四川省依法治省纲要》相对应，以《纲要》作为主要制定依据。全文包括依法执政、科学立法、依法行政、公正司法、社会法治、学法用法、监督问责、组织保障 8 个部分，而每个部分按照实际的项目属性及内在运转模式又包含 3 ~ 13 个不等的具体指标。例如，在科学立法部分出现了“立法工作民主规范”、“立法质量显著提高”等指标。在“立法工作民主规范”这个一级指标下面又包含“立法工作按照法定权限和程序开展、审议程序合法规范”等具体要求。

《指标体系》将“科学系统”作为编制的重要原则，贯穿整个指标体系。比如“依法行政”部分，从制度设定到实践操作，分别设定了“职责权限依法确定”、“政府职能转变到位”、“决策程序执行到位”、“规范性文件制定和备案合法规范”、“行政执法机制完善”等 12 项指标。同时，每一项指标又重点突出。比如“职责权限依法确定”一项重点要求“政府及部门职责权限清晰合理，机构编制调整不突破政府机构限额和行政编制总额，事业单位分类改革统筹推进”。强调“公布行政权力清单并实行动态调整”。在“学法用法”部分，用“普法工作责任明确”、“‘法律七进’深入推进”、“‘谁执法、谁普法’机制健全”、“理论研究及平台建设得到加强”等 4 项指标来衡量，同时各个指标又有所侧重，重点突出。比如在“普法工作责任明确”这项指标中，着重突出“法制宣传教育工作机构建立健全，监督考核严格”；“‘谁执法、谁普法’机制健全”这项指标突出“执法部门日常宣传和集中宣传相结合、执法办案和普法宣传相结合、属地管理和上下联动相结合的工作机制建立健全”。

为便于操作，指标的表述尽量采取量化形式，这为《四川省依法治省纲要》确定的各项工作的实现和收效程度提供标准。在《指标体系》中，包含指标数量最多的是社会法治部分，涵盖了“社会治理”、“基层自治”、“社会组织管理”、“民族宗教事务依法管理”、“信访秩序规范”、“食品药品安全监管”、“生产安全治理”、“突发事件处置”、“网络监管机制”、“基层平安建设”、“社会征信体系构建”、“法律服务质量提升”等12个二级指标。治理主体包括各级党委、政府，各基层自治组织，各类社会组织等，涵盖面极广，涉及社会法治的各类主体。如此规制，势必为社会法治的有效开展提供强有力的制度支撑。作为地方化的指标体系，四川省在制定该体系过程中，充分考虑到本地实际，将民族宗教事务专门作为一项治理指标加以规定，将民族事务与宗教事务法治化处理，并融入法治建设进程，这正是四川省地方特点与依法治省战略的客观结合。为了与时俱进，体现社会法治的时代属性，《指标体系》提出要完善网络监管机制，表现为“互联网管理资源有效整合、互联网管理领导体制健全”等指标。这一举措，切实增强了该体系的适用性。

四川通过指标体系的形式全面推进依法治省纲要的贯彻落实，此举属国内首创。未来，该《指标体系》仍需通过实践的检验，进一步量化、细化，从而切实推进法治四川建设。

（二）四川“法律七进”三年行动纲要

为贯彻落实《四川省依法治省纲要》和四川省委书记王东明关于深入持久开展“法律七进”活动的重要指示精神，进一步增强法制宣传教育工作的针对性、实效性，四川省委宣传部、省司法厅制定和发布了《四川省“法律七进”三年行动纲要（2014～2016年）》（以下简称《行动纲要》）。该《行动纲要》的总体要求是宣传法治理念，弘扬法治精神，最终营造良好的法治氛围。《行动纲要》全文分为7个主要部分，每部分按照年份时间明确具体的执行内容。《行动纲要》以提高全社会法治意识和法律素养为主线，落实每一年的任务和重点，一年普及法律常识，两年培养法治意识，三年提升法律素质，十分具体，具有可操作性。

在《行动纲要》中，“法律七进”是关键词。开展“法律七进”工作是一项基础性、先导性、系统性工程，关注经济社会发展的方方面面、群众生产生活的点点滴滴。“法律七进”是指法律进机关、法律进学校、法律进乡村、法律进社区、法律进企业、法律进单位、法律进寺庙。

一是法律进机关，要求不断提高依法管理和服务社会的水平，积极开展有创新内容的法制宣传教育和依法治理工作。在三年内（2014～2016年）逐渐加强对宪法、领导干部履行职责的相关法律法规、公务员履行职责的法律法规、廉洁从政法律法规、公务员管理和监督的法律法规、民商事法律法规、社会管理事务法律法规的宣传学习，深入领会习近平总书记关于依法治国系列重要讲话精神，重点学习宣传《四川省依法治省纲要》和省委书记王东明关于依法治省的重要讲话精神。

二是法律进学校，不断提高青少年学生的法律素质。《行动纲要》要求重点抓住小学阶段、中学阶段、高等教育阶段，实现对学生的全方位法治宣传教育，并因时制宜地开展专项法律知识的普及。

三是法律进乡村，结合农村日常生活、工作的特点，有针对性地不断加强相关法律的宣传和基础培训工作，重点加强农业农村发展、保障和改善民生、外出务工经商人员、纠纷处理程序、基层群众自治等有关法律法规的学习。

四是法律进社区，促进和谐社区建设。在法律进社区的推进过程中，重点加强与社区群众切身利益相关的法律法规的宣传教育。把保障和改善民生作为重中之重认真对待。

五是法律进寺庙，提高宗教教职人员的法律素质。加强宗教活动场所教职人员法律法规知识培训，不仅包括宪法知识的普及、依法治省理念的推广，还要着重加强与寺庙管理相关法律法规的学习。

六是法律进企业，实现法律对企业的制度化调控、企业在市场中规范化运行。加强对于诚信经营的宣传教育，将与现代企业制度相关的法律制度融入其中，并侧重于对职工权益保护的宣传与教育。

七是法律进单位，逐步提高法治化管理水平。实现在依法治国、依法治省大背景下的依法管理。加强宣传教育，提升单位领导干部法治思维、法治意识，逐渐提升单位全体职工的法律素质。

四川省通过扎实开展“法律七进”活动，普及法律知识，增强公民的法律意识与法治观念，提升社会法治化管理水平，为四川的健康、快速发展营造良好的法治环境。深化“法律七进”活动，以真抓实干的作风和强有力的举措，不断推进四川依法治省进程，努力谱写法治四川新篇章。

（三）具有成都特色的"四型法治"建设体系

为深入推进法治建设，成都勇于创新法治建设模式，开创了具有成都特色的"四型法治"建设体系，即"阳光型"法治、"信仰型"法治、"指标型"法治、"保障型"法治。

"阳光型"法治，集中体现政府依法行政公正、公开、公平。为塑造"阳光型"法治成都，成都市政府采取多项举措，多方面营造政府权力公开运行的行政环境。一方面，成都深入推进政务公开、重大决策公开，畅通民意表达渠道；另一方面，成都市十分重视重大决策社会稳定风险评估，积极建立并完善公众参与重大决策的程序，并将其制度化，以此保证行政执法工作的科学性，保障人民群众的各项民主权利。

"信仰型"法治，在客观上要求培养全社会的法治意识，并逐渐形成法律信仰，营造起全民学法知法守法的法治环境。为实现这一目标，成都市以"人人讲法·共建和谐"为主题，通过法治大讲堂的形式，深入社区、院落普法讲法。"全市组建1760多人的普法讲师团、1500名驻村（社区）律师队伍、7700多名法制宣传志愿者和492支群众性法治文艺小分队，深入开展各类法治宣讲活动1.3万余场次。目前，已形成以金沙讲坛（法治专场）、少城讲堂为标杆，县、乡镇（街道）、村（社区）三级法治讲堂为主体，党校和中小学为补充，各类媒体和法治文化阵地为触角的法治大讲堂工作体系，全民参与、人人讲法的局面已初步形成。"①

"指标型"法治，将依法治市量化、指标化，使其具有可操作性，为此，成都市始终坚持由群众来确定考评指标，由群众来推动考评工作，让群众来分享考评结果。截至2014年2月24日，"全市316个基层司法所，共计召开了千余场征求意见座谈会，累计发放问卷21余万份，以此为基础，广泛汇民智，聚民意，发动群众参与制定法治成都考评体系，归纳出包含政府依法行政、司法公平正义、党委依法执政等九大类合计268项指标。"②

"保障型"法治，"依托群团组织、工业园区和乡镇司法所建立法律援助

---

① 倖奎：《推进三个百姓学法品牌　创新打造"四型法治"》，《成都日报》2014年2月24日。
② 倖奎：《推进三个百姓学法品牌　创新打造"四型法治"》，《成都日报》2014年2月24日。

工作站414个，完善了12348法律服务热线、网络在线服务平台，在全国首推'法律服务一点通'手机应用软件，形成高效便捷、全方位覆盖的法律服务网络体系。成都还率先推进公共法律服务向村（社区）延伸，在2902个村（社区）和7个保障性住房安置小区建立法律服务工作室，公开招聘700多名法律服务社工，为群众和基层组织提供常态化和专业化的法律服务。"[①] 有效缓解了社区民众法律服务需求逐年增长与现有城乡社区法律服务资源有限的冲突，体现了法治成都的保障性。

（四）达州"3+X"模式

达州高度重视城市法治环境的营造，把良好的法治环境作为引领社会发展的核心竞争力。特别是通过"社会、家庭、自我"加分类特色的"3+X"法制教育模式，努力使法治思维、法治信仰深入人心，并将其从意识层面转化为法治习惯，这一创新模式取得很好的成效。

达州市依法治市，以法制宣传教育为核心，以提高法制宣传教育实效为重点，让法治精神进心入脑，有意识、成习惯，变"单向灌输"为"双向互动"，分层分类创新法制宣传教育的载体和形式。在全市范围内全力构建"社会、家庭、自我"+"机关、学校、乡村、社区"等的"3+X"法制教育格局。另外，"达州市运用新媒介引导教育群众依法、理性、有序参与社会活动，开设依法治市网页，开办《法制档案》、《每周说法》等电视节目，打造出13个法治文化主题公园"。[②] 此外，在依法治市过程中，达州市还针对基层基础薄弱现状，加大市县两级财政投入，在各区、市、县成立一个普法讲师团，乡镇设立一个普法辅导站，村委会建立一个普法图书室，居民小组选聘一名法制宣传员，每户有一个法律明白人，使法制宣传深入人心，把群众作为基层法治建设的主体，教育引导群众用法律规范言行、用法律维护权益。

（五）德阳中江县依法治村治社区

四川省德阳市中江县以"村规民约"为抓手，推进依法治省在基层落实，

---

① 倖奎：《推进三个百姓学法品牌创新打造"四型法治"》，《成都日报》2014年2月24日。

② 魏华：《我市力推法治精神进心入脑、有意识、成习惯》，达州日报网，2014年10月23日。

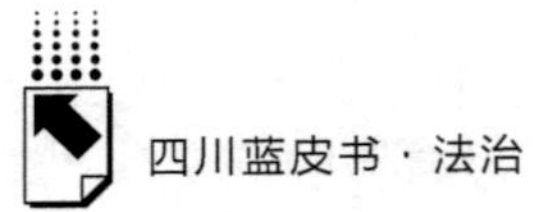

形成“三上、三下、六步工作法”的“中江经验”。

“中江经验”中的“三上、三下”，即村规民约的起草过程反复三次征求意见、三次整理修改；“六步工作法”，即村规民约的制定实施要经过“强化领导监督、广泛宣传动员、精心组织起草、反复征求意见、依法表决备案、认真组织实施”六个步骤。“中江经验”与过去村规民约制定实施过程相比，有三个显著特点：一是充分尊重民意，广泛开展基层协商民主。二是培养村民的法治观念和自觉意识。“依法立约、以约治村、民主治理”使规范细节化、生活化，便于村民了解、记忆和遵守，形成“我参与、我制定、我签字、我遵守”的良好氛围。三是构筑基层社会治理多元参与的新平台，起到凝聚人心的作用。①

（六）资阳“1+6+N”依法治理工作推进机制

2014年2月21日，资阳市委常委会审议并通过《资阳市依法治市实施纲要》和《资阳市依法治市2014年工作要点》。其中，《纲要》指出：“建立由资阳市依法治市领导小组统筹牵头，依法执政、依法行政、公正司法、学法用法、社会法治、监督问责六个工作推进组分工负责，若干工作组具体落实的‘1+6+N’推进落实机制。”②

“1+6+N”不是抽象的公式，而是具体的依法治市行动方案。该市依法治市领导小组作为1个主体力量负责协调指挥整个依法治市工作；6个工作推进组分别从依法执政、依法行政、社会法治、公正司法、学法用法、监督问责6个方面协同推进；N个工作小组则以市级部门（单位）为责任主体，分别制订详细的实施方案和工作计划。

“1+6+N”推进落实机制进一步明确并细化了推进依法治市的工作和方案，落实到位、全面覆盖，为“实现经济总量翻番，再造一个资阳”的目标提供了坚实的法治保障。

（七）其他

此外，达州市的“党委（党组）常态学法、任前考法、年度述法”三位

① 贾宜超：《四川中江以“村规民约”推进依法治省在基层落实》，中国广播网，2014年8月24日。

② 《资阳市依法治市实施纲要》。

一体学法用法机制、法律顾问党政共享“大顾问、大服务”机制、对非法干预司法活动备案登记和查处追责制度、“两公约管言行、五步法定事情、三张网保民安”社区民主法治经验、涉诉信访“市民举报、查实奖励、诬告查处”三项制度，广元市的法官律师阳光沟通平台、阳光检务直通车、一小时法律援助工作圈、“十二户治安联防”依法治村模式，南充市的国内首个政务公开地方标准《南充市政务公开标准》，广安市的“法律七进”工作指导标准等，都非常贴近实际、贴近生活，具有鲜活的时代感，体现了依法治市过程中鲜明的地方特色。

三　四川省依法治省工作面临的问题

（一）法治意识层面

在推进四川省现代化进程中，四川省委省政府始终高度重视法治建设。经过多年来持续不断的努力，依法治省工作取得积极的进展和明显的成效。同时，我们也应当看到，一些地方仍然存在行政不作为、乱作为，司法不公，执法不规范、不文明等现象，这些问题正反映了相关人员法治意识的淡薄，主要存在以下两方面的问题。

1. 部分领导干部对依法治省认识不足

一些领导干部对依法治省认识不足，法治意识比较淡薄。他们虽表面对外宣扬崇尚依法治省，实际仍照本宣科，走形式、走过场，应付上级、打发群众。一些地方和单位对依法治省工作的重要性、紧迫性和长期性缺乏足够的认识，领导重视不够，没有把这项工作作为攸关全局和长远的重大任务来抓，而是看成阶段性活动，当成部门性任务，视同一般性工作。由于认识不到位，法治意识欠缺，出现了很多问题和困难，给依法治省工作的开展造成不利影响。表现在：一是个别地方和部门对《四川省依法治省纲要》和全省电视电话会议精神的学习领会不到位，对省委依法治省决策意图的理解不够深刻，对本单位在依法治省中的定位不够准确。仍有部分部门没有制定本单位的实施意见或者所制定的实施意见比较抽象，欠缺可操作性，有个别单位没有及时成立领导小组和办公室，或者即使成立了也形同虚设。二是个别地方和部门对依法治省的重要性和紧迫性认识不足，有的认为是阶段性活动，视同一般性工作，对有效落实省委的安排部署研究不够，工作中存在等待或观望现象。

2. 基层干部法律素养亟待进一步提升

调研中发现，在依法治省各项工作开展过程中，一些基层干部的法律素养有待进一步提升。主要表现在：少数农村领导干部对民主法治建设的地位作用认识模糊；有相当一部分农村干部还是习惯于运用行政手段管理村级事务，而忽视运用法治手段和法治思维解决问题；有的农村基层党员干部法治观念不强，法律素质不高，对依法行政、依法治理理解不深，缺乏民主意识；有的基层干部解决问题的方法简单粗暴，缺乏程序意识，由此引发干群关系紧张。

究其原因，笔者认为，一方面，依法治省的具体工作更多的落实在省级、市州层面，不少地区还处于起步阶段，还停留在制定实施意见和工作要点、开会安排部署层面，而贯彻落实阶段还没有做够、做实，需加速与加强依法治省工作在县级、乡镇以及村（社区）的落实。另一方面，一些地方对基层干部的法律意识培养和法律知识培训还欠缺常态机制，一般是召开几个会议，部署几项工作，学习几个文件就了事，对基层干部的具体培训重视不够。

（二）制度建设层面

党的十八大明确了依法治国是党领导人民治理国家的基本方略。坚持依法治国、依法行政、依法执政共同推进，坚持法治国家、法治政府、法治社会一体化建设，形成全民守法、护法的法治环境。这是建设社会主义法治国家的本质要求。习近平总书记也强调，要全面推进“科学立法、严格执法、公正司法、全民守法”，不断开创依法治国新局面，这被各界称为“新法治十六字方针”。2013 年底，四川省委出台了《四川省依法治省纲要》，《纲要》全面贯彻中央精神，紧密结合四川实际，成为依法治省的重要纲领。然而在实践中，有法不依、执法不严、违法行政、司法不公的事件还时有发生。

1. “新法治十六字方针”的配套体系不完善

现阶段，中国特色社会主义法律体系已经形成，但实现依法治国的目标尚需时日，而实现政治文明的征程仍然漫长，这就需要我们继续深化改革，深入推进依法治国的基本方略，努力克服法治发展过程中遇到的各类障碍。就四川省而言，仍存在较多问题，表现在以下方面。

在立法方面，一些行政机关以行政立法为手段，肆意扩张权力、保护自身非法利益。当下的行政法律规范中，对有关行政机关因不当履行职责应负法律责任的规定较少，一些行政机关利用立法赋予的各项权力如审批权、检查权、处罚权、监督权等，恣意妄为，损害群众利益。

在执法方面，执法阶段的配套制度难以跟上。主要表现在：一是错案和执法过错责任追究制度不尽完善。由于执行配套制度不完善，一些地方、部门保护主义较为猖獗，导致执行难的问题时有出现；一些公职人员徇私枉法，滥用职权造成极为严重的后果。二是执法措施及相关规定缺乏创新机制或理念。在具体工作中，一些行政执法机关创新意识不够，过多地依赖传统的执法方式。执法的效率低下，工作人员的积极性也不高，直接导致管理成本较高，不能取得良好的效果，对人力、财力等执法资源造成很大的浪费。

在行政层面，现有行政体制设计仍存在部门间职能职责划分不清，权力交叉、模糊，缺乏协调配合的问题。在责任设置上，权责不明，责任与权力不配套，缺乏相应的监督机制。

在司法层面，缺乏相关配套制度。例如，司法建议制度尚不完善，司法建议效力不清，缺乏保障机制；司法公开的配套制度包括证人、鉴定人出庭作证制度，庭前听证制度有待进一步完善。此外，司法机关对行政机关的依附性强，司法去行政化工作仍不突出，司法腐败现象时有发生。

因此，对党的十八大“科学立法、严格执法、公正司法、全民守法”的具体配套制度仍需进一步完善，《四川省依法治省纲要》仍需进一步细化。

2.“权力清单”制度与“责任清单”制度尚不匹配

2014 年 5 月 20 日，四川省政府官方网站发布《政府核准的投资项目目录》，这是继 2004 年之后，四川省政府发布的较为完整、清晰的“权力清单”。明确界定和阐释“权力清单”，不仅有利于将不同部门（单位）之间的权责予以明细，并细化分工，而且可以进一步增加政府行政的透明度，保护群众的知情权和监督权。

然而，当前的问题是，“权力清单”制度与“责任清单”制度尚不匹配。“权力清单”制度正在不断完善和创新中，而“责任清单”制度尚处于建设起步阶段，两者的步调并不一致。表现在：一些部门和地区，对长期存在的执法违法问题，视而不见，部分地区甚至存在执法创收的“黑色产业”，这在很大程度上暴露了执法过程中权责相互脱节的问题。享有权力，却没有责任，一些行政机关和执法人员无所顾忌，肆意超越法律的边界，挑战法律权威。除此之外，执法随意问题也较为严重，一些地区的执法单位和执法人员随意执法已是一个公开的事实，乱罚款、乱许可、乱收费，随处可见。再如暴力执法问题，尽管国家三令五申文明执法，部分地区的城管执法人员仍然我行我素，对路边小贩执法态度粗暴，直接扣货、扣车，甚至殴打相对人，无视法律，无视行政相对人的基本权利。从总体上说，对行政执法机关的监督有党的监督、权力机关的监督、司法监督、群众监督等外部监督和行政机关基于上下级关系的内部监督，但是，这些监督仍然不得力。另外，行政诉讼法相关制度不健全，对行政相对人的司法救济仍不完善。因此，在依法治省过程中，建立健全"责任清单"制度，并推动"权力清单"制度与"责任清单"制度相互匹配，是一个值得高度重视的问题。

（三）实践工作层面

法治四川的实现最终要归于实践，四川省在依法治省的实践工作中也遇到一些问题和困难。

1. 法治宣传教育尚未形成一定体系，普法工作法制化、规范化不够

法治的根基在于全民守法，前提是知法懂法。在具体操作中，法制化、规范化是普法工作首要的难题，表现在：首先，普法工作缺乏专门的法律文件规范，因此对普法宣传教育的主体、对象和范围的选定较为随意。当前普法的主体范围主要包括国家党政机关、事业单位等，而没有将社会团体、企业等相对人纳入主体范畴，这不利于调动全民学法守法的积极性，一定程度上也是对社会资源的浪费。其次，普法工作的内容多集中于遵纪守法，而缺乏将法治的基本理念贯穿其中，如民主参与、科学决策、人权保障的内容，普法力度也停留在面上，而没有在深层次彰显法治文化和法律信仰。最后，法制宣传流于形式，缺乏专门的立法规定确保其长期规范化地运作，主要还是依靠一般性的政策文件做出相关决定，约束力不够，权威性不高。

2. 对于依法治省的一些新举措推进工作不力，积极性不足

在解决一些社会矛盾上，部分行之有效的措施经验并未受到一些地区的重视与推广。在法治建设的过程中，个别地区的积极性不够，并未形成相应的配套机构；个别地方和单位没有把法治作为解决问题的根本手段，抓的力度不够、措施不多；有的地方在制定纲要和要点时，缺乏对实际情况的深入调研和法治问题的准确把握，工作推进的指向不够明晰，针对性不够明确，需要进一步找准工作的突破口和着力点；有的依法治理办公室人员配备不力，缺乏统筹协调的底气；有的部门配合、履职尽责不到位，需要进一步形成齐抓共管的良好机制。这些问题均成为当前依法治省工作的阻碍。

3. 依法治理工作绩效考核机制不健全，工作落实不到位

当前，一些地方依法治理的工作绩效考核机制不健全，缺乏有力的保障机制，因此在工作推动上缺乏动力，工作落实不到位；一些地方仍然处于接受任务状态，即上级交代任务就做，没有任务就不给自己安排工作，在依法治理方面无所作为；个别地方和单位把以前的工作成效“包装”成现在的工作业绩，用点上的工作亮点掩盖面上的工作不足，不少要求还停留在会议上、文件上；等等。这些问题均影响了依法治省工作的有效开展。

4. 地区问题复杂，依法治省工作任重而道远

四川地处祖国大陆西南腹地，虽自古有“天府之国”之美称，但人口多、发展不平衡，虽有“成德绵”地区一体化的快速发展与带动，但整体经济发展较为落后却也是不争的事实。客观的人文及地理因素，注定了四川地区问题的复杂性。在全省范围内，共同推进法治建设仍存在不少困难。

（1）少数民族地区。四川省作为民族大省，少数民族聚集，社会问题特殊。特别是，四川作为全国第二大藏区、最大的彝区和全国唯一的羌族自治区，复杂的少数民族地区环境，决定了其依法治省工作的难度较大。依法治省是全局工作，不区分地区、民族，但是要将法治思维、法治方式传递给少数民族地区民众，远比其他地区的难度要大。一方面，法治工作的开展，在一定程度上会与少数民族地区人民的原有宗教信仰、行为方式有冲突，推进压力较大；另一方面，非法宗教组织在少数民族地区的违法犯罪活动较多，较为猖獗，一些恐怖分子和犯罪行为人严重威胁着少数民族地区的治安和稳定，威胁着人民群众的人身安全与财产安全等，这些问题均挑战着少数民族地区的依法治理与综合治理工作。而这一系列工作，不光需要健全的制度保障，还需要一批政治素养较高、法律素质过硬的党政干部支撑。

（2）城乡接合部地区。重点是城乡接合部的流动人口聚居区，其人员背景和身份比较复杂，直接加大了法治管理和服务的难度。一方面，该地区流动人口比重较大，流动性强，不利于登记管理；另一方面，由于管理部门人员配备不够或者体制机制不顺，针对流动人口的漏登、错登情况较多。除此之外，对流动人口管理与服务的政策不配套问题也较为突出。例如，基层流动人口服务管理部门一般没有相应的行政执法权，因此在服务管理时缺乏强制力，行政管理职能难以有效发挥。城乡接合部地区的安全生产管理也存在较大隐患，尤其是对流动性经营摊点、“三无院落”① 等整治和管理难度大，安全隐患较多。

（3）农村地区。相对城市而言，农村地区尤其是边远山区的基层政府法治意识和民主意识比较淡薄。一些地区由于没有在操作层面对政府决策明确规范，政府决策随意性较大。一些农村地区的行政执法单位缺乏总体规划和目标，在执法中经常出现与国家法律法规和上级政策要求不符的现象，不得不一边执行一边纠正，既容易引起群众质疑，损害政府威信，也给工作带来被动和不利影响。

（4）灾后重建地区。汶川特大地震、雅安芦山地震等自然灾害已经严重影响四川省经济社会的全面发展。灾难所引发的一系列社会问题中，法律问题首当其冲。具体而言，主要有房产损失的责任承担问题、证件存折的补办问题、保险赔偿问题、无主财产的所有权问题、遇害群众救助问题、灾后诉讼时效问题、孤儿收养问题、灾后募捐问题、趁灾犯罪问题等。以上问题，在灾害发生及灾后重建期间，都必须认真对待、妥善协调与谨慎处理。一方面，该类问题能否妥善处理，直接关系到受害群体能否得到救济保障，是直接与民生相关的重大问题；另一方面，该类问题解决得好坏关系着灾区是否安定和灾后重建是否迅速的全局性问题。

四　四川省依法治省工作面临的挑战

四川省在依法治省工作中遇到来自各方的挑战。在内部，市场经济的发展对法治环境具有迫切需求，民主法治意识觉醒的公民对进一步实现法治的期望值也提高；在外部，全球化使法治成为世界的共识，国际环境的激烈竞争也促

① 三无院落，即无门卫、无物业管理、无自治组织的院落。

使我们借助法治带来的制度红利，进一步激发经济发展活力，促进社会进步发展。

（一）人民民主、法治意识的普遍提高引起的法治“结构紧张”

法治的主要功能在于赋权，法治通过法律体系的完整构建和制度机构的设立赋予公民权利义务，并在公民权益遭到侵害时能够及时有效地提供救济，这是法律本身的价值所在，也是法律在公民中树立公信力的基础。近年来，随着四川省经济社会的迅速发展，人们对权利的期望值也在不断提升，从而为法治的建设提出了更高的要求。

一方面，随着四川经济社会的快速发展，人民群众的权利诉求也日益增长，当权利受到损害之时，迫切需要在法治过程中强调对人权的保护和公民权利的救济；另一方面现阶段所能够提供给群众权利实现的条件、手段或资源比较有限。这就像一个头大脚细的“沙漏”，上面的沙子较多，而畅通的口径较小。当前此种状况下，利益需求多，资源却有限，比较容易出现法治的“结构紧张”状态，由此带来的冲突和矛盾也会增多。在社会结构中，公权力机关或部门实际掌握着大量的行政资源，这些资源往往都关系着公民权利，在利益分配中，由于官员处于优势地位，群众在权利得不到有效承兑时，往往将矛头指向政府等公权力机构，这种“结构紧张”状态非法治的正常形态。

在社会权利分配中，尤其是通过法律的形式进行社会利益分配时，如果出现不均衡的局面，很容易导致一些被排挤在社会结构外的公民产生非理性的想法、做法甚至是犯罪行为。近年来四川恶性犯罪案件、群体性事件频发正是其中的突出表现；此外，法治的“结构紧张”还体现在不同利益群体之间的矛盾，当前一些仇富和欺穷现象，其实也是“结构紧张”的附属产物，如果不运用法治思维和法治方式予以调整，可能会导致许多不良后果。

（二）大数据时代下，法治环境受到更多的挑战

1. 网络信息安全需要借助法律予以充分保障

2014 年全国两会中，政府工作报告中第一次出现“大数据”的关键词，大数据时代是一个开创历史的时代，其影响十分深远。随着大数据时代的来临，网络信息安全也面临着更加严峻的挑战，特别是针对网络安全立法，国家

面临非常现实的压力。虽然1994年2月18日国务院发布了《中华人民共和国计算机信息系统安全保护条例》，2012年6月28日国务院发布了《关于大力推进信息化发展和切实保障信息安全的若干意见》，2014年10月9日最高人民法院发布了《关于审理利用信息网络侵害人身权益民事纠纷案件适用法律若干问题的规定》，但是面对云计算、大数据的发展，尤其是棱镜门事件后，网络安全形势更为严峻复杂。而国内网络安全方面立法明显不足，主要表现在：一是立法层级低、权威性不足。关于网络安全方面的立法主要是行政法规或司法解释，网络安全立法尚未引起有关部门足够重视。二是现行的行政法规是在1994年制定的，具有相对的滞后性。三是信息化技术日新月异，很多制度执行的效果不尽如人意。这就要求在依法治国和依法治省的同时，投入更多的精力，通过法律来保障网络信息安全。在治理层面上，需要进一步完善互联网信息内容管理、关键信息基础设施保护等法律法规或地方性规章。

2. 网络舆论为法治推进带来紧迫压力

随着网络的快速发展，对网络安全的相关立法也应跟进。例如，对网络安全的维护方面，有待于进一步通过制定法律来划清国家安全与个人自由权利的边界，有必要在合理范围内对个人权利进行一定的限制。例如，公民在获取或收集公共信息或者他人网络信息之时，应具备正当理由且经过正当程序，这种正当性必须建立在法律授权的基础上。

网络舆论作为大众民意的新型表达方式，其存在具有一定的合理性。在公权力运作上，网络舆论可以曝光典型事件，监督个案处理，保障公权力在阳光下运行；提供公众与国家的对话平台，畅通意见交流渠道，推动问题解决。在私权保障上，网络舆论可以另辟民情倾诉渠道，畅通利益表达机制，保障公民的权利；网络舆论还可以引发法治问题讨论，提升公民法律素养。

但需要注意的是，网络舆论是把双刃剑，其负面效应也逐渐凸显，并为法治建设的推进带来紧迫压力。这表现在：微博、微信、微视以及网站上一些虚假的信息和不当的观点引导着舆论潮流，干扰了公权力的正常运行，甚至触及法律的底线。在不明真相或者被挑衅的情况下，公民对待问题比较容易情绪化，起哄、跟风的人不在少数，使政府工作受阻。事件发生后，某些官员以“维稳”之名打压媒体、过滤信息，确实有欲盖弥彰之嫌。一些行政机关删帖、禁言、屏蔽等不恰当的处置方式，不仅招致网民的无端猜忌，损害政府的公信力，还可能侵犯网民的基本权利。自媒体进入门槛低，信息发布未经严格审核，别有用心者便乘虚而入、混入其中，导致真假难辨，且受众不加检验，随意将信息转发，使其滚雪球式地扩散，造成恶劣影响。网络舆论被误导或非法利用，容易发展成为群体性网络暴力，严重损害当事人的名誉权、隐私权等，干扰当事人的正常生活，因此对网络舆论的法律监督尤为迫切。

（三）十八届四中全会赋予了新的重要使命

十八届四中全会清晰地勾画出了一个可以使广大人民群众满意的法治国家、法治政府、法治社会的框架，也给依法治省赋予了新的重要使命。

1.“依法治省”是各项工作的着力点

十八届四中全会以“依法治国”作为主题，这在中共党史上是第一次。将主题明确为“依法治国”，指向“权大于法”这一公权力痼疾，为进一步深化改革搬开了绊脚石。这是一项具有长远战略眼光的重大选择。尽管民众对改革中一些具体问题存在分歧与争议，但公平正义是社会各阶层、各群体对改革的最大共识。而依法治国是维护公平正义的根本，司法又是维护公平正义的最后一道防线。因此，依法治国是一项具有全局性、根本性和深远意义的重大课题。

推进依法治省，把治蜀兴川各项事业全面纳入法治化轨道，是四川省委贯彻落实中央依法治国基本方略、立足省情特征做出的一项重大决策部署。因此，在接下来的工作中，势必要求全省上下多级联动，加大力度推进依法治省工作，共建法治四川。

2. 反腐工作仍需继续深入

党的十八大以来，中央已经查处50余名省部级以上官员，其力度之大，有目共睹。反腐工作已经成为本届中央政府的一张亮丽“名片”，人们开始对反腐“重拾信心”。从长远看，反腐更需要一种长期、稳定的约束机制。

就四川而言，在依法治省的具体工作中，针对十八届四中全会提出的新要求，首先，各级领导干部需要进一步转变管控观念，强化法治意识，加强监督问责，以良好形象促进执政为民。具体而言，可以采用跟踪督查、定期巡查、重点抽查、听取汇报等多种手段进行监督检查，对行动不力、措施不落实及不作为、乱作为的单位和个人实施问责。可以进一步理清思路，切实解决错位、越位、不到位的问题，治庸提能力、治懒升效率、治散正风气。其次，转变固有方式，打破惯性思维，以新的理念把握新形势下的工作规律。强化宣传教育，增强纪律意识，深入宣传“法治”理念，多层次、多角度宣传践行依法行政。狠抓整改，务求实效，努力树立党员干部务实清廉的良好形象。再次，转变干部作风，强化能力和作风建设。干部应该更加密切地联系群众，改进工作作风，纠正“四风”，依法规范监督行为，对法治常怀戒惧之心。

3.《宪法》的有效落实及实施应成为依法治省的前提及关键

十八届四中全会强调，要完善以宪法为核心的中国特色社会主义法律体系，加强宪法实施。四川省在推进依法治省的各项工作中，尤其需要健全宪法实施和监督制度。《宪法》为依法治省工作带来了重大理论支撑，也成为今后依法治省的重要根据和方向。未来，人大在地方立法中应更加尊重宪法的权威，积极完善对相关规章制度违宪审查机制；为进一步推进立法精细化，应健全人大立法起草、论证、协调、审议、复议等机制，健全向下级人大征询立法意见或建议机制，并进一步建立基层立法联系点制度，促进宪法的有效实施和监督工作。此外，政府在立法制度建设中，应完善行政法规、规章制定程序，严格依照宪法进行，促进民主参与，共同推进，防止部门利益和地方保护主义法律化。

4. 需要尽快建立起与十八届四中全会精神相一致的配套法治体系

十八届四中全会的召开，是机遇也是挑战，充满希望，但仍面临诸多困难。四川省在依法治省的过程中，需要尽快建立完善与十八届四中全会精神相一致的配套法治体系，需要做更多的有效工作。首先在司法方面，需要优化司法职权配置，做好与最高人民法院设立巡回法庭的衔接工作。其次在保障司法独立、树立司法权威方面，进一步建立领导干部干预司法活动、插手具体案件处理的记录、通报和责任追究制度。再次在保障依法行政方面，为进一步落实行政执法责任制，应建立健全行政裁量权基准制度，并完善纠错问责机制。最后在决策方面，在行政机关内部，也应建立重大决策合法性审查机制、终身责任追究制度及责任倒查机制。此外，在法治宣传教育层面，有必要把法治教育纳入到四川省教育体系和精神文明创建的重要内容中，创建充满活力的法治文化氛围。

（四）国际环境的激烈竞争所带来的压力和挑战

当前，世界经济竞争愈发激烈，经济全球化给国家带来发展机遇的同时也带来了诸多竞争风险与压力。中国要走向世界，需要了解相应的国际贸易规则，善于运用法律保护自身的利益。近年来，一些国家把中国当作反倾销的主要目标，针对中国发起了多起反倾销案件，给我国企业“走向世界”造成很大障碍和压力。在此背景下，我们尤其需要充分学习法律知识，有效运用法律武器和手段来维护国家、集体以及个人的利益。四川省在实现依法治省的宏伟蓝图过程中，与世界上很多国家建立了经济贸易往来，近年来，世界五百强也陆续入驻成都。2012 年 9 月 24 日，成都市发布了《国际化城市建设行动纲要（2012～2016 年）》，标志着成都市将以加强国际交往、拓展城市包容开放为重点，加快建设成为有重大影响力的开放型区域中心和国际化城市。因此，四川必须对国际大环境给予充分重视，知己知彼，充分统筹协调，为经济发展、对外交往提供法治保障。

五 针对四川省依法治省工作面临问题的对策建议

（一）深化思想认识，提高全社会的法治意识

提高全社会的法治意识，是建设法治社会的重要基础。夯实治蜀兴川的法治根基，必须加快构建办事依法、遇事找法、解决问题用法、化解矛盾靠法的法治良序，形成人们不愿违法、不能违法、不敢违法的法治环境。

1. 明确顶层设计对依法治省的定位，提高对法治建设的重视程度

“治蜀兴川重在厉行法治”，把依法治省作为攸关全局的战略任务和关键性工程来抓。总的考虑就是，要全面落实依法治国基本方略，坚定地把各项事业纳入依法治理轨道，更加注重依靠法治的力量来规范行为、化解矛盾、促进和谐，不断夯实治蜀兴川的法治根基。

笔者建议，各级党委要充分发挥统揽全局、协调各方的领导核心作用，善于抓大事、谋全局，把党的领导贯穿于法治四川建设全过程，确保依法治省工作始终朝着正确的方向前进。要把依法治省作为“一号工程”，党委切实履行

落实依法治国方略和依法治省部署的政治责任，做到三个“亲自”，即亲自研究部署，把法治建设纳入重要议事日程，加强实证调查与研究，参与方案制定，做好动员部署工作；亲自解决问题，找准工作推进的薄弱点和突破口，着力解决一批各方关注的热点和难点问题，切实解决各级法治办工作中的困难和问题；亲自督促指导，定期听取法治建设工作汇报，经常到基层一线实地督导，对本地本部门依法治理情况要全面掌握、心中有数。

2. 加强依法治省的培训与考核，提高执法人员的法律素质

执法人员的法律素养直接关系依法治省的实际效果，因此提高执法人员的法律素质就显得十分重要。四川省委组织举办学习贯彻《四川省依法治省纲要》培训班，集中对各市（州）和省直各部门法治建设领导小组分管领导、法治办主任、联络员进行培训。但是，对培训规模、对象、内容和方式均应该进一步发展创新。在提高执法人员的法律素质上，可以借鉴其他一些地区的成功经验，从以下几方面做起。一是对执法人员进行定期法治培训，并进一步将培训制度化、常态化，促进执法人员法治思维的形成。二是建立健全公职人员学法及长效考察机制。四川诸多地区已经形成国家公职人员法治学习机制，但也有一些地方存在贯彻不到位、力度不够、形式化的问题。行政执法岗位更应加强法治培训，促进依法行政。三是实行干部提拔任用法治考核指标制度。将其对所在部门及岗位工作涉及法律的了解程度、运用能力等作为提拔任用干部的考核内容之一，从人才发展的根本动力上促进执法人员学法、用法。四是部门（单位）应将法治工作作为业绩考核责任目标，把依法行政、依法办事等内容作为组织人事部门考评考核的重要指标。

3. 改进普法方式，加大法治思想宣传教育

第一，以问题为导向，做好法治普及工作。这需要以务实的作风、创新的举措深化“法律七进”活动，在工作中不断发现问题、分析问题，最后以解决问题为契机，在全社会各个领域各个层面普及法律知识和法律常识，从而促进法治四川建设不断取得新成效。

第二，要加快普法工作的制度化进程。建议四川省在推进法治宣传教育方面，将一些符合法治基本原则和法治精神的、有利于合理有效开展工作的相关制度以规范性文件的形式固定下来，促进普法工作内容和工作程序制度化、规范化。

第三，建议在全省范围内出台法制宣传教育条例，促进法制宣传教育工作的法制化进程，使普法工作迈上一个新台阶。

第四，建议建立普法工作联席会议制度。不同业务部门、不同执法人员之间可以通过联席会议制度，交流信息，共享资源，避免重复普法、简单普法、面上普法。通过普法工作的多部门联动，促进普法工作向纵深发展。

第五，建议司法行政机关在组织开展普法工作中，积极整合资源，借助信息平台，发挥官方微博、微信、微视的优势，强化普法职能，扩大普法影响。

第六，建议加强针对性普法、专业性普法。普法过程中应注意针对群众的需求，向他们提供个性化、务实性的法制宣传或法律服务，为各种经济实体、非法人团体提供多样化、专业化的法制宣传或法律服务。

（二）坚持科学立法、依法执政、依法行政、公正司法共同推进

依法治省是一个分时期、分阶段的历史过程，在不同时期和阶段其重点及进度要求是不一样的。因此，应坚持“共同推进、一体建设”的实施路径，统筹做好全面深入推进依法治省的重点工作。在社会主义法治体系已经建成的大背景下，法律实施是法治建设的重心。如何将人大科学立法、党委依法执政、政府依法行政、司法机关公正司法协同推进是关键所在。为此，我们建议如下。

1. 通过促进科学立法完善法律法规体系

首先，建议人大紧扣中心大局加强地方立法，不断提高立法质量，进一步做到有法可依。地方立法是中国特色社会主义法律体系的重要组成部分，也是法治四川建设的重要保证。随着社会的发展与进步，一些法律法规在具体运用上具有相对滞后性，要坚持法治的创新，保证法的稳定性与创新性相统一，尤其要注重以宪法为基准，与上位法相衔接、相协调。为此，四川省委书记王东明强调：“要坚持法制统一，以宪法为根本，与上位法相衔接，开展与国家法律法规相配套的实施性立法，推进符合四川实际需要的创制性立法。”①

其次，立法必须务实管用。立法应紧紧围绕省委确定的重点任务，进一步完善投资、财税、环保、土地、科技创新等方面的政策法规，强化对转方式调结构、发展非公有制经济和混合所有制经济等重点工作的法制保障，加强改善民生、发展社会事业、生态文明建设、化解矛盾纠纷、加强社会治理等方面的

① 王东明：《治蜀兴川重在厉行法治》，《法制日报》2013 年 12 月 6 日。

制度建设。当前，要把推动和保障全面深化改革作为立法工作的重大任务之一，促进立法与经济社会发展相适应。

再次，在立法程序上要注重民众的参与。法律从本质上讲是人民意志的体现。走群众路线，注重公民对立法过程的参与权，有助于提高地方立法的科学性和民主性。例如，可以进一步公开向群众征求立法项目或立法建议，畅通立法建言献策渠道，完善民主立法程序，鼓励群众对立法工作积极参与、有序参与，促进地方立法成为全省群众的意志代表和根本利益体现。

最后，立法要依据四川省的具体省情。四川省民族地区经济发展相对滞后，因此，建议通过法治来保障和推动经济建设，改善民生，维护稳定。从民族地区实际出发，用好民族区域自治地方立法权，严格依照权限，遵循法定程序，研究制定促进寺庙法治化管理、社会治理、民族地区特色产业发展、生态环境有效保护、资源开发利用、经济快速发展等各方面的法规，推动民族地区可持续发展、跨越发展和长治久安。

2. 各级政府要带头依法行政

建设法治政府的关键是依法行政，各级政府应带头依法行政，为依法行政起到表率作用。因此，建议将打造法治型政府与服务型政府紧密结合起来，进一步加快转变政府职能，推行行政审批权力清单管理制度，建立健全各级政务便民中心，为人民群众谋福利；建议进一步加强电子政务建设，促进行政权力依法规范公开运行的系统建设，促进行政权力公开、透明、有效运行；建议进一步规范行政执法行为，完善行政执法的内容和程序，有效解决行政权责交叉错位，多头执法、不执法、乱执法、执法不力等问题，避免执法不公、执法随意，促进执法环境的法治化、健康化；建议进一步健全行政执法监察问责制度，加大监察和问责的力度和深度，为行政执法提供制度保障。

3. 司法机关要严格公正司法

依据十八届四中全会对司法公正的要求，第一，应树立司法独立的理念，法院的审判权和检察院的检察权必须独立行使、公正行使，任何党政领导都不应插手干预司法，而司法人员在大胆履行法律职责的同时也应受到法律的保护。因此，应进一步建立健全领导干部干预司法活动，参与具体案件处理的记录、通报和责任追究制度，建立健全司法人员履行法定职责保护机制。第二，进一步完善证据制度，进一步推进以审判为中心的司法体制改革，积极推行办案质量终身负责制和错案责任倒查问责制。第三，促进司法民主，应进一步提供平台让群众了解司法、参与司法，在司法辅导、司法调解、司法听证、涉诉信访等活动中保障群众的参与，加强司法过程中的人权保障。第四，通过完善人民监督员制度进一步加强对司法活动的监督，完善检察监督、检察建议等制度，加强对三大诉讼的法律监督和程序监督，规范司法监督行为。第五，应健全并落实好困难群众维护合法权益的法律援助制度；进一步总结全省法院系统"一站式"诉讼服务、检察机关控申举报接待室、公安机关流动人口出入境证件异地办理等窗口建设的好做法，构建联系服务群众的长效机制。

4. 党政机关要坚持依法执政

各级党政机关要充分发挥统揽全局、协调各方的领导核心作用，善于抓大事、谋全局，把党的领导贯彻于法治四川建设全过程，确保依法治省工作始终朝着正确方向进行。建议在依法执政方面，进一步改进党委领导方式，严格按制度规定议事决策，提高科学决策、依法决策、民主决策水平；进一步加强重大决策社会稳定风险评估机制，即党委在做出重大决策之前，必须做出社会稳定风险评估，并根据评估结论，及时调整决策；大力推行党务公开制度，进一步完善重大议定事项通报机制和政策决议机制。在建设法治政府方面，建议普遍推行政府常务会前学法，建立政府法律顾问制度，特别是抓住"治权"这个核心，建立权力清单，对省级行政部门的行政审批、许可、处罚等行政权力进行有效清理。在公正司法方面，建议集中开展专项治理，着力解决群众反映强烈的突出问题。

（三）"权力清单"与"责任清单"相匹配，促进行政问责与社会监督的有效运行

建立健全"权力清单"与"责任清单"相匹配的制度，促进行政问责与社会监督的有效运行。一是强调权力与责任的对等性与关联性，有了权力意味着增加一份责任，只有将责任跟手中的权力有机结合起来，才能使掌权者在行使职权时更加谨慎，将自己的行为置于法律的框架之下与监督之下。二是健全针对权力运行的行政问责机制。严格按照法律问责，一旦权力越位、错位，应严厉追责。三是积极推行行政执法责任制，改善工作作风，促进行政机关执法为民。笔者建议，应进一步加强规范性文件制定和管理工作，抓好各项规范性

文件的起草、审查和制定工作；通过建立和完善规范性文件备案审查制度，法律、法规、规章贯彻实施情况报告制度，行政执法监督检查制度，行政执法证件管理制度，重大行政处罚决定和行政强制措施备案制度，重大行政违法案件督查制度等，推动行政执法监督工作规范化、制度化；进一步加强《行政诉讼法》的宣传力度，规范安全生产行政执法行为，增加执法透明度；执法活动中根据行政执法部门和行政执法人员违反法定义务的不同情形，依法确定其应承担的责任，并严格追究。四是加强社会监督。进一步为立法监督、党内外监督、人大政协委员监督、群众监督、媒体监督等创造条件，扩大与加大社会监督范围和力度，促进权力正常运行。

（四）抓住依法治省工作的重点和难点，进一步强化举措

1. 善于抓住依法治省工作的重点和难点，强化重点领域的依法治理举措

依法治省工作涉及面较广，因此要善于抓住重点和难点，强化重点领域的依法治理工作及举措。为此，建议省内各地区应根据当地特殊情况，抓好本地区突出问题的依法治理，尤其是把上下关注度高、基层反应强烈、群众十分期待解决的问题逐一梳理出来，建立简洁管用的工作台账，研究制定针对性强的办法措施，限定解决时间，推动依法治理落实到位，树立群众对法律的信仰、对法治的信心。例如，在处理信访问题中，要依法治理重点领域矛盾纠纷和信访突出问题，发挥好各级信访联席办的作用，集中攻坚化解农村土地征用、城镇房屋拆迁、涉法涉诉、国有企业改制、企业军转干部、复员退伍军人安置、劳动和社会保障、环境保护、水库移民、非法集资等重点问题。而在信访工作中，缠访闹访、越级非访、以访谋利等问题是依法治理工作的难点。因此，笔者建议针对这些难点问题，进一步完善网上受理信访的平台和制度，加快建立涉法涉诉信访依法终结制度，引导群众依法理性表达诉求。再如，统一建立积案台账制度，严格执行案件时限规定，限期办结，重点是加大人民法院生效裁判的执行力度，加大积案清理和处理力度，切实提高司法公信力。

2. 全面开展基层法治建设示范创建活动，推进基层依法治理工作进入深水区

村、社区是社会的细胞、和谐的基础。示范创建活动要把依法治村治社区作为突破口。前文提到的“中江经验”正是以依法治村治社区作为其特色，

并取得成功。根据调研，笔者建议，首先，在全省范围内大力推广依法治村治社区，建立村规民约、居民公约的经验做法。例如，可以尽快创建一批示范村（社区），实现村（社区）全覆盖。其中，把科学制定村规民约、居民公约作为重点，以村（居）民自治的法律法规为依据，抓住群众关注的重点，发挥好群众参与的主动性、积极性，确保村规民约、居民公约有地域特色，得到群众的广泛认同和自觉遵守。要在示范创建中深入开展法律进村、进社区工作，培养、选派律师、基层法律服务工作者担任村（社区）法律顾问，提升广大基层群众的法律意识。其次，建议各地区把示范创建活动作为重要任务，结合实际扎实抓好各个层面和各个方面的创建工作，统筹推进法治示范市（州）、法治示范县（市、区）、法治示范乡镇（街道）和学法用法示范机关（单位）、依法行政示范单位、诚信守法企业等示范创建活动，实现示范创建工作全面全域覆盖。通过把基层法治示范创建工作拓展到各个领域、各个层面方式，调动群众学法、用法、守法的积极性，增强群众的法治观念。

3. 借鉴先进的依法治省经验，推进依法治省新举措

建议四川省进一步加强与其他省市的交流，借鉴其依法治理的先进经验，并总结四川省内相关市区的先进模范经验，因地制宜，推及全省，促进依法治省深入推行。首先是强化推进机制，推行主体上，坚持“1+21”模式（1是省委依法治省领导小组，21是21个市（州）的依法治市（州）领导小组）和“4+3”模式（包括省委办公厅、人大办公厅、政府办公厅、政协办公厅四大办公厅，以及宣传部、统战部、政法委三大部门）。其次是确定四大片区推进会，每个片区结合自己的实际来实现依法治省，还要实现片区交叉检查和片区联席会，以保障检查结果的真实性和推进过程的落实。最后是狠抓重点突破，比如在科学立法、学法用法、培养法律意识方面下功夫，在藏区治理、基层普法、法律顾问团、学校法治方面深化法治新举措。

六　四川省依法治省的未来展望

（一）认真贯彻落实十八届四中全会精神，做好顶层设计，将依法治省工作提高到一个新的水平

十八届四中全会关于依法治国的论述博大精深，四川在未来，还应继续深

入贯彻落实十八届四中全会的精神，把握依法治省的本质内涵，并紧密结合四川实际情况，把四川省依法治省工作提高到一个新的水平。

同时，四川省委省政府还应深入谋划，将依法治省工作提高到一个新层次。比如，如何加快依法治省的进程，提高依法治省的水平和质量，这些需要顶层设计者的未雨绸缪。关于未来依法治省的顶层设计，有两方面的建议。

第一，深切把握依法治省的时代背景、推进环境和群众愿景，透彻分析依法治省总体工作、方面工作及其相互之间的内在联系。建立规范的依法治省社会体系。在工作路径和方法上，坚持"共同推进、一体建设"的实施路径，把实际效果作为终极目标，坚持以问题为导向，找准系列问题中的关键，研究重点突破的根本措施。坚持群众推动，找准调动群众的着力点，研究利益驱动的基本方法。创新工作机制，找准制约工作提档升级的关键所在，研究攻坚克难的有效举措。着力工作重心下移，找到工作在一线落实或创新的基本路子。

第二，培育和打造特色与典型，统筹做好全面深入推进依法治省的重点工作。要深入研究依法治省工作的当前形势和发展趋势，放眼全球，站在全国高度，坚持中国特色，立足本地本部门实际，围绕依法执政、依法行政、公正司法、社会法治等需要加强的重点方面，围绕改革攻坚需要解决的突出问题，围绕当前发展需要化解的主要矛盾，深入挖掘本地亮点工作、特色做法和典型经验，培育和打造在全省、全国叫得响的依法治省品牌。

（二）深化改革治理机制，打造信息化、网格化依法治省新路径

随着经济的不断发展，社会治理需求时代特征越来越凸显。现代化社会治理体系，注重治理人性化、治理信息化、治理网络化、治理精细化以及治理长效化等，而深化治理机制改革，是社会治理创新的必然趋势。打造信息化、网格化依法治省新途径，是深化治理机制改革的题中应有之义，应当在多层次、多领域全面、综合、系统推进。

首先，依法治省信息化，是治理机制与时俱进的必然趋势，是适应大数据时代科学发展的必然要求。在计算机网络广泛应用的背景下，推进依法治省信息化、网络化发展，有助于提升与加强依法治省的高度和力度，促进依法治省深入进行。具体而言，一是整合公共资源，打造网络服务管理平台。二是整合人力资源，适当打破行政界限，合理规划网络，实现人员的合理配置。三是打

造信息化、网络化服务平台，为实现依法治省创建有力“硬件”设施。

其次，深入推进网格化服务管理建设，实现依法治省精细化。网格化服务管理建设，是在网格化管理理论基础上发展起来的社会治理新路径。网格化管理，是建立在网格技术基础之上的，运用网格技术管理思想，利用一整套系统的标准将管理的对象划分成若干网格，通过现代信息技术平台和网格基础单元的协调机制，高效地、全面地整合各种信息资源，从而提高管理效率的现代化管理方式。相对于网格化管理，网格化服务管理建设强调服务为先，管理与服务并重，并实现可持续发展，是基层治理模式在理论和实践上的再创造，是一种能够对社会基础单元的联动反应做出迅速处置的治理机制。网格化服务管理建设是一个综合工程，是当前我国基层社会治理创新的重要特色，它体现社区全覆盖，强化社区整合资源的能力。深入推进网格化服务管理建设，是实现依法治省网格化发展、实现依法治省精细化的新路径。因此，建议未来的依法治省工作应具体落实到“网格”，坚持“谁执法谁普法”，实现“谁管理谁治理”，分工到“网格”连接成片区，实现网格相互联系、相互促进的工作局面。

（三）深入研究国际法律法规及纠纷解决机制，与国际接轨以迎接全球化挑战

四川省作为西部大省，与国际交流合作日益增强。因此，在依法治省的过程中，需要注重法治在国际化中的地位和作用，完善相关立法工作，为四川在国际化竞争中提供法律和制度支持。第一，在立法方面，认真研究世贸组织的规则，了解国际法规的相关规定和纠纷解决机制，同时要认真贯彻实施我国和本省的相关经济政策，将两者有效地结合起来，结合依法治省的需要和本省具体的省情，趋利避害，建立与国际接轨、具有鲜明地方特色的法规体系。第二，在现有《物权法》基础上，进一步完善产权制度、知识产权保护制度和促进科技成果转化的体制机制，以适应国际形势的需要。第三，积极培养通晓国际公法、国际私法、国际经济法的专业法律人才，以应对四川省在对外经济交流中的实务需求和法律需求，学会利用相关国际法则维护自身合法权益。

（四）深入推进“法律七进”，提升法治宣传教育与依法治理水平

深入推进“法律七进”活动、提升法治宣传教育水平，是未来四川省依法治省工作的切入点。未来几年，要进一步做好以下几方面工作：切实做好“法律进学校”工作，在校园加强法制宣传教育，提升大、中、小学生甚至幼儿园、早教机构遵纪守法意识和权利义务意识；协调推进“法律进机关”，提升公职人员的法律素质和法律修养，提高其运用法治思维、法律手段、法律程序管理经济社会事务的能力；大力推进“法律进乡村”，使法律进乡村，完善法律服务和援助体系，积极开展法律宣讲工作，提高农民的法律意识；深入推进“法律进社区”，深入推进平安社区、文明小区、安全院落的创建以及以信息化为支撑的网格化服务管理等社会治理方式；深入推进“法律进企业”，通过开展法律风险防范、安全生产等法律知识培训增强企业员工的法治意识，引导企业的法律文化建设，促进企业依法经营；深入推进“法律进单位”，进一步加强公共场所和窗口单位普法宣传，让法治观念更加深入人心；深入推进“法律进寺庙”，增强宗教职业人员的法治意识，推进寺庙管理进入法治化轨道。通过深入推进“法律七进”工作，全面提升四川法治宣传教育与依法治理水平。

（五）切实贯彻执行《四川省依法治省指标体系》，推进《依法治省评价标准》的制定与施行

《四川省依法治省指标体系》（以下简称《指标体系》）以“科学系统、重点突出、实效管用、全国领先”为编制目标，为衡量各项工作的实现和实效程度提供了统一标准，加快了依法治省的进程。未来，在依法治省的过程中，应进一步推进《指标体系》的贯彻实施，将依法执政、立法、司法、行政工作纳入法治化轨道，树立法律的权威。另外，在社会治理和普法教育方面，创新治理理念，推动法律文化建设，促进依法治省的全面实施。

此外，四川省正在制定《依法治省评价标准》（以下简称《评价标准》），《评价标准》将进一步对《指标体系》中各项指标进行细化和量化，使评价标准可量化、可考核，数据易获取，能够反映一个地方或部门的整体法治状况。未来，《指标体系》与《评价标准》统一于《四川省依法治省纲要》，为四川省法治建设保驾护航。

（六）深化藏区依法治理，夯实四川藏区长治久安的法治根基

党的十八届四中全会全面部署了依法治国工作，对进一步做好藏区工作提出了新要求。当前和未来，坚持依法治藏、富民兴藏、长期建藏，推进藏区发展稳定，实现人民富裕幸福，是十分重要和紧迫的任务。未来，四川应通过加快完善现代社会治理体制促进藏区的依法治理，注重运用法治思维和法治方式化解藏区的社会矛盾。

一般而言，藏区特别是一些省际交界地区发展滞后，各方面工作相对薄弱，矛盾纠纷比较集中。想解决好这些地区的问题，关键是要加大依法治理力度，真正使宪法和法律践行实施、执行规范、用于治理，不断推动藏区治理体系和治理能力现代化。未来，藏区依法治理工作的方向和目标必须明确：第一，藏区治理要围绕巩固中国共产党执政的群众基础、法治基础和社会基础这个目标，在党的坚强领导下，高举法治旗帜，坚持以人为本，坚持问题导向，深入推进依法治理。第二，藏区治理应结合藏区实际情况，因地制宜，坚持依法整治、群众路线、集中推进、精准发力的原则，通过突破依法治理的重点难点问题，全面带动改革发展稳定的各项工作。第三，加强工商、税收、国土、林业等部门的行政执法，把不合法、不合规的行为逐步规范起来，通过严格执法和法律的实施，在藏区尽快树立起法律的权威。第四，坚决运用法治手段维护藏区稳定，依法打击各类违法犯罪活动，明确“违法就要受到追究、付出代价”的法治规矩。第五，藏区治理应注意研究宗教与法律等深层次的问题，学习借鉴宗教文化的精髓，弃其糟粕，实现依法治理无法外之人、无法外之域，实现依法治理常态化。第六，藏区治理应掌握寺庙法治化管理的突破口。寺庙法治化管理是藏区治理的重点，因此，未来，四川省应进一步加强对寺庙尤其是藏传佛教寺庙的法治化管理工作。应做好依法治寺相关立法工作，支持甘孜州、阿坝州依法制定藏传佛教寺庙管理条例，依法加强对寺庙人、财、物和佛事活动等的管理，用法律的普遍性和规范性来约束宗教的特殊性；应依法治理和管理寺庙，强力推进寺庙依法管理制度创新工作，积极稳妥地做好重点寺庙治理整顿工作，继续开展文明和谐寺庙创建活动，维护藏传佛教正常秩序。此外，长期以来，许多藏传佛教寺庙存在违规扩充僧侣队伍（包括吸纳未成年儿童成为僧侣）、乱搭乱建、财务管理混

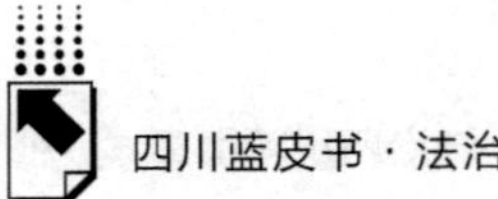

乱、宗教财产产权不明晰、消防安全隐患等问题。未来，四川省针对以上问题还应大胆作为，通过加大法治宣传力度，增强宗教职业人员法治观念，重点防范非法集资、自焚、分裂、非法出入境等违法犯罪活动，让法律成为所有宗教团体、宗教职业人员必须遵守的准则，从而促进藏区依法治理、稳定发展和长治久安。

主题报告

Theme Reports

B.2 立良法　促善治　兴四川

——2014年四川立法报告

张　虹*

摘　要： 治蜀兴川，良法推动善治，立法报告在梳理2014年四川立法情况的基础上，分析了法治四川建设中地方立法的六大特点，如以改革的前瞻眼光颁布《依法治省纲要》，引领立法工作；统筹规划，以立法计划推动立法、彰显法治思维；注重科学立法的智力支持等。笔者认为，四川2014年立法体现了四个方面：尊重民意、开门立法、科学立法；党越重视立法的引领和推动作用，法律就越有权威和生命力；服务四川大局，发挥立法的引领作用；加强重点领域立法，回应社会关切。对未来立法做出展望：切实提高立法质量；推进民主立法；健全宪法实施和监督制度；逐渐推进立法

* 张虹，四川省社会科学院法学研究所副研究员。

评估。

关键词： 立法 科学 善治

中国特色社会主义法律体系形成后，中国立法工作站在新的起点上，四川地方立法也步入新的进程。法律是治国之利器，良法是善治之前提。四川立法工作在推进法治国家、法治政府、法治社会一体建设的进程中，在推动实现国家治理体系和治理能力现代化的进程中，贯穿了“以人为本”的法治精神，以良法推动善治。“见出以知入，观往而知来”，本报告对2014年四川立法情况梳理如下。

一 2014年四川立法概况

依法治国必须直面法治领域的突出问题，回应人民群众的诉求。立法是依法治国的关键，立法是治蜀兴川重在厉行法治的关键。制定地方性法规，是宪法和法律赋予地方人大及其常委会的一项重要职权。我国正值全面深化改革的关键阶段，社会矛盾突出，法律法规的利益规范作用日益增强。每一部地方法规的颁布都是地方立法权的实践，每一个地方条例的出台都昭示着法治社会取得新进展。地方法规的制定和实施，是依法治国方略在四川省的具体化，以保障宪法、法律在巴山蜀水顺利实施，维护社会稳定、促进经济发展。2014年四川省相关部门积极贯彻党的十八大，十八届三中、四中全会精神，四川人民在面临多重压力和特殊困难的情况下，不仅在经济领域各项工作取得新成绩，而且在地方立法领域也取得较好的社会效果。

四川立法在制度规范、程序公开领域正阔步前行。根据四川省人大常委会的消息，截至2014年上半年，四川省人大按照年度计划，围绕深化改革、经济发展、社会管理和民生保障等，共制定和修改地方性法规9件，审查批准民族自治地方单行条例3件。四川省法制办承担统筹规划省政府立法工作的责任，拟定省政府年度立法工作计划等，2014年努力实践政府立法信息公开、过程透明。第一，向社会公开征集立法项目建议，推动关系民生、体现民意的立法项目列入省政府立法计划。第二，对政府立法项目和法规规章草案公开征求意见，省政府法制办目前已就14件立法项目公开征求意见。第三，召开立法听证会、座谈会，保障群众意见得到充分表达。我们可喜地看到，四川地方立法围绕推进依法行政、加快建设法治政府的主线，在信息公开、提升法制工作透明度上取得较好社会效果。此外，四川在公开规章规范性文件备案方面取得较大进展。例如，2014年7月16日省政府法制办在四川省人民政府法制信息网上通报了2014年上半年各市（州）政府和省级各部门（单位）规章规范性文件报送备案情况，对报送备案的数量、备案工作特点及存在的问题进行了通报。又如，2014年上半年，省政府共收到成都市报送备案的政府规章3件，收到各市（州）政府和省级各部门（单位）报送备案的规范性文件188件。其中，各市（州）政府制定发布的规范性文件111件，占报备规范性文件总数的59%；省级各部门（单位）制定发布的规范性文件77件，占报备规范性文件总数的41%。并指出2014年上半年报备工作主要存在规范性文件超期报备等问题。此外，部分市（州）规范性文件备案工作在四川省人民政府法制信息网上也可以看到公开信息。[①] 这些涉及立法方面的数据和实践，折射了四川的地方立法正在实践并完善十八届四中全会倡导的“拓宽公民有序参与立法的途径”。程序的规范、政府地方立法信息的公开，保障了人民群众对地方立法的知情权、参与权和监督权。

二　2014年四川立法特点

（一）以改革的前瞻眼光颁布《依法治省纲要》，引领立法工作

中共四川省委于2013年12月31日，以川委员发〔2013〕25号，正式颁布了《四川省依法治省纲要》。四川省委在广泛调研、听取各方意见的基础上，制定出台了《四川省依法治省纲要》。《四川省依法治省纲要》贯彻了党的十八大和十八届三中全会精神，进一步明确了依法治省的指导思想、原则目

① 参见《四川省人民政府法制办公室2014年信息公开“成绩单”》，http://www.scfz.gov.cn/2014/12/18196.html，最后访问日期：2014年12月4日。

标、行动进程、主要任务。贯彻落实《四川省依法治省纲要》建设法治四川，是四川的重大战略。依法治省是保障各方面工作、实现奋斗蓝图的保证机制。确立了“科学立法、严格执法、公正司法、全民守法”十六字方针。[①]《四川省依法治省纲要》是四川省依法治省的行动指南，也是四川省立法工作的依据。《四川省依法治省纲要》引领治蜀兴川的各项事业进入法治化轨道。《四川省依法治省纲要》明确科学立法要坚持完善地方性法规和政府规章。落实地方性法规和政府规章监督管理制度，坚持立、改、废相结合，推行地方性法规和政府规章有效期制度，加快修改和废止不适应经济社会发展的地方性法规和政府规章，发挥立法对改革发展的引领、规范、保障和推动作用。《四川省依法治省纲要》倡导地方特色的创制性立法[②]。

（二）统筹规划，以立法计划推动立法、彰显法治思维

凡事预则立。2013 年 12 月 11 日四川省人大制定了五年立法规划。四川省人大常委会在 2014 年初就公布了 2014 年立法计划，落实《四川省依法治省纲要》部署，实践“科学立法、民主立法”（见表 1）。

表 1　四川省人大常委会 2014 年立法计划

一、审议计划 24 件
（一）继续审议的地方性法规 10 件
1.《四川省道路运输管理条例（修订）》
2.《四川省〈中华人民共和国节约能源法〉实施办法》
3.《四川省政府投资建设项目审计条例》
4.《四川省〈中华人民共和国义务教育法〉实施办法》
5.《四川省〈中华人民共和国动物防疫法〉实施办法（修订）》
6.《四川省法律援助条例（修订）》
7.《四川省城镇住房保障条例》
8.《四川省电力设施保护条例》
9.《四川省国有土地房屋征收与补偿条例》
10.《四川省酒类管理条例（修订）》

① 参见《王东明、柯尊平同志在全省推进依法治省工作电视电话会议上的讲话》，2014 年 1 月 9 日。

② 详见《四川省依法治省纲要》。

续表

一、审议计划 24 件
（二）新制定地方性法规 6 件 1.《四川省农村扶贫开发条例》 2.《四川省野生植物保护条例》 3.《四川省河道采砂管理条例》 4.《四川省人大常委会关于加强城乡规划管理禁止违法建设的决定》 5.《四川省政府非税收入征收管理条例》 6.《四川省高速公路条例》 （三）修改地方性法规 8 件 1.《四川省人口与计划生育条例（修正）》 2.《四川省盐业管理条例（修正）》 3.《四川省广播电视管理条例（修正）》 4.《四川省〈中华人民共和国文物保护法〉实施办法（修正）》 5.《四川省〈中华人民共和国全国人民代表大会和地方各级人民代表大会代表法〉实施办法（修正）》 6.《四川省〈中华人民共和国工会法〉实施办法（修正）》 7.《四川省燃气管理条例（修订）》 8.《四川省〈中华人民共和国村民委员会组织法〉实施办法（修订）》
二、批准成都市地方性法规 3 件 1.《成都市饮用水水源保护条例（草案）》 2.《成都市地名管理条例（修订草案）》 3.《成都市烟花爆竹燃放安全管理规定》
三、批准民族自治地方法规 6 件 1.《阿坝藏族羌族自治州风景名胜区条例》 2.《阿坝藏族羌族自治州自治条例（修正）》 3.《阿坝藏族羌族自治州野生动物植物保护条例》 4.《甘孜藏族自治州突发事件应对条例》 5.《北川羌族自治县矿产资源管理条例》 6.《北川羌族自治县城市管理条例》

资料来源：四川省人大网，http：//www.scspc.gov.cn/html/lfgz_ 15/2014/0318/74388.html，最后访问日期：2014 年 12 月 5 日。

（三）注重科学立法的智力支持

法律是治国之利器，良法是善治之前提。良法必须遵循科学规律，体现科学性。提高立法质量是落实党的十八届四中全会《中共中央关于全面推进依法治国若干重大问题的决定》的必然要求。纵览近年来四川立法历程，四川统筹立法的努力及系列之举本身就是科学性的阐释。立法过程中为了防止部门利益倾向、部门利益之争，引入独立第三方立法是科学性的体现。科学立法是系统工程，需要深入研究并形成保障机制。

1. 成立立法研究会

2014年2月27日，四川第一家关于立法研究方面的社会团体诞生，省立法研究会第一次会员代表大会暨成立大会在成都举行。[①] 省立法研究会由四川省地方立法、执法、司法以及从事相关法律事务和法学科研教学等单位和法学学者、地方立法工作者、法律实务工作者及其他相关人士自发组成，是非营利性立法研究社会团体。该研究会已发展个人会员114人，其中，理事会理事共36人，汇聚了四川省地方立法系统和法学界专家以及各界人士，以法律专家为主，还有来自财政经济、农村农业、教科文卫、企业与行政管理等领域的专家和教学、科研人员。立法研究会的建立有利于贯彻落实党的十八大，十八届三中全会、十八届四中全会的精神，可以充分发挥立法研究会的作用。在全国深化改革的进程中，在依法治国的进程中，在依法治省的进程中，立法研究会的成立、发展，有利于推进地方立法的研究与实践，有利于提高立法质量，有利于实施依法治省的战略。

2. 设立立法咨询专家库

四川省人大常委会以设立立法咨询专家库的形式探索地方立法新机制，是提高地方立法质量的措施之一。2014年四川省立法咨询专家库建立，可以积极发挥专家学者在地方立法中的客观性，提高立法质量；可以积极发挥专家学者的独立性，防止带有部门利益的倾向性立法；可以利用专家学者的咨询渠道，拓宽社会参与立法工作的渠道，为制定良法提供专业咨询。

3. 成立四川省地方立法评估协作基地

2014年9月12日，四川大学法学院、西南财经大学法学院、西南民族大学法学院、四川师范大学法学院、四川省社会科学院法学所和四川省地方立法研究会6家高等院校和科研机构获得省人大常委会授牌，成为四川省首批地方立法评估协作基地。立法评估协作基地能够发挥四川高等院校、研究机构的平台优势并利用高等院校、研究机构的人才资源、智力资源，切实提升立法质

---

① 《四川省立法研究会在成都成立彭渝出席成立大会并讲话》，http：//www.scspc.gov.cn/html/lfgz_ 15/2014/0228/74237.html，最后访问日期：2014年12月5日。

量。立法评估协作基地为立法预评估和后评估提供服务，提高地方立法项目质量，还将承担地方性法规草案起草、地方性法规清理和规范性文件备案审查的相关工作，以及其他地方立法的有关任务。立法评估协作基地既可以促进地方立法资源共享，还可以反馈社会舆情；既可以改进立法方式，也可以避免部门利益法制化的倾向，并且有利于逐渐改变“部门端什么，人大吃什么”的被动立法格局。四川省人大为提高立法质量，确立立法评估协作基地是有益的尝试。①

（四）强化藏区规章建制②

1. 加大藏传佛教寺庙治理力度，起草完善《四川省〈藏传佛教寺庙管理办法〉实施细则》

四川省人大常委会办公厅为了提升关于藏传佛教寺庙治理立法质效，组织三州九县开展立法专项调研，会同省委统战部、省民宗委起草完善《四川省〈藏传佛教寺庙管理办法〉实施细则》，从法规层面规范细化藏传佛教寺庙的场所管理、僧尼管理、财产管理、活动管理等管理措施和法律责任。四川省委统战部牵头以和谐稳定为落脚点加快藏传佛教寺庙依法治理，对全省783座藏传佛教寺庙逐一分析排队、分类管理，对227座问题突出寺庙的8个重点问题开展省州县三级联动集中专项整治。省委宣传部牵头省委统战部、省委政法委等部门，组建藏汉双语联合宣讲团，深入363座藏传佛教寺庙进行重点突出、有针对性的教育宣讲。省委组织部组织实施藏区专业人才支持计划，强化藏区党员干部全员培训，以加强三州基层组织建设为抓手，合力推进藏传佛教寺庙依法治理。司法厅等部门以法制宣传教育进得去、落得下为目标，将法制宣传教育与僧尼信众切身利益结合起来，着力防止隔靴搔痒和“两张皮”，通过律协与佛协合作推动法律进寺庙。公安厅以“法治为民”为落脚点，会同甘孜、阿坝两州在藏区开展为期10个月的依法严打整治专项行动。甘孜、阿坝州委书记以法治藏区建设为主题撰写署名文章，通过旗帜鲜明地宣讲法律与教义、公民与僧尼、守法与持戒之间的关系阐述依法治寺的重大作用，探索将藏区各

---

① 《四川省地方立法评估协作基地成立》，http://www.scspc.gov.cn/html/lfgz_15/2014/0915/75826.html，最后访问日期：2014年12月5日。

② 四川省依法治省办公室：《依法治省工作推进情况通报》，2014年8月26日。

项事务纳入法治轨道的方法路径。甘孜、阿坝将基层依法治理、基层示范创建和基层组织建设有机结合，推动藏区依法治理提质增效。凉山州组建摩托法庭、马背宣传队，实施全民守法教育和宗教代表人士百千万培训工程，深入推进依法管寺管僧。甘孜州以摸排问题为抓手推动因寺施策，用创建和谐文明寺庙促进僧尼信众与党和政府同心同德同行同向；以法治建设年为契机颁布落实藏传佛教事务条例实施细则等 13 项自治单行条例，探索法治长效机制，促进民族团结和谐，保障藏区长治久安。

2. 基层示范创建推进藏区依法治理

省依法治省领导小组制发《关于统筹开展依法治理示范创建工作的意见》，对县（市、区）、乡镇（街道）、村（社区）以及机关、企事业单位和寺庙统筹开展依法治理示范创建工作作出全面部署。省委统战部、省民宗委制发藏传佛教寺庙示范创建管理办法和实施方案，从创建藏传佛教和谐文明寺庙、文明和谐先进僧尼和先进佛协三个方面深化藏传佛教寺庙示范创建，整体推进藏区依法治理工作更上台阶。各地通过创建规划、创建标准、实施方案、检查验收，努力落实示范创建。

（五）注重立法协商

“健全立法机关和社会公众沟通机制，开展立法协商”是十八届四中全会明确提出的。四川在十八届四中全会召开之前，在科学立法、民主协商方面已经做出实质性的探索和实践。从科学立法的角度，四川省人大常委会以构建法律起草论证审议评价制度为重点推进科学立法，审议通过《关于深入推进依法治省的决议》，并逐步建立完善法治工作联系点，陆续建立了立法专家咨询库和立法评估协作基地。从民主立法的角度，加强民主协商。例如，四川省政协召开“助推法治四川建设专题协商会”，邀请全国人大常委会副委员长、民革中央主席万鄂湘，全国政协副主席、民革中央常务副主席齐续春等领导莅临指导，以此推动法治四川建设，向上报告推介四川法治工作情况，四川省政协充分发挥民主党派的作用，听民意、汇民生、聚共识，实践民主协商，实践立法协商。[①] 又如，《四川省灰霾污染防治办法》立法协商会于 2014 年 10 月 11

① 四川省依法治省办公室：《依法治省工作推进情况通报》，2014 年 8 月 26 日。

日在四川省政协所在地举行。此次立法协商会议由四川省政协委员、相关省级部门、专家学者共同参与、热烈讨论，取得良好的社会效果，这次开门立法、民主立法的立法协商会，是对党的十八届三中全会精神的落实，是党的十八届四中全会召开前夕对“立法协商”的前瞻实践。

（六）推进生态文明制度建设

十八届三中全会《中共中央关于全面深化改革若干重大问题的决定》将生态文明制度摆在突出地位。四川生态地位突出，是长江上游的生态屏障，有1000多条河流奔流于四川盆地。治理环境攸关百姓生命健康、子孙后代的福祉。民心所向，民情所系，列入省政府2014年立法计划的57件地方性法规、规章项目中，环保占据2个，分别是《四川省灰霾污染防治办法》、《四川省辐射环境污染防治条例》。例如，《四川省灰霾污染防治办法》在四川省政府2013年立法征集中、在2014年立法项目中，备受公众关注。空气、水是生命赖以生存的生态因素。雾霾、PM2.5是近年来网络的关键词，全国大气污染形势严峻，纯净水在商品社会可以购买，但清洁的空气却难以购买。治理空气污染急需地方立法，回应十八届三中全会提出的用制度保护生态环境，四川省出台《四川省灰霾污染防治办法（草案）》，推进生态文明建设。2014年10月11日举行《四川省灰霾污染防治办法》立法协商会。2014年11月28日，四川省人民政府法制办公室再次召开《四川省灰霾污染防治办法（草案代拟稿）》立法座谈会，四川各市、县环保局等部门，深入讨论草案代拟稿的科学性、合法性、合理性、针对性和可操作性等，为进一步审查修改作了细致准备。①

二 2014年立法评析

（一）尊重民意、开门立法、科学立法

民主立法就要尊重民意。四川省政府在2014年初制定年度立法计划时，

① 《四川省人民政府法制办公室再次召开〈四川省灰霾污染防治办法（草案代拟稿）〉立法座谈会》，http：//www.scfz.gov.cn/2014/12/18190.html，最后访问日期：2014年12月5日。

充分体现了“开门立法”，提出的20件地方性法规草案和政府规章中，如四川省灰霾污染防治办法、四川省人口与计划生育条例（修正）等就是在2013年进行的公众投票中选出的立法项目，并被正式列入2014年立法计划。四川地方政府为了提高立法质量采取了一系列举措。例如，四川省整合地方智力资源，启动立法咨询专家库建设，发挥专家学者在地方立法中的作用；又如，开展四川省立法评估协作等。四川省人大常委会起草制定了《四川省地方立法咨询专家库管理办法》、《四川省地方立法评估协作基地管理办法》。

（二）党越重视立法的引领和推动作用，法律就越有权威和生命力

人大主导立法的作用重大。在立法起草、论证、协调、审议的整个程序中，人大对审议程序起着决定性作用。“为政之要，莫若先用人”。四川省人大常委会完善组织制度和运行机制、加强立法工作队伍建设、培育完善法治思维。领导干部亲身垂范、率先学法。截至2014年11月，四川省政府一共开展了27次常务会议学法活动，相关信息全部公开，在“四川省人民政府法制信息网”上特别新增了“省政府常务会议学法信息”栏目，及时公开每一次省政府开展的学法活动。[①] 领导干部率先学法，发挥人大及其常委会在地方立法中的主导作用，在中国的转型社会中，党越重视立法的引领和推动作用，法律就越有权威和生命力。

（三）服务四川大局，发挥立法的引领作用

《四川省依法治省纲要》在“科学立法”部分从“完善地方性法规和政府规章”、“提高立法质量”两方面做出要求，体现地方特色的创制性立法是服务四川大局的体现。而四川最大的省情是“人口多、底子薄、不平衡、欠发达”，因而四川地方立法必须根据实际情况，从四川实际出发，将地方立法工作与科学发展、加快发展相结合。例如，截至2014年上半年，四川省人大按照年度计划，围绕深化改革、经济发展、民生保障、社会管理等，一共制定和修改地方性法规9件，审查批准民族自治地方单行条例3件。

---

① 《四川省人民政府法制办公室2014年信息公开“成绩单”》，http：//www.scfz.gov.cn/2014/12/18196.html。最后访问日期：2014年12月5日。

（四）加强重点领域立法，回应社会关切

党的十八大明确提出了要“加强重点领域立法”。四川为了进一步完善科学立法、民主立法，不仅在工作机制上完善，而且着力从关系民生的重点领域入手，加强了重点领域立法。在2014年四川较好地运用了立法资源，推动立法对改革发展的引领作用。在政治建设、经济建设、社会建设、生态文明建设等重点领域，强化与改革、民生领域息息相关的立法，顺应时代发展，贴近社会实际与热点，抓住重点领域立法的“牛鼻子”，较好地提升了四川地方立法的质量。

三　立法展望

（一）推进科学立法，切实提高立法质量

党的十八届四中全会的《中共中央关于全面推进依法治国若干重大问题的决定》明确提出：深入推进科学立法、民主立法。四川地方立法未来贯彻落实科学性的着力点将放在如下方面：其一，注重从四川实际出发，注重地方立法的针对性。其二，注重与深化改革紧密结合，注重改革与法律的关系。其三，注重可操作性，制定的法律切实可行，既杜绝法律资源的浪费，又能推动经济社会发展。

（二）推进民主立法，拓宽公众参与立法的渠道

十八届四中全会《中共中央关于全面推进依法治国若干重大问题的决定》明确提出“深入推进民主立法”、“完善公众参与政府立法机制”。四川地方立法未来贯彻落实民主立法的着力点将放在：其一，注重从四川实际出发，在战略高度上解放思想，推进民主立法。其二，以多种形式拓宽公众参与政府立法的渠道。利用网络、社区、单位等广开言路，践行群众路线，公开征集公众及人大代表的意见。其三，完善立法协商。调动民主党派、社会组织等各方的积极性与主动性，拓宽各种渠道参与立法，充分发挥立法协商的作用推进民主立法。其四，探索委托第三方起草法律法规草案，防止部门利益。

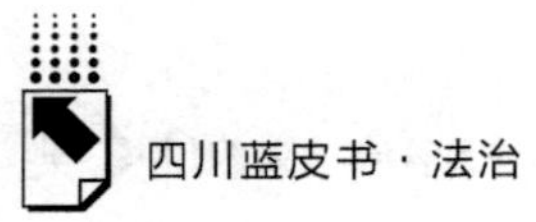

（三）健全宪法实施和监督制度

十八届四中全会《中共中央关于全面推进依法治国若干重大问题的决定》提出："完善以宪法为核心的中国特色社会主义法律体系，加强宪法实施。"全面推进依法治国的方略中宪法被提到前所未有的高度，宪法是国家的根本大法，在未来地方立法如何体现健全宪法实施和监督制度必然是值得高度关注的方面。十八届四中全会指出："坚持依法治国首先要坚持依宪治国，坚持依法执政首先要坚持依宪执政。""一切违反宪法的行为都必须予以追究和纠正。"宪法的生命在于实施，正如列宁所说，宪法是写满人民权利的纸。未来四川立法工作将逐渐关注宪法的实施和监督机制，使宪法成为有牙的老虎，回应民众关切。

（四）逐渐推进立法评估

十八届四中全会《中共中央关于全面推进依法治国若干重大问题的决定》提出："明确立法权力边界，从体制机制和工作程序上有效防止部门利益和地方保护主义法律化。对部门间争议较大的重要立法事项，由决策机关引入第三方评估。"地方立法质量评估，是地方立法的延伸及与社会生活的连接。治蜀兴川厉行法治的进程中，为了更好地提高立法质量，将更加注重社会实效，逐渐开展立法评估，逐步建立完善的立法前评估、立法后评估体系，逐步建立健全地方性法规清理和规范性文件备案审查等工作体系。

B.3

厉行改革，助推依法行政*

——2014年四川行政法治报告

冼志勇**

摘　要：四川省在2013～2014年的行政法治进程中进行了一系列改革，在深化行政审批制度改革、建立政府法律顾问制度、完善行政权力清单制度、规范行政执法行为、强化规范性文件管理、提升行政复议水平、建立健全支撑保障机制、完善立法工作等八个方面，做出了创新性的探索并获得良好成效，具有全国性借鉴意义。2015年是四川省推进依法治省的深化之年，在党的十八届四中全会《决定》和四川省委十届四次全会精神的基础上，依据《四川省依法治省纲要》的总体要求，继续深化行政法治建设，为治蜀兴川、推动"两个跨越"提供坚实的法治保障。

关键词：依法行政　行政法治　法治保障

一　2013～2014年四川省行政法治状况概述

2010年以来，四川省委省政府在《国务院关于加强法治政府建设的意见》（国发［2010］33号）基础上，大力推进行政法治工作。2013年《四川省依法治省纲要》的公布，更是把依法行政作为最重要的内容写入其中，将政府

---

* 本文感谢四川省人民政府法制办提供的数据及基础材料。

** 冼志勇，四川省社会科学院法学研究所助理研究员，法学博士。

治蜀兴川各项事业纳入法治的轨道。2014 年四川省政府公布了两个行政法治的重要文件:《四川省人民政府 2014 年度推进依法行政工作安排》和《四川省人民政府关于推进依法治省、加快法治政府建设的意见》,召开了省政府“贯彻依法治省纲要推进法治政府建设”电视电话会议,为四川省强化依法行政,推进行政法治建设提速。

二 2013~2014年四川省行政法治实践

(一)深化行政审批改革

在深化行政审批的改革进程中,四川省从行政审批项目清理入手,始终坚持以转变政府职能、优化发展环境为改革核心。从 2013 年至 2014 年初,四川已开展四批行政审批项目清理工作,确定由省直部门统一清理本系统(行业)行政审批事项,公布省市县三级行政许可项目目录。四川省本级行政审批事项 273 项,在四次行政审批项目清理中,四川省已累计取消调整行政审批事项 333 项,省本级共取消调整非行政许可审批事项 38 项,取消调整行政事业性收费项目 28 项,工作卓有成效,使四川省一跃成为全国省本级行政审批项目最少的省份之一。行政审批项目清理是深化行政审批制度改革的具体实践,主要措施有:①原则清晰。在行政审批项目清理原则中,对国务院决定取消或下放的,坚决执行,对外省取消或下放的,原则上取消或下放。②工作主动。把握行政审批项目清理工作的主动权,对每一项行政审批事项进行主动会商,提出具体的取消调整或保留意见,再同实施部门进行交流,而非被动等待或依靠实施部门提出对行政审批事项的处置建议。③实效清理。在行政审批项目清理过程中,注重清理的实际效果,坚持实质性减少审批事项,取消下放 94 项对省本级项目数量无影响,但对审批权力有实质性削弱的事项,不但追求清理数量更注重清理质量。④意见征求。在行政审批项目清理过程中,除了与实施部门进行协商外,相关部门多次向省内专家学者、民营企业家征求关于取消调整行政审批项目的意见。⑤加强指导。以省级部门为主导,加强对各市县行政审批项目清理工作的指导,以保证全省行政审批项目能够自上而下、规范统一。

（二）建立政府法律顾问制度

2013 年，十八届三中全会提出："普遍建立法律顾问制度"。四川省委省政府非常重视法律顾问制度的建设，并颁布了《四川省人民政府法律顾问团管理办法》。2014 年 6 月，省政府法律顾问团的组建基本完成，从全国范围内的高等院校、科研院所、社会团体中，遴选出 30 名专家学者、法律实务工作者，担任省政府法律顾问。法律顾问团的主要职责在于：负责参与行政法律事务研究并提出研究报告；参与政府重大决策事项的调查研究并提出法律意见；参与政府重大经济项目、经济合同、合作协议的研究论证工作等。而四川省政府法律顾问制度的自身鲜明特点在于：其一，政府法制办与法律顾问联系紧密，法律实务工作者和法律理论工作者协同为省委省政府建言献策；其二，成员结构多样化，专业方向各异，成员来自高校、研究机构、律师事务所和企业；其三，法律顾问团成员遴选、运行、监督工作机制及相关配套制度得以建立。

此外，至 2013 年，四川省的 21 个市（州）政府，183 个县（市、区）政府中的 167 个均探索建立了法律顾问制度，建立率为 91.25%。伴随省、市、县级政府法律顾问制度的建立，该项制度正向基层的乡（镇、街道）拓展，已有 1564 个乡（镇、街道）建立了政府法律顾问制度，该制度得到良好的实践运用与发展。

（三）完善行政权力清单制度

2014 年政府办公厅起草了《关于推行行政权力清单制度进一步清理优化行政权力事项的通知（代拟稿）》，解决上一轮行政权力清理规范工作中存在的清理不彻底、行政权力清理与行政许可和非行政许可审批清理脱节、行政权力事项名称不准确等问题，优化编制权力清单，更好地推进行政权力依法规范公开运行。

而从 2011 年开始即组织开展行政权力清理规范工作，编制了行政职权目录，公布了行政权力运行流程。目前，省级部门行政权力 7187 项，市（州）政府行政权力平均 6058 项，县（市、区）政府行政权力平均 4083 项。2014 年 1 月，"一厅，一目录，两平台"（电子政务大厅、行政职权目录、行政权力依法规范公开运行平台和电子监察平台）的行政权力依法规范公开运行系统初步建成，实现了省、市、县三级行政权力上网运行并互联互通。未进入行政职权目录的行政权力一律不得行使。

（四）规范行政执法行为

规范行政执法行为，是加强行政执法力度、创新执法方式的重要手段，是进一步促进四川省行政执法严格规范、公正文明的有效路径。规范行政执法行为的主要措施有：①规范裁量权。四川省政府2014年颁布实施了《四川省规范行政执法裁量权规定》，要求通过源头控制、制定标准、建立规则、强化监督等方式，实现对行政执法裁量权行使的综合控制，同时行政机关要分级、分类、分项制定相关行政执法裁量标准。②规范执法主体。四川省政府办公厅2014年颁布实施了《四川省行政执法证管理办法》和《四川省行政执法监督检查证管理办法》，分别对省行政执法机关的执法人员依法实施行政执法活动、省行政执法监督人员依法实施行政执法监督检查活动的资格进行规定，要求推进综合执法，减少行政执法层级，下沉行政执法重心。③加强两法衔接。行政执法与刑事司法衔接是由政府主管部门、行政执法机关、检察机关、监察机关、公安机关所共同形成行政执法与司法合力的社会管理问题防治机制。充分发挥牵头作用，加强信息共享、协调配合，挂牌督办社会影响大、群众反映强烈或涉及民生民利的案件，加强对两法衔接工作的考核和监督。④试点改革。四川省政府办公厅起草了《关于在百镇建设行动和扩权强镇改革中完善试点镇行政执法体制的意见》，要求在四川省内的百镇建设试点和扩权强镇改革试点，依法规范试点镇政府受委托的执法职权，扩大试点镇经济社会管理权限，探索推行相对集中行政处罚权或综合行政执法试点工作向试点镇延伸的新方式。

（五）强化规范性文件管理

加强对规范性文件的监督管理，维护法制统一，保证政令畅通，提高行政法治水平。强化规范性文件管理的主要措施有：①合法性审查。新一届中央政府进一步明确与完善了合法性审查的范围和规程，要求规范性文件和重大涉法事项在省政府常务会议审议前，由政府法制机构进行合法性审查。2014年初，四川省进行合法性审查的省政府或以省政府办公厅名义下发的规范性文件共计47件。②文件备案。对收到报送备案的政府规章、规范性文件，以及社会公众或行政机关提请审查的文件，严格进行审查，对审查中发现的问题，通过“罚点球”形式进行通报。同时，做好四川省政府规章向国务院和四川省人大常委会报送备案工作。③网上报备系统建设。目前四川省正抓紧建设规范性文件网上报备系统，积极探索开展规范性文件网上报备工作。网上报备有利于对庞大的备案文件进行管理和分析，方便社会公众直接查询监督，解决偏远地区纸质文本报备时间较长等问题。

（六）提升行政复议水平

加强复议能力建设，不断提升行政复议水平，维护群众合法权益，促进社会和谐稳定。提升行政复议水平的主要措施有：①创新行政复议机制。组建四川省政府行政复议委员会，聘请省内专家学者作为非常任委员，负责统一审理省政府行政复议案件，指导全省行政复议制度建设工作，研究行政复议工作中的重大问题。运行以来，通过行政复议委员会审议的3起重大疑难案件中，2件促使被申请人主动纠正，1件确认违法，案件办案质量有效提升，纠错力度显著加大，保障了行政复议的公正性和公信力。②有效解决土地类行政复议。截至2014年6月，共收到土地类行政复议申请95件，占复议案件总数的63%；收到涉及省政府的土地类行政赔偿案件11起。针对土地类行政争议高发态势，加强依法化解力度。通过行政复议决定或发送行政执法监督函等形式，要求有关部门和市县政府纠正违法行为，规范行政行为，改进工作方法，加强风险评估，从源头上排查消除纠纷隐患。

（七）建立健全支撑保障机制

1. 完善省政府常务会议会前学法制度

截至目前，省政府常务会议会前学法已学习《城乡规划法》、《循环经济促进法》、《社会救助暂行办法》等20部法律法规，带动全省各级政府及其部门领导自觉学法、用法、守法。

2. 健全依法行政考核机制

省政府将依法行政纳入市（州）政府目标管理，积极探索开展第三方评估。2013年委托西南财经大学和四川省委党校，采取调查问卷、深度访谈、座谈会相结合的方式，分别对泸州市和眉山市、什邡市政府依法行政整体情况进行评估；2014年继续委托四川省委党校对自贡市政府依法行政情况开展第三方评估。评估结果将作为对市（州）政府和省级部门依法行政考核的重要依据。

3. 开展依法行政示范活动

从2011年开始，分两批开展了依法行政示范县乡评选活动，以点带面推进政府法治建设。2014年8月，与省委依法治省办联合制发了《关于开展依法行政示范创建活动的通知》，将依法行政示范活动评选范围扩大到各级政府部门、机构、乡（镇）政府和街道办事处，将评选时间规划到2018年。通过命名一批“推进依法行政示范创建单位”，分批评选“推进依法行政先进单位”，形成示范先行、典型带动、整体推进的依法行政工作局面。

4. 集中整改突出问题

开展依法行政突出问题承诺整改和深化正风肃纪专项行动的监督检查，组织省级24个主要执法部门梳理出52个依法行政突出问题，组织21个市（州）政府相关部门梳理出945个突出问题。各地各部门梳理的突出问题及整改完成时限已在网上公布，接受社会监督。

（八）完善立法工作

改进政府立法工作方法，创新政府立法工作机制，提高政府立法工作质量，提升立法科学化水平。完善立法工作的主要措施有：①立法计划编制。以完善政府立法工作为保障，加快产业结构调整、保障和改善民生、创新社会治理、加强公共服务等，发挥立法在全面深化改革中的引领和推动作用，最终达到全面深化改革的目的。编制《四川省人民政府2014年立法计划》，其中计划制定、修改或废止四川省政府规章共计10件，起草地方性法规草案并向省人大常委会提请审议共计10件，将《四川省社会稳定风险评估条例》列入2014年立法计划，加强行政决策风险评估。②政府规章和地方性法规清理。召集有关部门和省内专家学者，对截至2013年省政府制定的规章及由省政府提交省人大及其常委会审议的地方性法规进行全面清理，其中建议修改或废止的省政府规章、地方性法规共计120多件。

三 2015年四川省行政法治建设展望

2015 年，既是十八届四中全会提出“深入推进依法行政，加快建设法治政府”之年，也是四川省委省政府依据《四川省依法治省纲要》的总体要求，提速行政法治建设、加快法治政府建设步伐、推进依法治省的深化之年。“治蜀兴川，重在厉行法治”，基于 2013、2014 年四川省委省政府依法治省的重要举措，未来以下方面的改革值得关注。

（一）紧跟四中全会改革新内容

四川省深入推进行政法治，加快建设法治政府应紧跟以下四中全会改革新内容：对省内各级政府事权进行规范化、法律化，对不同层级政府特别是省级和市县政府事权法律制度进行完善；建立重大决策终身责任追究制度及责任倒查机制；对行政执法进行综合执法改革，大幅减少市县两级政府执法队伍种类；健全执法程序，建立执法全过程记录制度；推行行政执法公示制度；必须对权力集中的部门和岗位实行分事行权、分岗行权、分级授权，定期轮岗，防止权力滥用。

（二）政府职能转变提速

根据国务院对地方政府所设置的职能转变与机构改革的具体要求，进行分步改革，使政府职能从微观事务干预向宏观事项管理转变，逐步转移至社会治理、市场监督、公共服务和环境保护等宏观事项的管理上来。具体包括增大应取消、下放的审批事项的比例，构建省级公共资源交易平台，落实各级政府及其工作部门权力清单制度等增效提速措施。

1. 行政审批制度继续深化改革

第一，全面清理行政审批各个项目；第二，对需要取消和调整的行政审批项目的目录进行分期、分批地公布；第三，对行政审批继续实施“两集中、两到位”措施，“两集中”即把隶属于省内各行政审批部门的行政审批职能向其设立的内设机构集中，该内设机构行政审批职能同时又向政务服务中心集中；“两到位”，即是指政务服务中心被授予部门的行政审批权限要到位，政

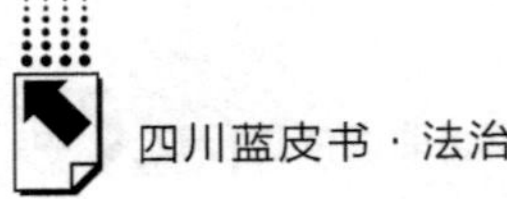

府服务中心办理行政审批事项要到位；第四，对应保留的行政审批项目加强规范化管理；第五，通过审批方式的改革如探索并联审批、完善网上审批等措施，以实现效率和效用的双提升；第六，对行政许可项目进行清理与统一公布，对非行政许可的审批事项应当予以取消。

2. 打造省级一体化服务平台

政务服务平台与公共资源交易服务平台的一体化发展，为政府职能转变提速提供了新的契机，一体化进程具体如下：第一步：将除涉密情况以外的公共服务事项以及行政审批事项接入政务服务平台进行处理，并健全省、市、县、乡体系化的政务服务平台。第二步：着力构建以省一级为核心，辐射地市、县、乡的公共资源交易平台，以增强政务服务机制的标准化与一体化。具体措施包括：以既有的政务服务平台为基础，在各地市州、县区分别建立公共资源交易服务中心，进行公共资源交易如政府采购，权限（矿业开采权、土地使用权等）出让，产权交易，工程招投标等，而公共资源交易信息向上则汇总至省上建立公共资源交易平台以实行系统化管理，政府则通过公共资源交易的监管与问责机制，保障公共资源交易的透明、公开、集中和依法，从而达到公共资源交易整合的最高效、最优化管理，以此使行政审批的效率得以提高。第三步：逐步使政务服务平台和公共资源交易服务平台在服务与功能上形成一体化，最后打造省级并联地方的一体化服务平台。

3. 落实各级政府及其工作部门权力清单制度

行政法治建设，重在依法履职；依法履行职能必须有法定标准，遵守“法定职责必须为、法无授权不可为”准则，四川各级政府在全面履行各项行政职能时，必须依据宪法与法律。这即是讲，政府履行行政职能时的唯一判断标准和依据就是“法律”，政府不可缺位、不可不作为，在法律并无明文规定的情形下也不可干预包括公民、法人和其他组织在内的主体的合法权益以及随意扩大自身的权力范围。因此，落实各级政府及其工作部门的权力清单制度，使百姓清楚知晓政府权力的范围界限，厘清权力边界，是行政法治的重要措施。权力清单制度能防止非法行政以及权力滥用等行为，把政府的权力行使纳入法治化的轨道，保证权力依法公开运行。

（三）建立健全政府依法、科学、民主决策机制

行政法治建设，重在依法决策。良好的行政法治要求行政决策行为在法治的轨道上运行，而建立健全政府依法、科学、民主决策机制则是行政法治的应有之义，为了杜绝某些政府部门的决策者对重大行政事务进行短期化而且随意的"拍脑袋"决策，同时为了保证重大行政决策的法治化、科学化、民主化，防止决策者在重大决策过程中发生决策失误，亟须依法确立行政决策的法定程序、完善重大行政决策合法性审查机制、健全重大行政决策风险评估机制、完善政府法律顾问制度、建立重大决策终身责任追究制度及责任倒查机制等一系列支撑机制。上述支撑机制能在程序上促进决策者在进行重大行政决策时运用法治思维、以法律为依据进行决策，实现依法决策，把重大行政决策置入法治轨道。

1. 依法确立行政决策的法定程序

十八届四中全会《决定》把公众参与（请群众参与）、专家论证（专家评估论证）、风险评估、合法性审查、集体讨论决定（而非决策者独自拍脑袋决策）确定为重大行政决策法定程序，而四川省在实践探索的基础上又增加部门论证、民主协商、专业机构测评与成本效益分析四项程序，即四川把部门论证、公众参与、民主协商、专家论证、专业机构测评、成本效益分析、风险评估、合法性审查和集体讨论决定等九个程序确定为进行重大行政决策时的必经程序。

在实践中增加四个法定程序的原因在于：其一，增加部门论证程序，能使行政机关内部各部门成员依据自身丰富的业务技能以及工作经验，从专业的角度判断重大行政决策的科学性和合理性；其二，增设民主协商程序，能使重大行政决策在确定前通过征求各民主党派、无党派人士的建议和意见的形式，保证重大行政决策的民主性；其三，增加专业机构测评程序，则可运用独立第三方的专业知识。与专家论证程序一起保证重大行政决策的科学性；其四，增设成本效益分析程序，使重大行政决策通过社会效用与经济效益的获得与成本的负担衡量，能够更客观地判断重大行政决策的可行性与科学性。

四川省把上述九大程序明确法定化，其根本目的在于使省内各级政府决策

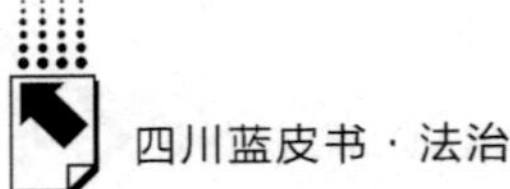

者在进行行政决策时，能通过法定而非人为的程序，以保证决策的法治化、科学化与民主化。倘若省内各级政府的决策者没有依据上述九大法定程序进行重大决策而导致重大损失，则必须被追究终身性责任。

2. 完善重大行政决策合法性审查机制

重大行政决策合法性审查不仅是行政决策法治化的现实表现，亦是行政决策科学化、民主化的法治升华。反过来说，重大行政决策的依法、科学与民主必然要求重大行政决策须通过合法性审查。作为提升决策者运用法治思维依法决策能力的重要支撑机制之一，重大行政决策的合法性审查机制的完善重在对具体的内容进行细化梳理，具体包括：其一，明确重大决策合法性审查的主体、权限范围、指向对象、审查标准、结论使用等核心要素；其二，对合法性审查的具体法制机构，合法性审查所指向的对象与权限范围须进行清晰的界定；其三，重大行政决策依据“法律”的合法性与程序的合法性审查标准须细化落实；其四，对重大行政决策的合法性审查结果的采用须进行分类判断；其五，明确重大行政决策的责任承担机制。

3. 健全重大行政决策风险评估机制

首先，各级党委政府应树立重大行政决策进行风险评估的责任意识，引导各级党委政府与有关部门形成重大行政决策风险评估的自觉行为和规范机制，并从上至下延伸覆盖各地方乡镇与区县部门，实现全层级、全区域覆盖。

其次，明确把重大行政决策风险评估置于决策过程之前。落实重大决策的事前风险预估工作，从根源上化解各种影响重大决策稳定性的风险。部门决策者应提高程序前置意识，避免先决策后补风险评估或干脆不进行风险评估的现象发生，杜绝把风险评估作为“后置”或“不置”程序的现象，充分发挥重大行政决策风险评估的前置性把关作用。

4. 建立重大决策终身责任追究制度及责任倒查机制

四川省各城市政府应立足于近年来对重大决策终身责任追究制度及责任倒查机制进行调查分析的实证，探讨重大决策终身责任追究制度及责任倒查机制构建和运行中所出现的问题，总结失败的教训和成功的经验，研究存在问题背后的深层原因，从而提出构建有效的重大决策终身责任追究制度及责任倒查机制，促使政府重新评估其现行制度、政策和行为，改进政府管理，创新社会治理，制定切实可行的公共政策和具有刚性约束力的法律法规，提高政府抵御风险和解决公共问题的能力。十八届四中全会《决定》规定：对决策严重失误或依法应该及时做出决策但久拖不决造成重大损失的情况，应制定对相关责任人员的法律责任追究机制。①

（四）规范与强化行政执法监督

在规范与强化行政执法监督方面，首先，应进一步规范行政执法自由裁量权，对自由裁量权采取“最小自由、最大公开、最严监督”原则，以防止行政执法的随意与不公。其次，完善行政执法裁量权基准制度，逐步在各级政府实施《四川省规范行政执法裁量权规定》，对行政裁量的范围、种类、幅度进行明确界定，建立健全行政执法裁量权案例指导制度。最后，探索行政执法的保障机制，包括建立政府法制层级监督与行政监察联动机制，建立监督联席会议制度，完善行政执法风险评估与风险预防机制。

（五）不断完善政务公开机制

行政法治建设，政务公开是不可或缺的一环。决策者行政行为的公开与透明，既是人民群众的期望所在，也是行政法治建设的应有之义。各级政府以及部门按照权力清单的要求，向社会进行政务公开，其目标在于让政务透明、使百姓放心。首先，在政务公开内容层面，除涉密内容外，政府的职能范围、所遵循的法律依据、实施行政行为的主体、具体的职责权限、政府管理流程、对政府的监督方式等事项都应进行公开。其次，在配套措施层面，应建立健全政务公开查询系统，并且对政务信息公开的四项配套支撑机制包括工作考核、责任追究、社会评议、年度报告等进行完善。

（六）健全行政权力运行监督机制

行政法治建设，重在权力运行监督。政府作为国家权力机关执行者，天生获得强大的公权力。倘若公权力没有纳入完善且有效的监督机制，群众的合法

① 十八届四中全会《决定》规定：“对决策严重失误或依法应该及时做出决策但久拖不决造成重大损失、恶劣影响的，严格追究行政首长、负有责任的其他领导人员和相关责任人员的法律责任。”

权利与利益则有可能被公权力所侵犯。习总书记曾多次提出“要把权力关进笼子里”，通过权力运行的有效监督使政府的公权力行使效率提高。四川省应建立包括党内监督、人大监督、民主监督、行政监督、司法监督、审计监督、社会监督、舆论监督在内的“多层次”、“立体式”权力运行的监督机制，以达提高权力运行监督的实效。

B.4

公正司法，护航法治四川

——2014年四川司法报告

徐秉晖*

摘　要：“法之不公，国必衰亡”，四川司法机关始终以践行司法公正为宗旨。全省法院、检察机关充分发挥审判、执行、侦查、监督职能作用，2013 年至 2014 年上半年，全省法院共受理案件 1201798 件，审执结 1069978 件；全省检察机关 2013 年批捕各类刑事犯罪嫌疑人 37270 人，提起公诉 57692 人。有力地打击、惩治了各类犯罪，全力维护社会稳定，为经济发展提供良好的市场秩序和安全保障。四川司法机关在守好社会公平正义最后一道防线的同时，切实转变工作作风，着力提高人员素质，坚持司法为民，有效解决群众打官司难、执行难、举报难、申诉难、办证难等问题。四川司法机关在坚持司法公正与效率、深化司法公开与服务、规范司法行为与程序、改进司法作风与能力的推动下，创新工作机制，深化司法公开，落实权力运行监督，提升服务效能，积极推进平安四川、法治四川建设，有效地促进社会公平正义，司法公信力得以大力提升，为四川全面深化改革、建设法治四川、实现又好又快发展、人民安居乐业、社会和谐稳定提供了有力的司法保障。

关键词：法院审判与执行　检察侦查与监督　公安执法　狱政管理

* 徐秉晖，四川省社会科学院法学研究所助理研究员，法学博士。

一 2013～2014年四川省司法状况概述

为深入贯彻党的十八大和十八届三中全会精神，推进法治中国建设，中共四川省委结合实际在2013年12月制定公布了《四川省依法治省纲要》，并将其作为推进四川省依法治省的行动指南，全面落实依法治国基本方略。为全面落实《四川省依法治省纲要》，提升依法治省的实效，四川省高级人民法院公布《关于大力加强公正司法不断提高司法公信力深入推进依法治省的实施意见》、四川省人民检察院提出《关于充分发挥检察职能积极推进依法治省工作的意见》，就全省各级法院、检察机关推进平安四川、法治四川建设出台诸多举措，对审判、执行、检察、监督工作提出总体要求和详细部署，四川司法工作取得明显改进，执法规范化、有序化建设得到加强，制定并完善执法规范程序，细化和公开执法流程管理，司法公开力度加大，法院系统基本完成审判公开、执行公开、裁判文书公开三大公开平台建设；检察系统成功测试运行人民检察院案件信息公开网和统一业务应用系统；公安系统和司法狱政系统积极依托“四川公安”门户网站、“长安网”等网站以及“平安四川”等微博平台，积极有效地推进执法公开、信息公开，四川法治建设取得显著成效。

（一）审判工作

2013年，全省法院受理案件767801件，审执结738857件。其中，省法院受理案件8160件，审执结6792件。2014年上半年，全省法院共受理案件433997件，新收案同比上升7.09%；审执结331121件，同比上升3.03%，其中，省法院受理案件5316件，审执结3271件，结案数同比上升5.11%。

1. 发挥刑事审判职能作用，维护社会和谐稳定

2013年，全省法院审理一审刑事案件39618件59398人；其中，全省法院审理危害国家安全和故意杀人、爆炸、绑架、抢劫等重大刑事案件8601件13338人；审理非法集资、金融诈骗、非法传销等重大案件739件1375人；审理贪污贿赂、渎职犯罪案件1392件，判处罪犯2025人；集中审理、公开宣判重大毒品犯罪案件713件1254人；审理涉黑恶势力犯罪案件300件1671人；审理盗伐滥伐林木、非法猎捕珍稀野生动物等犯罪案件518件853人。审理危

害食品药品安全、制假售假等犯罪案件134件379人。审理危害安全生产刑事案件47件62人；审理奸淫幼女、猥亵儿童等犯罪案件138件，对140名罪犯依法予以惩处。2014年上半年，全省法院审理一审刑事案件16738件23725人。其中，审理危害国家安全和故意杀人、爆炸、绑架、抢劫等重大刑事案件7444件，判处刑罚6873人；集中审理、宣判毒品犯罪、黑恶势力犯罪等案件2131件2939人。对社会关注的涉医违法犯罪、环境资源犯罪等开展专项审判，审理案件308件398人。三级法院正确把握宽严相济刑事政策，在依法严惩严重刑事犯罪的同时，对自首、立功、未成年人犯罪等依法从宽处理。省法院根据四川省经济社会发展和治安状况，出台审理多发性侵财犯罪案件指导文件，推进刑事裁判尺度统一，及时调整裁判尺度，统一犯罪数额认定标准，保证执法的严肃性。

2. 加强民商事审判工作，积极维护市场秩序

2013年，全省法院共审理一审民商事案件453455件，涉案金额967亿元。其中，审理买卖、担保、交通运输合同纠纷等案件31640件；审理借贷、融资租赁、保险、票据等金融案件92857件，规范金融市场秩序，维护金融安全；审理土地使用权转让、建设工程、商品房买卖等房地产纠纷案件15323件；稳妥审理企业兼并重组、破产清算、股权转让等案件1400件；审理涉外和涉港澳台案件388件；审理婚姻继承、抚养赡养、拖欠农民工工资案件以及涉军案件等131266件，为32602名经济困难的当事人缓、减、免诉讼费3878.28万元。2014年上半年，全省法院共审理一审民商事案件212183件，涉案标的额469.33亿元。其中，审理金融案件2923件。

3. 加强知识产权审判工作，维护知识产权人合法权益

2013年，四川法院共受理各类知识产权案件3134件，较2012年受理的2689件增加了445件。其中，知识产权民事案件2990件（著作权纠纷1703件，商标权纠纷835件，专利权纠纷357件，技术合同纠纷95件）；知识产权刑事案件为135件，案件数量连续3年下降；知识产权行政案件9件。2014年上半年，全省法院共审理一审专利、商标、著作权等知识产权民事案件879件。2014年初，四川高级法院公布《四川法院知识产权司法保护状况》白皮书，以及2013年四川法院知识产权司法保护十大典型案例。作为全国6个试点省份之一，四川三级法院知识产权案件审判“三合一”试点工作已全面启

动，成效明显。省法院及26个中基层试点法院共审理一审知识产权民事、刑事、行政案件889件，案件的服判息诉率较试点前同比提升3.46个百分点，平均审理天数减少11.5天。同时，全省法院知识产权裁判文书除了法定不公开外，实现了百分之百上网公开。

4. 加强行政审判和国家赔偿工作，促进依法行政

2013年，全省法院审理一审行政案件4127件；2014年上半年，全省法院一审行政案件1997件。通过构建类型化案件综合协调机制，加强与政府各部门、消协等沟通、协调，促成行政纠纷案结事了，行政案件和解、撤诉率达35.48%。为贯彻十八届三中全会精神，积极探索司法审判管辖区域与行政区划适当分离，确定成都中院、广安中院为行政案件集中管辖试点法院。围绕行政诉讼较为集中的政府信息公开、房屋拆迁、土地征收等行政案件所反映的问题，向相关行政执法部门提出司法建议；成都法院率先建立政府行政首长出庭应诉定期通报制度，乐山中级人民法院推动市委组织部开展依法行政教育培训，最高法院副院长江必新予以肯定。绵阳中级人民法院推动市政府将行政首长出庭应诉纳入依法行政年度目标绩效考核，并将行政诉讼典型案例作为干部培训教学内容，有效促进行政法治化。

5. 攻克“执行难”，加强执行工作

2013年，全省法院共受理执行案件157959件，执结155261件，标的额299.28亿元；执行标的到位率72.34%，同比提高7.76个百分点。通过专项审判、集中执行等方式，审执结涉民生案件10495件，为当事人兑现9.47亿元，向3711名生活困难申请执行人发放救助金2398.28万元，依法向债务人发出支付令731件，15日内为债权人兑现金额4651.16万元。开展涉金融案件专项执行活动，执结案件2882件，为金融机构执行兑现19.63亿元。各级法院探索构建“点对点”网络执行查控系统，通过与公安局、工商局、房管局、金融机构等部门信息共享，基本实现了对被执行人财产信息的实时查询。对被执行人的规避执行行为进行及时曝光和惩处，截至2014年3月底，全省法院共将1800余人纳入最高人民法院失信被执行人名单库，将806名失信被执行人纳入人民银行征信系统，有效打击了被执行人的规避执行行为。

6. 建设“三型”法院，加强诉讼服务，简化审判流程

全省法院积极建设“服务型、阳光型、效能型”法院，已有137个法院

开通网上立案、信访、查询等网上诉讼服务功能，实现远程和自助式服务。打造类型化诉讼服务，大力开展巡回审判，设立法官工作站、社区法庭、诉讼服务点，定期开展法律咨询、调处矛盾纠纷。推进案件繁简分流，有效提高诉讼效率，全省法院适用简易程序审理案件 382297 件，同比增长 24.87%，其中，人民法庭适用简易程序审理的案件占 82.70%，调解率达 76.48%；积极发挥小额诉讼制度作用，速审速裁小额诉讼案件 3062 件，平均审理时间 11.32 天。落实人民陪审员“倍增计划”，确定 21 个基层法院为试点法院，扩大范围从基层群众中选任陪审员，2014 年增补 592 名人民陪审员，一审案件陪审率达 89.93%，同比提升 9.77 个百分点。

（二）检察工作

2014 年 4 月，四川省人民检察院制定下发了《关于充分发挥检察职能服务四川全面深化改革的意见》，指导三级检察机关准确把握服务四川全面深化改革的目标任务和基本要求，有针对性地发挥好惩治、预防、监督、教育、保护等职能作用；要通过强化法律监督、严格执法、公正司法，着力营造和谐稳定的社会环境和公平正义的法治环境；要在深刻领会中央和省委决策部署的基础上，以深入研究解决影响改革发展稳定的重大问题和群众反映强烈的突出问题为导向，结合执法办案积极提供改革决策和改革推动中的司法建议；要坚持服务大局和依法办案相统一、惩治犯罪与保护改革相统一、执行法律与执行政策相统一，加强应对改革过程中出现的新情况新问题的司法举措，切实保护改革的积极性。

1. 依法严惩严重刑事犯罪，化解社会矛盾

2013 年，全省检察机关批捕各类刑事犯罪嫌疑人 37270 人，提起公诉 57692 人。2014 年上半年，全省检察机关依法查办贪污贿赂案件 938 件 1252 人、渎职侵权案件 200 件 286 人。2014 年 4 月，省检察院与省委宣传部、省互联网信息办公室等 9 家省级单位联合执法，开展打击整治非法生产销售和使用“伪基站”的违法犯罪专项行动，共查办批捕“伪基站”犯罪案件 7 件 10 人。

2. 积极参与打黑除恶、禁毒，打击“两抢两盗一诈骗”

全省检察机关依法从快从严惩处毒品犯罪，2014 年共审查批捕毒品犯罪案件 5000 余件 6000 余人，起诉 5000 余件 6000 余人。其中 2014 年全省批捕的

毒品犯罪案件数和犯罪嫌疑人数同比均呈两位数上升，起诉的毒品犯罪案件数和被告人数同比分别上升32%和27%。

3. 围绕服务创新促动发展，依法打击知识产权犯罪

2013年全省检察机关打击制假售假、侵犯知识产权犯罪，批捕165人，起诉238人。2013年1月至2014年3月，全省共批准逮捕29人，起诉78人，其中批准逮捕涉嫌制作、复制、出版、贩卖、传播淫秽物品9人，起诉14人；批准逮捕涉嫌侵犯著作权案件6人，起诉31人；批准逮捕涉黄涉非出版物的非法经营案件5人，起诉8人；批准逮捕其他类型案件9人，起诉25人。

4. 查办和预防职务犯罪，保持惩治高压态势

2013年，全省检察机关立案查办职务犯罪案件1797件2384人。其中，渎职侵权犯罪案件354件451人，贪污贿赂犯罪案件1443件1933人。查办县（处）级以上国家工作人员121人，其中厅级干部11人。加大惩治行贿犯罪力度，查办196人。2014年上半年，全省检察机关共立案查办贪污贿赂案件938件1252人；抓获在逃职务犯罪嫌疑人3人。对渎职侵权案件，共立案查办200件286人。查办食品安全监督渎职犯罪案件19件26人；同步介入事故调查21起，查办事故背后的渎职犯罪案件21件31人。加大查办行贿犯罪力度，查办150人，上升29.31%。

5. 强化对刑事执法及诉讼法律监督，坚决防止冤假错案

全省检察机关严把“事实关”、“证据关”、“程序关”和“法律适用关”四关，2013年，决定不批捕5354人，对犯罪情节轻微的2096人不起诉；提出刑事抗诉221件；书面纠正监管活动违法行为1491件（次）。2014年上半年，全省共监督刑事立案443件，纠正不当立案139件；书面纠正侦查活动中的违法行为383件（次）；对捕后无羁押必要的529人提出释放或变更强制措施建议。2014年4月15日，成都市检察院和成都市中级人民法院会签《关于在刑事诉讼活动中完善监督制约机制的意见》，为下一步启动审判活动监督信息化平台奠定了制度基础。

6. 深化检务公开工作，增强民众知情权、监督权

全省检察机关普遍设立检务公开大厅，全面推行案件流程信息查询制度；加强检察门户网站、检察微博微信等新媒体平台建设。成都市检察院率先试点案件信息公开系统。在依托该系统的“人民检察院案件信息公开网”

（http：//60. 206. 40. 90/html/gj/sc/sccds/），专设了辩护与代理网上预约平台。通过该平台，律师可完成直接预约申请阅卷/会见、收集（调取）证据材料、变更（解除）强制措施等6项业务，还可以随时跟踪查询代理案件的程序性信息。截至2014年8月，成都检察院官方网站共公布重大典型案件办理进展信息190余条，起诉书1844份，其他法律文书509份，案件诉讼进度及结果查询信息7527条。

7. 完善人民监督员制度，实行省检察院统一选任管理人民监督员

按照最高人民检察院规定要求，建立全省检察机关人民监督员信息库，由省检察院统一组织选任全省三级检察机关人民监督员，按市级院辖区分设子库。继续执行向人民监督员通报查办职务犯罪情况、邀请人民监督员参加会议、接待群众信访，信息公开等工作制度，进一步畅通监督信息渠道，确保人民监督员监督权落到实处。建立人民监督员办事机构与检察机关相关部门定期联系交流制度，及时向人民监督员通报备查。邀请人民监督员现场监督搜查、扣押，旁听讯问犯罪嫌疑人，观摩案件庭审，参加回访考察，评查案件质量以及各项专项检查活动。

（三）公安工作

1. 改革执法机制，落实权力运行监督

以优化执法权力配置、完善执法监督机制、健全执法责任追究机制和改革创新警务公开为重点，开展“法治四川”、“法治公安”建设，完善执法制度，规范执法行为，创新执法监督体系，着力解决当前执法主体不够专业、执法制度不够健全、执法行为不够规范、执法监督方式不够多元等突出问题，努力构建较为完备的执法制度体系、公安执法权力运行机制和执法过程监督体系，不断增强执法监督的权威性和实效性，提升公安机关执法公信力。改革科技信息化和运用机制，以建立公安大数据中心、深化警务综合平台建设应用、建立健全公安信息化建设运营维护和监管体系为重点，通过深度整合信息资源，合理规划建设信息化工具，形成数据齐全、机制完善、运用充分、成效显著的信息化局面。

2. 改进工作作风，提升服务效能

四川省公安厅党委于2014年初出台《中共四川省公安厅党委改进工作作

风的六项规定》，分别对全省公安机关改进调查研究、精简会议活动、精简文件简报、简化公务接待、规范公务活动、厉行勤俭节约等方面做出具体规定。一是要求各级公安机关、各部门警种领导干部和广大民警改进调查研究，做到“必须领导带头、必须求真务实、必须联系基层、必须轻车简从”“四个必须”；二是精简会议活动，从严控制会议数量、从严控制会议规格和规模、从严控制会议时间、从严控制会务组织安排、从严控制会议报道；三是简化公务接待，规范接待形式、规范住宿标准、规范用餐标准、规范用车要求；四是规范公务活动，严格控制参加事务性活动，严格控制因公出国（境）考察访问、严格执行出访纪律；五是严格控制文稿发表、严格执行纪律条令；六是厉行勤俭节约，严控公务经费、严控相互吃请、严控活动经费。

把加强作风建设摆在更加突出的位置，以身作则、加强督查，带领公安机关树立为民、务实、高效、廉洁的形象，以实际行动进一步改进工作作风，推动公安工作和队伍建设科学发展。

3. 优化便民措施，提升群众满意度

全省公安机关建设开通“12389”专用举报热线和互联网举报平台。加强和改进户籍、交通、消防、出入境等公安行政管理工作，顺应群众要求、符合群众意愿。改革社会评价体系，以建设完善的评价体系、建构科学的指标体系、注重运用评价结果为重点，将过去以公安内部评价为主的单一评价模式彻底转变为科学合理的综合性的社会评价模式，通过科学的评价方式提高社会对公安工作的知晓度，增强党和群众对工作的理解、信任与支持。

4. 开展“六化”工程，打造监管部门安全规范窗口

四川省公安监管部门强化法治意识、人权意识、责任意识，开展“六化”工程（队伍职业化、内务军事化、执法规范化、管教人性化、勤务现代化、保障标准化），努力把公安机关各监所打造成为“安全规范管理、展示法治文明的窗口，保障人权的窗口，教育感化的窗口，现代管理、规范管理的窗口，优化展示队伍形象的窗口”。四川省公安厅将全省403个监管场所，通过自评和考核，评定为安全级别、不安全级别。并对近期发生过事故的监所、基础设施不达标的监所、留所服刑人员从事工勤的监所、警力不足的监所或管理工作不规范的监所，给予黄牌或红牌预警。

5. 强化协调和配合，有力打击制毒、贩毒、吸毒

四川公安机关在经信委、安监、食品药品监管、工商、环保、商务、银行等部门的配合下，全力侦破一批制贩毒案件，捣毁一批制毒窝点，从源头上防止和减少毒品犯罪活动。在交通、铁路、民航等系统的配合下，把省内制造的合成毒品和非法流失的易制毒化学品截住，严控毒品过境，斩断输送链条。在劳动、民政、民委等部门配合下，落实协助对重点地区、涉毒人员的管控措施，深入推进禁毒人民战争，大力开展禁毒严打整治和毒品问题综合治理。2011年以来，持续发展“无毒社区”创建工作，已建成“无毒害市”1个，“无毒害县（市、区）”40个，“无毒县（市、区）”21个，“无毒乡镇（街道）”已达2849个，占全省乡镇、街道总数的34%，已成立民间禁毒协会等群众性禁毒组织2616个。全省共破获毒品刑事案件14691起，抓获毒品犯罪嫌疑人17652名，缴获各类毒品2723.29公斤、易制毒化学品852.47吨，强制隔离戒毒21082人，落实社区戒毒、社区康复2113人，参加药物维持治疗6189名，落实就业安置3647名。

（四）司法行政工作

1. 监狱工作

突出“惩罚与改造相结合，以改造人为宗旨”的监狱工作方针，四川省监狱管理局提出以“忠诚、尚法、自强、和谐”为主题的四川监狱精神。建立了覆盖监狱执法活动全过程的规章制度，在全国率先探索出台了系列刑罚执行制度，最大限度地规范了监狱执法工作。协调省法院、省检察院和公安厅、司法厅联合会签了《依法办理罪犯减刑假释案件实施规定》和《依法办理“老病残”罪犯假释暂予监外执行的规定》、《出监监狱刑罚执行工作规定》等；结合四川监狱实际，在全国监狱系统率先推行监狱执法标准化建设，探索以民警岗位职责标准化为统筹的狱政管理、教育改造、刑罚执行、生活卫生、外观标识标准化，使监狱执法工作更加严格、公正、规范，执法公信力大幅提升。组织开展“回乡看亲人，感恩促改造”等主题教育活动，6万余名罪犯接受了心理咨询和危机干预，不良情绪得到有效化解；面向社会组织开展“监狱开放日”、服刑人员改造成果展、“情系高墙·共建和谐”警示教育文艺巡演等活动，受众达200多万人；创新落实服务群众“八件实事”，组织开展

“万名服刑人员困难家庭大帮扶”等活动，走访服刑人员亲属7000余人，回访假释、保外就医和刑释人员3000余人次，组织开展亲情帮教活动近千场。从2009年到现在，全省减刑、假释、保外就医98563件，其中，假释4417件，保外就医2585件，这些案件，到目前为止，无一违反程序，无一违反规定，无一违纪违法。

2. 社区矫正工作

充分结合四川省社区矫正的实际情况，四川高级法院、四川省检察院、四川省公安厅和四川省司法厅联合制定下发《四川省社区矫正实施细则（试行）》。就相关部门如何实现衔接配合，社区矫正人员如何接收与管理，在社区矫正过程中如何开展分类、分阶段教育，矫正人员违反管理规定如何进行处罚、如何及时收监等执行难点问题做出明确规定。2014年，全省社区矫正人员新增近8000人，目前共有社区矫正人员36400多人。但从事矫正管理的人员却十分短缺，尽管全省4670个乡镇（街道）均建立了司法所，但从事矫正管理的人员平均每所不到1人，专业从事矫正工作的人员更是稀缺。

3. 法律服务和法律援助工作

2014年2月，省司法厅制定出台《推进“法律七进”工作方案》，要求按照“谁执法、谁普法”原则，协调配合工商、税务、交通、建设、质监、安监等行政执法部门，深入乡村、社区、学校、企业、园区，集中开展与群众生产生活密切相关的专题法制宣传。同时，也要配合相关单位在公路铁路车站、高速公路、民航机场、旅游景点、文化广场、农贸市场等人群集中的场所开展法制宣传教育。截至2014年5月，四川省已建立法律援助中心205个，依托乡镇司法所、工、青、妇、残等部门设立法律援助工作站4887个，全面建成了“一小时法律援助服务圈”。截至2014年底，四川省律师协会有团体会员（律师事务所）千余个（家），有个人会员（执业律师）12000余名。2013年，全省受理法律援助案件51101件，比2011年增长34%。

4. 人民调解及信访工作

目前，全省已有调解组织6.64万个，人民调解员39.88万名。2009年以来全省人民调解组织和人民调解员调解矛盾纠纷达12.4万件，调解成功率在96%以上，有力维护了社会稳定。全省群体性事件以平均每年近10%的速度持续下降。四川省信访局建立完善了“信、访、网、电”四位一体的群众诉求表达渠道，推动领导干部接访下访就地解决信访问题，信访积案得到有效化解，越级访、重复访、集体访逐年减少。四川信访总量由历史峰值的78万人次下降到2014年的25万人次，但城乡建设（含城镇拆迁）、劳动保障、土地征用、涉法涉诉等重点领域信访问题仍然突出。

二 2013～2014年四川省司法实践

（一）法院工作

全省法院以十八届三中全会、四中全会精神为指导，坚持司法公正，强力推进司法规范化建设，稳妥推进司法改革，有效促进法院审判执行质效稳步提升，为全省推进依法治省、实施“三大发展战略”、促进“两个跨越”提供了有力的司法保障。

1. 总结推广“诉非衔接”工作经验

全省法院普遍设立诉调对接中心，有效开展诉讼引导分流，进一步实现矛盾纠纷多元化解。眉山法院在促进社会法治化治理，深化“诉非衔接”工作中总结出有益的经验做法，四川高级法院提出在全省范围总结推广眉山法院的经验做法，进一步完善党政主导下的诉讼与非诉讼衔接的矛盾纠纷解决机制，积极培育交通肇事、劳动争议、医疗纠纷等专业化、行业性调解组织，与法院工作对接。射洪县法院在工商局专设消费者权益保护巡回法庭，《人民日报》对此进行深度报道。最高人民法院院长周强、省委书记王东明高度评价“诉非衔接”工作。2014年7月，省委政法委专门在眉山召开社会治理现场会推广眉山法院“诉非衔接”经验。

2. 扩大行政案件相对集中管辖试点范围

为促进社会依法治理、推动建设法治政府，切实解决行政案件“立案难”问题，全省法院完善案件受理审查机制和立案审查标准，四川高级法院在加强指导和监督行政案件立案受理的同时，加大行政案件提级管辖、指定管辖力度，深入推进行政案件相对集中管辖试点，对行政案件实行异地审理，排除地方干扰，试点范围将逐步扩大。自2013年5月试点工作开展以来，试点法院共受理案件671件，审结470件，结案率70.04%；行政协调工作更为顺畅，协调率35.96%，有效促进了行政机关主动纠正不当行政行为。以集中管辖试点法院之一广安中级人民法院为例，广安中级人民法院确定前锋区法院、武胜县法院为行政案件集中管辖法院，前锋区法院集中管辖广安区、前锋区、华蓥市、邻水县区域内的行政诉讼案件；武胜县法院集中管辖武胜县和岳池县区域的行政诉讼案件。2013 年广安两级法院受理行政案件 236 件，较 2012 年的 116 件翻了将近一番，行政案件立案顺利多了。

3. 专项集中执行涉民生案件

全省法院开展“涉民生案件专项集中执行”活动，2013 年共受理涉民生执行案件 6283 件，执结 5059 件，执结率 80.52%；申请执行标的额 3.29 亿元，执行到位 2.52 亿元，执行标的到位率 76.63%。2013 年 11 月至 2014 年 6 月底，全省法院共执结涉民生案件 8907 件、执行到位标的金额 3.14 亿元。其中，受理农民工工资案 1802 件，执结 1427 件，执结率 79%等。同时，充分开展执行救助。仅成都两级人民法院在专项活动中，对 25 件案件的 44 个生活困难的申请执行人予以救助，即发放 50.1 万元执行救助金。

4. 全面推进“陪审员倍增”计划

2013 年 5 月，四川高级法院制定了整体推进、突出重点、分步实施的“倍增计划”工作方案，截至 2014 年 7 月，全省 188 个基层人民法院已新任命人民陪审员 4551 人，人民陪审员总数达 8829 人，增加 83.7%，是基层人民法院法官总数的 112%。在人民陪审员数量大幅提升的同时，四川法院进一步拓展人民陪审员的选任范围，有效调整、优化队伍结构。目前全省法院人民陪审员中，基层群众占 60%，专业人员占 10%，人大代表、政协委员占 8%。在四川少数民族地区，特别注重选任既懂汉语又懂民族语言的“双语陪审员”，在甘孜州地区懂藏汉双语的人民陪审员达 160 人。在选好陪审员的同时，着力发挥陪审员作用。2013 年 6 月至 2014 年 6 月，全省人民陪审员参与审理一审案件 71252 件。

5. 加强人民法庭建设，充分发挥前沿阵地工作优势

根据四川不同地区群众的需求特点，四川法院充分利用中心法庭、经济型法庭、巡回审判庭、司法便民联络点四位一体的便民服务网络，大力推广景区法庭、新区法庭、工业区法庭、牧区法庭等服务，最大限度满足基层群众便利诉讼的需求。同时，加强人民法庭直接立案机制，优化立案、交费、文书送达

等工作流程，落实司法服务工作，解决法庭服务群众“最后一公里”的问题。针对群众到法庭诉讼交费不便、往返补充立案材料、不能及时拿到诉讼文书等问题，在人民法庭推广启用银联POS机收费、推行电子签章等，让群众实实在在感受到法院作风的转变。全省人民法庭由2006年的685个增至目前的925个，审结案件近98万件，占全省法院一审案件的35%。目前，全省人民法庭按照“一审一书一警”标准配备工作人员3786人，其中法官1423人，占基层法院民商事法官的46.44%，并积极探索在人民法庭试点建立主审法官办案责任制，促进提升人民法庭工作水平。

（二）检察工作

1. 开展“危害民生刑事犯罪专项立案监督活动”

2013年4～12月，省检察院与省政府法制办联合开展了“危害民生刑事犯罪专项立案监督活动”，以食品药品安全、涉农惠农、卫生教育、环境资源、劳动保障、社会管理等领域严重危害民生的刑事犯罪行为为监督重点。2014年4～7月，全省检察机关受理有案不移、有案不立、以罚代刑等控告举报265件321人。通过走访食品药品监管、农业、卫生、教育、环保、劳动保障等与民生案件监管相关的行政执法机关，全省检察机关查阅、查询行政处罚案件300件368人，建议移送案件262件311人，已移送255件301人，公安机关立案233件279人，起诉19件31人，生效判决11件16人。其中，省检察院挂牌督办危害民生的重大犯罪案件18件。

2. 开展涉案财物专项检查活动

全省检察机关坚持党组书记、检察长是“第一责任人”的定位，按照分工落实班子其他成员的分管责任；改进专门机构的动态监控和定期检查工作，案管部门要依托统一业务应用系统全面履职，监察部门要定期或者不定期检查涉案财物管理工作；完善外部监督的参与机制，落实职务犯罪案件涉案财物处理情况的公开要求，拓展人民监督员参与监督职务犯罪案件办理的途径，告知当事人权利义务；加强对违法违规情形的责任追究，划定责任追究的范围，完善责任追究的程序，厘清责任承担的形式。在具体工作中，依法遵守涉案财物查封、扣押、冻结程序，严格落实“三个严禁”，规范使用“一书一单”；规范涉案财物移送、接收、保管制度，健全入库、出库和在库管理制度，有条件

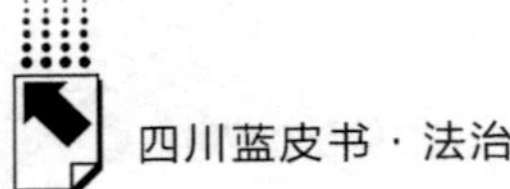

的地方，可以探索建立与统一业务应用系统相衔接的信息化管理系统；严格涉案财物处理流程，坚决杜绝诉讼程序终结以前处理涉案财物和超范围处理涉案财物的行为；理顺对涉案财物的监督机制，实行查封、扣押、冻结涉案财物与保管涉案财物相分离的原则。

3. 深化检务公开

四川省检察院作为最高检察院指定的《深化检务公开制度改革试点工作方案》五个省级试点院之一，积极推进试点工作，并进一步确定成都市检察院、自贡市检察院、广元市检察院、南充市蓬安县检察院、雅安市名山区检察院、眉山市东坡区检察院作为深化检务公开制度改革试点的市县级检察院。目前，官方网站、微博、微信已成为检务公开的重要平台，案管大厅、检察室、LED 显示屏正成为检务公开的重要窗口，各项检务公开制度日益完善。检务公开不仅仅是互联网的建设和公开，更不是为检察院做宣传，而是要建立与老百姓互动沟通的平台。

4. 统一业务应用系统上线运行

四川省检察系统作为全国首批部署应用统一业务软件的单位，2013 年 7 月底，全省三级院完成基础网络平台建设，使数据网络升级扩容以达到统一业务软件运行需求，省检察院同步完成分级保护、链路加密和边界防护工作；9 月底 10 月初，全省三级检察院完成链路加密、边界防护、身份认证、电子印章系统建设，系统运行平台、安全保密平台、运行维护保障平台建设。自 2013 年 12 月 6 日起，全国检察机关统一业务应用系统在四川省三级检察院全面、同步上线运行。首日，全省三级检察院案件管理部门共受理案件 223 件并顺利分流。此后，全省三级检察院各业务部门，新受理、办理的案件全部上线运行，实现全程网上办案、网上流转、网上审批、网上监督，坚决杜绝网上网下“两张皮”、双轨制，确保全员使用、全面覆盖、全程同步。

5. 开展视频接访

在进一步加强 12309 举报电话和控申举报接待室、案件管理大厅等窗口建设，完善下访、巡访、预约接访、网上接访等便民举措的同时，四川人民检察机关积极运用信息化技术，尝试开展视频接访。2014 年，成都市 20 个基层检察院已全部建成视频接访系统，市民可通过成都检察网和成都各基层检察院接待大厅预约视频接访，只要是在接访范围的案件，分管检察长都会进行视频接访，能当场答复的，要当场答复；不能当场答复的，则定期答复信访人。

6. 开展清理拖欠农民工工资申诉案专项行动

全省检察机关于2013年11月起，开展清理拖欠农民工工资申诉案专项行动。全省22个市级检察院、100余个基层检察院共1000余名干警深入200余个工地、企业、产业园区等农民工聚集区，设置集中宣传点100余个，发放宣传资料15000余份，为农民工提供法律咨询。通过开通投诉举报信箱或维权热线电话、设立农民工维权岗或农民工申诉接待窗口、聘请农民工为信息联络员等多种方式，搭建高效畅通的农民工维权绿色通道，对重大突发的农民工申诉案件优先审查、从速办理、限期结案。例如，成都市武侯区检察院受理一起10余名农民工申诉案后，迅速组织当事人调解，仅用3天就为农民工追回工资7万余元。资阳市两级检察院办理了9件支持农民工起诉拖欠工资案，为13名农民工追回工资40余万元。资阳市检察院将5起涉嫌拒不支付劳动报酬犯罪案件移送公安机关，依法追究刑事责任。

7. 开展职务犯罪预防宣讲活动

2013年10月15日，省检察院预防职务犯罪第二批宣讲团走进中国石油天然气销售集团公司四川分公司，为国有企业进行题为《上不负国下不负民》的职务犯罪预防宣讲。这是省检察院预防职务犯罪第二批宣讲团开讲后走进国企的第一课。此后，宣讲团陆续走进20余个单位进行宣讲，涉及行政、金融、国企等不同领域，重点宣讲“民生民利”、“行政监督执法领域”和“国有企业”三个方面的课题。此次宣讲立足检察职能，让预防职务犯罪“进机关、进企业、进乡村、进学校、进社区”，进一步推动主题教育活动深入基层、深入群众。所宣讲的课题均是围绕宣讲团在全省范围内广泛收集的案例，针对基层职务犯罪发生规律，犯罪心理、手段、特点和处理情况精心准备的。

（三）公安工作

1. 开展“一法两规”宣讲活动

为深入推进《刑事诉讼法》、《公安机关办理刑事案件程序规定》和《公安机关办理行政案件程序规定》（“一法两规”）的贯彻落实工作，全省公安系统组建执法服务队665支、组织执法服务人员1380名，分赴全省基层所队开展宣讲“一法两规”、参与执法办案、解决执法疑难、帮助建章立制、收集执法需求等执法服务。成都将工作任务分为“规定动作”和“自选动作”，细化分配到各个警种部门。同时抽调各职能警种部门及分市县法制部门相关人员，成立4个市局执法服务队，将全市20个区市县全部作为市局执法服务队工作对象，实现执法服务的全面覆盖。广元举办“一法两规”及新警务综合平台单轨制专题讲座，就两个程序规定案件办理中的具体问题进行解答，结合省司法厅新近出台的关于同步录音录像等6个贯彻刑诉法配套执法制度完善建立了出庭作证、录音录像、证人保护等相关制度。

2. 开展禁毒百日攻坚会战

为打击四川省猖獗的毒品犯罪活动，有效遏制毒品危害，进一步提升人民群众安全感，四川省公安厅从2013年8月8日起在全省范围内开展了为期4个月的“肃毒害、创平安”禁毒百日攻坚会战，共破获毒品案件1387起，抓获毒品犯罪嫌疑人1945人，缴获海洛因94.03公斤、冰毒366.25公斤、冰毒片剂72.40公斤、氯胺酮0.209公斤、其他毒品80.99公斤，枪支37支、子弹257发；查获制毒物品麻黄碱类143.10公斤、麻黄草161.10吨；查获吸毒人员7147人，其中新发现吸毒人员2878人，责令社区戒毒936人，强制隔离戒毒2275人；打掉制毒工厂窝点55个，捣毁制毒物品生产加工窝点58个，打掉控制一方的贩毒团伙50个，清查涉毒娱乐场所9496家。

3. 集中开展打假专项行动

2013年，四川各级公安机关深入开展为期两个月的以严厉打击食品、药品、农资假冒产品、假冒名牌，假冒专利产品等为重点的打假专项行动，取得显著成效。专项活动中，全省公安机关共立涉假案件1777件，破案1590件，抓获犯罪嫌疑人1719人，捣毁制假窝点383个，缴获侵权假冒商品、假冒注册商标标识等471万余件（套），涉案金额7.8亿余元。2014年7月14～18日，按照公安部、省公安厅统一部署，成都市公安机关联合相关行政部门开展了为期5天的打击传销集中收网行动。先后打掉传销犯罪团伙7个，捣毁传销窝点319个，捕获涉嫌参与传销人员1150人，其中，刑拘93人，移交工商部门行政处罚256人，教育遣返801人。

（四）司法行政工作

1. 开展依法治省宣传教育月活动

自2014年3月25日至4月25日，全省集中开展为期1个月的依法治省宣传教育月活动，进一步掀起学习宣传教育热潮，营造依法治省的浓厚舆论氛围。活动期间各地司法机关采用集中宣讲宣传、主题活动宣传、针对性宣传、媒体宣传、网络平台宣传、阵地教育宣传、社会场所宣传等丰富多样的宣传形式进行宣传教育活动。司法厅牵头开展法律“七进”活动，发放一批普法读物（民族地区采用双语印制），集中组织开展“法律服务进万村（社区）”和“普法宣传进万家”活动。

2. 创新信访工作机制，探索实施“315”群众工作法

达州市达川区创新信访工作机制，探索实施“315”群众工作法，将信访工作纳入法治化轨道。推行信访实名举报制度。明确实名举报程序，严格为实名举报人保密。坚持实名举报受理、调查、反馈优先原则，积极引导群众实名举报。制定出台《达川区信访工作查实奖励考核办法》，对提供线索属实，在打击犯罪、查办违纪违规案件中发挥重大作用的人员，予以现金奖励。建立诬告查处制度，纪委、检察、公安等部门联合办案，依法查办“诬告”案件，对涉案人员严格追究责任。对群访、缠访、闹访、越级访等行为予以依法处理，扭转了“小闹小解决、大闹大解决、不闹不解决”的被动局面。创新实施“十大民生救助制度”，每年保障民生资金4000万元，被省民政厅在全省推广。实行“五定五包三感化”的稳控办法，“五定”即定领导、定方案、定专人、定责任、定时限；“五包”即包掌握情况、包法制教育、包困难帮扶、包稳控化解、包依法处理；“三感化”即亲情友情感化、谈心交心感化、帮助救助感化，确保重点人员重点时段稳控在当地。2014年，全区信访总量、重复访、集体访、越级访分别同比下降25%、31%、33%、45%，实现了“零进京”、“零到省”、“零非访”，依法治区取得初步效果。

3. 努力推进各县（市、区）长安网建设

2014年，四川努力推进各县（市、区）长安网建设，并形成“省、市、县”三位一体的长安网群格局，各县（市、区）长安网将与市级长安网保持风格一致，网站后台管理也将实现无缝对接。市级长安网将精选信息上报四川长安网，

四川长安网又将有特色、有亮点的稿件报送中国长安网，从而实现“四级呈现、多级支撑、层层报送”的规范化管理机制和体系化传播格局。资中、华蓥等则成为全省180余个县（市、区）中首批探索利用新媒体开展政法宣传的县市。

三　2014～2015年四川省司法展望

（一）法院工作

全省法院将深入贯彻落实党的十八大，十八届二中、三中、四中全会精神，紧紧围绕司法公正为民主线，坚持司法公正与效率、深化司法公开与服务、规范司法行为与程序、改进司法作风与能力，大力提升司法公信力，积极推进平安四川、法治四川建设。

1. 为四川全面深化改革提供司法保障

全省法院将充分发挥审判执行职能作用，维护社会和谐稳定，着重打击暴力恐怖和危害国家安全犯罪，针对突出犯罪开展专项审判，注重依法妥善审理涉及重大产业项目、农村土地承包经营权流转、征地拆迁等案件，坚持树立市场规则导向和保障经济平稳运行并重，加强对改革发展过程中新情况新问题的研究，依法审理好破产清算、企业改制、融资担保纠纷等重点案件。为全省实施创新驱动、调整产业结构，推进工业、农业和服务业发展，为重点区域、行业发展提供良好的法治环境和司法保障。

2. 为司法公开提供制度保障

全省法院将加快推进“三大平台”建设，进一步深化司法公开，以公开促公正、保廉洁、树公信，坚持审判公开平台与执行指挥中心、远程视频接访系统、对接社会征信平台系统等建设统筹推进，推动全省法院司法公开水平再上新台阶，让司法更加阳光透明。抓好涉诉信访改革，促进在法治轨道内化解信访矛盾。进一步完善公正司法的制度机制。落实审判调研指导机制，强化运用审判质效数据分析工作短板，开展类型化案件专项评查和重点评查，促进全省法院案件质效实现稳步提升。继续推进司法规范化建设，确保程序公正与实体公正统一。

3. 为司法队伍保持清廉提供机制保障

全省法院将进一步完善选人用人机制、法官遴选程序，为法官员额制改革提供人员保障；进一步加强法院文化、法官思想建设，提升法官司法能力；继续深入开展学习郭兴利同志的活动，坚定干警的理想信念、提升其职业道德修养；切实加强领导班子，巩固群众路线教育实践活动成果，改进司法作风，进一步加强司法队伍作风廉政建设；坚持问题导向，把改进司法作风与践行司法为民结合起来，以人民群众的满意度检验教育实践活动成效。

4. 大力加强基层基础建设

推进人民法庭职能创新，夯实司法公信根基；要大力加强人民法庭建设，进一步提升基层司法水平。以孟建柱书记在第三次全国人民法庭工作会议上的重要讲话精神为指引，深入推进“阳光型、服务型、效能型”人民法庭建设，满足群众的多元司法需求；探索建立法庭主审法官办案责任制，发挥人民陪审员制度优势，提升人民法庭公正司法水平；积极推行“诉非衔接”，更好地发挥人民法庭职能作用，促进基层社会治理创新。深入实施人民陪审员“倍增计划”，不断扩大基层司法民主。

（二）检察工作

2014年重点推进的检务公开、人民监督员、检察官办案责任制和涉法涉诉信访改革等四项重点改革任务进展顺利，取得阶段性成果。全省检察工作将以中国特色社会主义理论体系为指导，紧紧围绕全省工作大局，坚持有法必依、执法必严、违法必究，积极稳妥推进检察改革，充分履行检察职能，为四川省全面深化改革，与全国同步全面建成小康社会提供有力的司法保障。

1. 坚持党对检察工作的领导，牢牢把握正确的政治方向

各地检察机关加强组织领导，继续抓好各项学习教育活动，深入学习贯彻党的十八届三中全会，中央、省委政法工作会议，全国检察长会议，省委十届四次全会和全省推进依法治省工作会议精神，深入学习贯彻习近平总书记对检察工作的重要指示精神，教育引导干警进一步增强中国特色社会主义道路自信、理论自信、制度自信，毫不动摇地坚持党对检察工作的领导，把坚持正确政治方向落实到各项检察工作中，切实增强政治意识、大局意识和责任意识，切实担负起维护社会大局稳定、促进社会公平正义、保障人民安居乐业的职责使命。

2. 充分发挥检察职能，服务保障全面深化改革

各地检察机关紧紧围绕当地党委中心工作和深化改革的部署，找准检察工

作服务发展的切入点和着力点，要把维护国家安全和社会安定作为检察机关的基本任务，进一步扎实做好检察监督执法各项工作，努力为全面深化改革提供有力的司法保障。加强对经济领域和城镇化建设中出现的新情况新问题的研究，妥善处理新类型案件，促进深化经济体制改革。立足职能，稳增长、抓改革、促转型、增效益、防风险、惠民生、创和谐，坚持“保护改革、查处犯罪、宽容失误”的工作思路，正确把握改革中的失误与渎职犯罪的界限，促进各项改革顺利推进。加大对生态环境资源的司法保护，促进生态文明建设。

3. 稳步推进检察改革，不断增强检察工作的生机和活力

全省检察机关稳步推进深化检务公开、检察官办案责任制改革、电子检务工程三项试点，确保试点工作取得实效。继续抓好门户网站、检察微博、派出检察室、案管大厅、控申接待窗口等各类公开平台建设，深入推进检务公开。不断完善执法监督管理机制，健全执法办案管理和检察工作考核评价机制。按照诉讼和普通信访相分离原则，探索建立涉法涉诉信访办理机制，依法及时解决群众合理诉求。继续深化案件管理机制改革，建立完善检察综合管理信息系统软件平台，加快科技强检步伐。

4. 深入推进司法规范化建设，不断提升严格规范、公正文明执法水平

全省检察机关要正确把握法律政策界限，改进执法办案方式方法，正确处理严格适用法律和正确执行改革政策的关系，深入研究改革中出现的新类型案件，准确把握罪与非罪、罪轻与罪重、此罪与彼罪等界限，有针对性地完善相关执法规范和配套制度。坚持执法想到稳定、办案考虑发展、监督促进和谐，防止就案办案、机械执法，努力避免因执法不当引发系统性、区域性风险。

5. 强化诉讼监督实效，努力维护社会公平正义

各地检察机关继续抓好修改后刑诉法、民诉法的贯彻实施，全面强化诉讼监督，维护司法公正和法治权威。积极探索建立立案监督发现机制、捕后继续羁押必要性审查机制和社区矫正法律监督机制，切实落实维护司法公正、依法保障人权、规范执法行为的要求。大力规范检察官与当事人、律师、特殊关系人的接触交往行为，坚守防止冤假错案底线，主动防止、发现和纠正冤假错案。积极探索对公安派出所刑事执法活动监督，着力纠正侦查机关侦查取证不到位等损害当事人合法权益的行为。

（三）公安工作

四川公安工作取得一定的成效，但与社会各界以及人民群众的期望还存在一定的差距。省公安厅将进一步加强平台建设、健全工作机制、完善保障措施，继续加大政务信息公开工作力度，扎扎实实做好公安各项工作，努力推进全省公安工作上新台阶。

1. 加强平台建设，做好信息公开工作

建立健全例行新闻发布制度，利用新闻发布会、新闻通气会、组织记者采访、网上新闻发布、网上访谈等多种形式发布信息。加强“四川公安”网站建设，调整完善网上服务事项，提高网站的互动功能，增强意见征集的针对性和有效性。利用好微博、微信等新媒体，及时发布各类权威信息、开展互动交流。继续依托各类服务窗口，加强政务信息公开查阅场所建设，为公民、法人或其他组织获取政务信息提供便利。

2. 健全工作机制，完善保障措施

健全政策解读机制，让公众更好地知晓、理解公安机关的各项工作举措。完善依申请公开工作机制，从方便申请人的角度出发进一步简化办事程序，落实办理责任，提高答复实效。完善信息主动发布机制，针对公众关切，主动、及时、全面、准确地发布权威的信息。选好配强公安工作关键岗位，建立健全培训工作常态化机制，为提高公安队伍执法能力创造良好条件，加大对各地各项公安工作的督察指导，强化考核，推动相关工作落到实处。

3. 积极参与创新社会治理方式，着力维护社会和谐稳定

各地公安机关要把维护社会和谐稳定作为第一责任，打击影响社会和谐稳定的犯罪、打击危害民生民利犯罪，保持惩治职务犯罪高压态势，促进依法行政和社会管理法治化进程，积极参与社会治安综合治理，依法化解涉法涉诉信访等工作措施。同时，结合实际有针对性地研究和落实推动本地平安建设、法治建设、廉政建设的措施。继续积极参与藏区反分裂斗争，坚决打击境内外敌对势力的渗透破坏活动，扎实做好维护稳定工作。

（四）司法行政工作

随着改革开放的不断深化，社会主义法制不断健全，加强和创新社会管理

的任务更加紧迫，特别是在现有刑罚执行模式下，监狱的刑罚执行和教育改造模式不断受到新的法治理念冲击，加强和创新社会管理，促进社会和谐是党和国家赋予监狱系统的神圣职责。四川司法行政工作要进一步整合监狱、社会资源，加强刑罚执行联动机制建设，协调解决刑罚执行过程中出现的困难与问题，提升刑罚执行社会效果，针对一些严重制约司法监狱工作健康发展的问题积极寻求有效的对策，营造更加和谐稳定的社会环境，为加快推进监狱工作社会化发展作出新的贡献。

1. 树立科学行刑理念，创新推进监狱刑罚执行工作

社会管理的重点和难点在于特殊人群管理。罪犯是特殊人群中人员数量最多、管理难度最大、对社会和谐影响程度最深的特殊群体。科学的行刑理念是正确履行刑罚执行职责的先导。在创新社会管理背景下，监狱工作必须始终坚持以改造人为宗旨，树立以维护社会大局稳定为首要任务，在依法执行刑罚过程中要体现以人为本，执法为民的行刑理念。主动而为，探索创新现代行刑模式，在实践中提升刑罚执行质量；要树立联动意识，整合资源改善执法环境，尽最大可能协调联动社会各部门，把改造罪犯的工作融入社会，才能真正把罪犯改造成为社会人，而不是监狱人；要树立开放意识，优化外部环境。创新刑罚执行必须以开放的姿态，加强刑罚执行工作宣传，主动面向社会、走进社会、融入社会，在尊重社会公众“知情权”的同时，树立和强化监狱机关的执法公信力。

2. 创新刑罚执行机制，提升监狱刑罚执行工作水平

进一步推动体制机制改革，加大监狱建设的财政保障力度，为监狱执法提供必要的硬件支撑和设施保障，建立监狱执法经费财政动态保障机制，为确保监狱刑罚职能回归创造必要条件。建立科学的执法考核监督机制，从考核内容、方法、依据、程序、奖惩诸方面强化监狱及民警的依法和公正廉洁执法的责任。大力开展执法业务教育和职业风险教育，深入推进执法流程专项治理。强化狱务公开与执法监督，继续推进“阳光执法”，加强狱务公开“八箱”建设。建立警务督察制度，要实现督察通报常态化。要深化刑罚执行工作联席会议制度，进一步探索建立诸如减刑假释听证会、罪犯加刑处罚、社会帮教安置和罪犯死亡处理协作机制等，不断提升部门联动执法效果。努力健全罪犯合法权益保障机制。要加强病犯监狱医院和片区重点医院业务建设，加大医务人员招录培训力度，加大医疗设备经费投入，确保罪犯就医权益得到保障。

3. 规范监狱执法管理，夯实刑罚执行工作基础

进一步深化执法标准化管理，从执法最容易发生问题的环节入手，排查风险，严密执法程序，细化执法标准，以完善基层执法实施细则和考评指标为重点，构建全方位、多层次、可操作性强的执法标准化管理体系。要严禁组织犯罪行为人超时超体力劳动，依法保障罪犯休息权。要狠抓犯罪行为人非正常死亡的预防和处置，加强心理干预和治疗，依法保障犯罪行为人的生命健康权，从根本上杜绝执法中的体罚虐待犯罪行为人等问题。要着力培养审讯谈判、刑罚执行、心理矫治、文书写作等方面的专业人才，注重执法技能和实践能力的培养，逐步实现由经验型警察队伍向专业型、职业化警察队伍转变。

4. 破解难题，解决监狱刑罚执行突出问题

针对“收监难”、被动性的违规收监时有发生的问题，必须规范收监工作、严格依法收监，对不符合收监条件的，要坚决拒绝收监，在向押送单位做好解释说明的同时，积极协调各级检察院，借助驻狱检察室对执法工作的督导作用，拒绝不符合规定的收监要求。要充分发挥执法联动机制的作用，加强与地方各级党委政府，特别是司法、公安、民政、人力资源和社会保障等相关部门的沟通协调。同时，还应加强与新闻媒体和网络管理部门、运营商的及时沟通，加强舆情监控和舆论引导，共同营造良好的执法环境。

5. 创新化解假释、保外就医的老问题和限减新规的新问题

总体而言，我国监狱近年来的假释率基本在2%～3%浮动，四川监狱假释比例虽连年攀升，但目前仅接近2%。假释适用率低在一定程度上制约了服刑人员的改造积极性。在积极建议立法部门修改和完善相关法律条文及司法解释，明确假释、保外就医条件的考察、评定和检验标准的同时，先行对拟假释、保外就医的罪犯进行科学的考察评估。通过与罪犯居住地公、检、法、司等部门的紧密联系，加强对已经假释、保外就医的罪犯的跟踪考察，及时提出执法建议。在深入开展罪犯安全风险评估的基础上，要创新刑罚执行模式。针对增设减刑假释与执行财产刑和履行附带民事赔偿义务挂钩的条款，探索创新对犯罪行为人的管理方式，将其服刑期间的部分劳动收入直接用于抵付赔偿金，减轻受害人经济负担，体现法治公平。

综合篇

Overall Reports

B.5 立法协商的内涵、机理与制度建构*

四川立法协商研究课题组**

摘　要：立法协商作为协商民主的重要内容和形式，是贯彻落实“协商在决策之前”的创新举措，也是提高立法质量的重要途径。本文总结了立法协商的概念、机理，并根据案例分析四川省立法协商的开展现状及作用，通过现状分析梳理立法协商存在的问题，在借鉴其他省市经验的基础上对四川省如何进行立法协商制度建构提出了建议。

关键词：立法协商　内涵　机理　制度构建

---

* 基金项目：2011 年国家社科基金重点项目“社会协商的理论体系和法律建构研究”（11AZD014）。

** 课题组成员：郑鈜，四川省社会科学院法学研究所副所长，副研究员，硕士研究生导师；汪媛媛，四川省社会科学院法学研究所硕士研究生。四川省政协社会法制委员会向课题组提供了数据资料。

党的十八大报告提出："健全社会主义协商民主制度。社会主义协商民主是我国人民民主的重要形式。要完善协商民主制度和工作机制，推进协商民主广泛、多层、制度化发展。"党的十八届三中全会则进一步明确提出"深入开展立法协商"，把立法协商作为协商民主体系中的一项重要内容。立法协商的正式提出，对于新形势下加强和改进立法工作，拓展公民有序参与立法途径，推进科学立法、民主立法，提高立法质量，具有重大而深远的意义。

而在党的十八届四中全会通过的《中共中央关于全面推进依法治国若干重大问题的决定》提出"健全立法机关和社会公众沟通机制，开展立法协商，充分发挥政协委员、民主党派、工商联、无党派人士、人民团体、社会组织在立法协商中的作用，探索建立有关国家机关、社会团体、专家学者等对立法中涉及的重大利益调整论证咨询机制。拓宽公民有序参与立法途径，健全法律法规规章草案公开征求意见和公众意见采纳情况反馈机制，广泛凝聚社会共识"。进一步明确了要在国家层面建立规范的立法协商机制。

随着立法协商观念的普及，出现了越来越多的立法协商成功案例。但是，目前的立法协商仍然在范围、模式、反馈机制等方面存在一系列问题，如果这些问题不能得到有效解决，将会影响立法协商功能的发挥，不利于民主的推进和立法的科学性。

一　立法协商的内涵

目前国内对立法协商的研究尚处于起步阶段，关于立法协商的内涵，存在广义和狭义两种理解。有观点认为，立法协商是指政协有关专门委员会和政协委员，在立法机关初审之前，对有关法律法规草案进行论证、协商，发表意见和建议的活动。[①] 这是一种狭义的立法协商。从党的十八届四中全会决定来看，立法协商应当具有更加广泛的内涵。笔者认为，广义的立法协商，是指具有立法权的人大及其常委会和开展相关立法活动的法定主体，在立法活动中与特定或者不特定社会主体之间进行的与立法有关的协商民主活动。

---

① 郭杰：《立法协商初探》，《特区实践与理论》2014 年第 5 期。

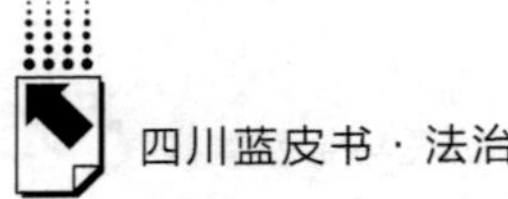

根据立法协商的概念，立法协商是立法民主和协商民主的一种重要表现形式，是两种理论在立法领域的体现。立法协商的主体主要包括两部分，一部分是我国的法定立法机关，在我国是全国和地方人大及其常委会，或者是国务院、国务院各部委、国务院各直属机关等。[①] 另一部分是立法协商中的“与谁协商”的问题，《立法法》第三十四条就对此做出规定：“列入常务委员会会议议程的法律案，法律委员会、有关的专门委员会和常务委员会工作机构应当听取各方面的意见。”有观点认为，“各方面”包括公民、社会团体、机关、企事业单位、政协等。在《立法法修正案（草案）》中，各方面被界定为：专家、利害关系人、人大代表、有关部门等。[②] 立法协商的范围应当包括法律、法规、规章等，国家及地方政府可以将其中影响国计民生的重大立法项目列入年度立法协商项目进行规划。[③] 依据《立法法》，立法协商的形式多种多样，主要包括以下几种。

1. 公开征求立法意见

省人大及其常委会或者省政府的行使立法权的部门，可以将立法计划、立法草案，通过网站或者新闻媒体向社会公开，公众则可以通过电话、纸质信件、电子邮件等途径在规定的时间内反映自己对立法的意见。

2. 座谈会

由立法部门组织人大、政府、政协的相关部门与立法专家在立法调研和起草阶段召开不同形式的座谈会，对立法中涉及的内容听取各方面的意见和建议。

3. 论证会

省人大及其常委会或者省政府的行使立法权的部门，就立法的必要性、可能性以及有关法律制度设计等问题，组织有关专家召开论证会，进行充分的讨论和论证。由于参加论证会的专家都具有某一方面的专业知识，因而其观点往往具有重大的参考价值。

4. 听证会

听证会是指主持立法的机关为了征求立法意见而邀请与法案存在利害关系

---

① 《立法法》第2条。

② 《立法法修正案（草案）》第36条。

③ 《立法法修正案（草案）》第51条。

的社会公众、专家学者、媒体等参与立法听证会，就立法的必要性、可行性等问题听取各方面的意见和建议，收集相关的资料从而使立法决策更加贴近民意和便于执行。立法听证有利于广泛听取各方面意见，有利于加强各方沟通协商，因而是立法协商的一种重要形式。

在《立法法修正案（草案）》中，对立法协商的形式进行了更为详细的规定，对何种法律案需要采取什么样的协商形式进行了明确的划分。比如，具有较强专业性或需要进行可行性评价的应当召开论证会；对存在重大利益分歧或涉及重大利益关系调整的应当召开听证会；而对于重要的法律案，经委员长会议决定，还可以在全国主要媒体公布，向社会征求意见。同时在草案第38条中提到，不仅在立法的过程中要进行立法协商，还可以在法律案审议的过程中就立法的可行性、出台时机、实施效果以及可能出现的问题进一步听取意见，组织开展评估。那么立法协商就不仅包括立法过程中针对法律条文本身的立法协商，还包括法律审议阶段就立法相关问题的协商。

二　四川省立法协商现状

2014年1月20日，《四川省2014年立法计划》（以下简称《立法计划》）公布，其中列入四川省政府2014年立法计划的地方性法规、规章项目共57件，制定类项目20件，《四川省灰霾污染防治办法》（以下简称《办法》）在省政府规章制订中居于首位，由省环境保护厅联合法制办负责起草。该举措充分显示出了省政府治理灰霾的决心。《立法计划》公布后，省法制办、环保厅就起草该《办法》展开了大量的前期工作，并于2014年9月17日向社会公开征求意见。

2014年10月11日，省政协就制定四川省灰霾污染防治办法召开立法协商工作座谈会，由省政协主持会议，省政府法制办、发改委、环保厅、农业厅等相关部门派代表参会。省政协副主席赵振铣出席会议并作讲话，他对《办法》立法前期进行的相关工作予以充分肯定，并强调要更加重视立法协商工作，重视《办法》立法的科学性，要通过各方协同努力，制定出符合四川省实际的四川省灰霾污染防治办法。省环保厅副厅长杨雪鸿就四川省灰霾污染防治以及《办法》的起草情况作了相关报告，侯水平、张渝田、郑鈜等14名省政协委员、专家学者围绕《办法》的相关条款进行了认真的讨论交流。

赵振铣同志在讲话中提到："立法协商是民主立法的一种表现形式，是协商民主的重要内容。民主协商的立法使得法律的制定更加科学合理，更有民意基础。立法协商的过程也是实践党的群众路线的过程，经过广泛多层协商，立法才能尊重民意、广泛采纳民智、全面反映民情，这样的立法才能真正统一思想、凝聚共识，才能实现集思广益、民主决策、科学决策，法律法规执行起来才能得到更多支持。今后，涉及保障民生和发展社会事业、生态文明建设和文化大发展大繁荣等重点领域的法律法规，如环境保护、食品安全等都应尽可能多地展开协商。"这次立法协商座谈会是针对具体立法面对面的协商会议，负责立法的法制办在立法过程中听取了政协委员以及与《办法》存在利害关系的相关部门的意见，对打开四川省立法协商的工作局面，树立立法协商的思想具有重大的意义，这次会议在社会上获得广泛好评，进一步推动了四川省立法协商工作的开展。

四川省自1998年开始探索规范立法协商，人大社法委与省政府法制办、省人大法工委进行沟通交流并形成会议纪要，规范了立法协商的主要范围、工作方式和流程等。为促进民主立法、科学立法，由部分法律界省政协委员、特邀委员、有关法学界专家等组成的省政协会法制委立法协商专家组，为立法协商建言献策。四川省立法协商工作的布置规划很早就已经展开，迄今为止主要获得以下成就。

一是形成共识。近年来，省政协社会法制委员会加强了与省人大内司委、法工委和省政府法制办的联系，就地方立法对口协商的主要内容、工作形式、反馈等做过探讨，并就地方立法对口协商工作形成专门会议纪要。另外，省政协有关专委会也与省人大相关专委会等加强对接，省政府法制办也曾就有关规章（草案）征求省政协有关专委会的意见。正是由于这项工作的开展，各民主党派省委、省工商联、各界别、省政协委员参与地方立法协商的积极性有了较大提高，各方对省政协参与地方立法协商的必要性、重要性、可行性有了一致的认同。通过多年探索，对口部门联系更加紧密。2013年12月31日，《四川省依法治省纲要》出台，其中明确提出"建立社会各界参与立法的机制，发挥政协专家学者的优势"。这为政协参与立法协商工作制定了政策依据，指明了方向。就当前的实施情况来看，对口部门已在密切接触了解中，参与组织的省人大各专委会和省政府法制办也对省政协委员参与地方立法协商工作持开明支持态度。

二是形成以专家咨询、立法专题调研为主的协商形式。为保证协商质量，省政协专门成立了由部分法律界省政协委员、特邀成员、有关专家等组成的省政协社会法制委立法协商专家组。立法协商专家组的成立，从协商主体角度来说储备了高素质的专家人才，为政协参与立法协商、提出有质量的意见建议奠定了基础。通过对某项立法开展专题调研，对立法可行性提出意见建议，也是行之有效的立法协商形式。2014 年 3 月下旬，省政协组织部分政协委员、专家学者就《四川省规范行政执法自由裁量权规定》开展立法调研，并在汇总意见后向有关部门报送了《关于〈四川省规范行政执法自由裁量权规定〉的修改意见》，对于“自由裁量权”修改为“裁量权”等提出了 36 条意见，最终被采纳了 27 条，采纳率达 75%，这一活动得到了四川省常务副省长钟勉的批示和肯定。突出反映了省政协在省政府立法前开展协商，提出规范性、专业性立法意见具有重大意义。

三是推动了地方立法协商的科学化、民主化。2014 年 11 月召开的中共四川省委十届五次全会提到：“科学立法，重在提高地方立法质量，增强法律法规的及时性、系统性、针对性、有效性。要优化立法职权配置，发挥人大及其常委会在立法工作中的主导作用，完善和落实公开、听证、咨询等立法程序。”省政协能够超脱党派界别，发挥智力密集等优势，推动四川地方立法工作和政府立法工作获得更加广泛的民意和更加多元的专家意见，使得立法更加科学、更加民主，在防止立法部门化中起到积极作用。

四是地方立法协商工作卓有成效。截至 2014 年 6 月底，省政协先后收到《四川省野生植物保护条例（草案)》（代拟稿）、《四川省〈中华人民共和国抗旱条例〉实施办法（草案代拟稿)》、《四川省规范行政执法自由裁量权的规定（征求意见稿)》、《四川省农村扶贫开发条例（草案代拟稿)》、《四川省河道采砂条例（草案代拟稿)》、《四川省气候资源开发利用与保护办法（草案代拟稿)》、《四川省水利工程管理条例（修订草案代拟稿)》等 7 件地方性法规规章（草案)，专委会及时组织立法协商专家组成员和有关专委会委员开展咨询，共提出了 139 条修改意见。下半年以来，省政协又收到了《四川省辐射污染防治条例（草案代拟稿)》等地方性法规的立法意见征集要求，并提出数十条修改意见。显示了立法协商的工作机制和工作效果得到立法部门的高度重视。

三 立法协商的必要性

立法协商是人民政协直接参与社会主义法治建设的一个重要形式。党的十八届三中全会和四中全会都对立法协商工作予以高度重视。立法协商的必要性主要体现在以下几个方面。

（一）立法协商是政治协商的内容之一

《中国人民政治协商会议章程》第二条规定："政治协商是对国家和地方的大政方针以及政治、经济、文化和社会生活中的重要问题在决策之前进行协商和就决策执行过程中的重要问题进行协商。"而有关国家和地方的大政方针以及政治、经济、文化和社会生活中的重要问题主要是通过立法形式来进行规制的。依法治国是我国的基本国策，依法治国的前提就是立法机关严格按照《立法法》制定法律，逐步建立起完备的法律体系，使国家的政治、经济、文化工作能够有法可依。因此，政治协商应当包含立法协商，政协参与立法协商是政治协商的基本要求，也是推进地方立法科学化、民主化的前提性要求。

（二）提高立法的民主性和科学性

立法协商使全社会各群体、各阶层都能够参与到立法这种基础性、先决性工作中来，使立法更加反映民意，提高立法的开放性和民主性。我国是社会主义国家，社会主义民主的本质和核心是人民当家做主，是绝大多数人享有的民主。人民当家做主核心要求之一就是立法民主，而立法协商就是实现立法民主的一种方式。立法协商使人民可以通过多种形式和渠道充分有效地表达自己的意志和愿望，从而保证社会各界和广大群众有效参与国家建设，实现民主权利，真正实现法为民所用、法为民所依。同时立法协商将使法律法规更加符合人民的利益，使他们减少由于立法不公而采用极端方式实现自己诉求的情况，有利于维护社会的长治久安和繁荣发展。

立法协商应当充分调动普通民众的立法热情，充分发挥政协作为协商主渠道的功能和作用，提高协商的效率和效益。国家及各地政协都拥有丰富的人才资源，政协委员都是来自社会各个部门和行业的代表，对各自的领域都十分了解。政协更好地参与立法，能够利用自身优势为立法提供丰富的专业意见，同时通过实地调研为立法提出更具科学性和实践性的建议，减少立法的随意性、盲目性，减少法律法规中存在“形象条文”、“摆设条文”的情形，弥补“纸上法治”、“片面法治”的不足。

（三）积极推动利益表达和沟通，化解社会矛盾

在全球化和新技术革命迅猛发展的时代条件下，各国普遍面临着利益结构调整、权力滥用与腐败、环境恶化与生态保护、贫富分化严重与权利保障等各种严峻的挑战。许多重大决策面临的环境越来越复杂、利益调整的范围越来越大、利益相关方更加多元，决策所需要的信息和知识也更加全面，科学民主决策面临严峻挑战。立法协商能够最大限度地吸纳各方面的利益诉求，并在科学分析、统筹兼顾的基础上协调各方利益，包涵不同的利益需求，协调化解各方矛盾，为构建社会主义和谐社会建立起合理的秩序和规则。

四　其他地区立法协商的经验

（一）上海市

2013 年 5 月，上海市人大常委法制工作委员会（以下简称法工委）与市政协社会和法制委员会（以下简称社法委）之间达成《关于本市地方性法规（草案）听取市政协委员意见工作备忘录》，在该备忘录中，为促进科学立法、民主立法，法工委与社法委之间建立了双向的定期沟通机制，由法工委将人大的立法计划、法规草案以电子邮件发送给社法委，由社法委组织市政协委员提出立法意见，再由社法委将立法意见整理后反馈给法工委。其实，早在 2009 年 11 月，社法委与法工委之间就已经达成《关于本市有关地方性法规议案（草案）听取政协意见工作备忘录》，该《备忘录》已经提出要建立法工委与社法委之间的双向沟通机制，但是，能由政协参与立法的仅限于“涉及人民群众切身利益”的立法项目。通过上海市社法委与法工委之间两次备忘录的

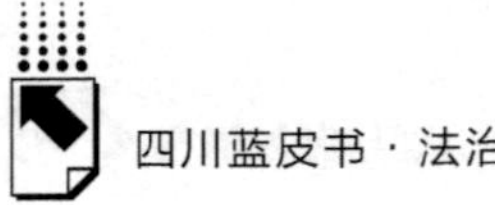

差别可以看出，立法协商的范围正在扩大，政协委员将能够更多地参与到立法活动中来，为立法提供更具专业性、科学性的意见。上海市在立法协商中积累的经验和做法可以主要概括为以下几个方面：一是建立了相应的制度和规范。在政策层面上，市政府法制办将完善立法协商制度写进上海市依法行政“十二五”规划。此外，市政协还与市人大法工委签订了工作备忘录，建立起政协参与立法协商的工作联系机制。在规范上，就负责立法协商各部门的职责分工、操作流程、工作要求等制定了工作规程。二是创新立法协商的途径。通过召开座谈会、寄送书面材料、网络论坛等方式征求意见。三是充分发挥政协的作用。要注重发挥各专委会的专业优势，从而使所提出的立法意见更具科学性、合理性、专业性。

（二）沈阳市

沈阳市政协在参与立法协商中，充分发挥政协的优势，建立了配套的立法协商机制，为立法建言献策。一是在观念上，充分认识立法协商的必要性，认识到立法协商的本质就是协调利益、平衡关系、调解矛盾、减少冲突的过程，是探索政治协商新路子、助力法治建设新途径的一项重要工作。观念的确立为更好地工作奠定了基础。二是在程序上，主要包括三个阶段。在立法协商的准备阶段，政协的社法委与人大的法工委、市政府法制办等部门沟通协调，同步获得立法信息，掌握最新立法动态，并及时反馈给相关民主党派和政协委员为协商工作做必要的准备。在立法协商的进行阶段，沈阳市政协充分发挥政协委员的人才优势和智囊参谋作用，选派专业素质高、议政能力强的委员，组建立法协商人才库参与立法协商活动。同时将联合调研与立法协商结合起来，使提出的意见建议更具参考价值。在立法协商的事后监督阶段，通过组织政协委员到立法部门听取立法成效汇报，组织视察、提出议案等形式，监督法规、条例执行情况和实施效果。三是在机制上，建立起政协与市人大法工委、政府法制办通报联系机制，并通过文件的形式对协商工作的流程，各方的权责，协商的范围、形式，意见汇总方式进行规定，保证立法协商有序展开。

（三）云南省

为保证立法协商工作有序进行，云南省政协社法委与省政府法制办建立了联席会议制度，每年共同举办一次立法协商座谈会，法制办将就本年度的立法计划、指导思想、重点项目进行通报，社法委将按照通报的情况，组织本年度的立法协商工作。在规划未来的同时也注意回顾总结，对上年度立法协商工作进行总结，肯定成绩、总结经验、找出差距、完善措施，推进立法协商工作。在协商形式上，不局限于书面的协商形式，对一些重要的或者与人民群众利益息息相关的法律法规组织面对面的沟通交流，集思广益、博采众长确保立法的权威性、科学性和可操作性。同时为了保证地方性法规的质量，社法委在协商时突出协商重点，关注地方性法规的实施效果，对立法实施情况进行调研，对立法协商起到相互补充、监督促进的作用。

五　四川省立法协商存在的不足

《立法法》是关乎国家立法制度的一部重要法律，自 2000 年颁布实施以来，对规范立法活动，推动形成和完善中国特色社会主义法律体系，保障和发展社会主义民主，发挥了重大作用。但随着经济社会的发展和全面深化改革的推进，立法工作遇到一些新情况、新问题，对加强和改进立法工作提出了新要求。2014 年，《立法法》被列入本年度的立法计划，全国人大常委会法制工作委员会专门就《立法法》修改征求 20 多个省、自治区、直辖市和较大的市的人大和政府法制机构的意见。但是四川的本次立法协商与其他省市相比较而言主要局限于书面形式，立法协商的互动性不强。江西省人大法工委为了协助全国人大常委会法工委做好《中华人民共和国立法法修正案（草案）》征求意见工作，于 2014 年 9 月先后召开三次座谈会，分别听取省人大各专工委、省法院、省检察院，省政府法制办和部分省直有关部门、设区市人大常委会有关负责同志及专家学者的意见建议，并赴赣州市进行了调研。相较于四川的书面协商，这种以座谈会形式展开的立法协商能够加强各种立法意见的正面碰撞，最终得出最合理的立法建议，从而提高立法协商的积极性和互动性。

四川在立法协商工作中进行了有益的实践与探索，积累了一些可行的经验与做法，但是仍然存在以下不足。

在思想观念上，省人大、省政府和政协还没有将立法协商思想植入每一次立法工作，并且在积极组织立法协商中没有充分发挥主导作用。四川的立法协商工作早就开始规划，并且也已经形成会议纪要、立法协商专家组，但是随后具体的立法协商工作还是多采用书面形式，立法协商实地调研和立法协商会议等开展的次数和深度尚有不足，立法协商的目标也主要是针对政府规章等展开，这与立法协商主体的立法协商意识存在着密不可分的关系。在《立法法》和党的十八届四中全会高度赋予人大及其常委会科学立法、民主立法新职能的背景下，对于如何加大与扩展立法协商的力度和广度，如何更加积极主动地开展立法协商工作，如何缩短四川与其他省市在立法协商工作中的差距，还需要进一步思考和完善。

在立法协商的范围、形式和程序上缺乏相应的制度规定和保障。对什么样的法律法规需要进行立法协商没有做出专门的规定，这就会导致立法范围不清晰的状况。在形式上，四川省目前主要仍是以书面协商为主，由主持立法的部门将立法征求意见稿下发至各机关、单位和专家学者，再由这些机关、单位和专家学者以书面的形式反馈至立法部门。这种做法虽然最为基本但是也存在明显缺陷。书面的立法协商使得各种立法意见杂乱无章，而且一般仅从自己单位或者专业的角度提出建议，多为一次性的，缺乏宏观性。实践中，其他立法协商形式如座谈会、听证会、网络立法论坛等形式的使用尚不多见。但这些面对面、持续性的交流方式可以有助于实现充分表达，擦出智慧火花，促进各方利益协调，在统筹兼顾的基础上提出合理的立法建议。在程序上，虽然强调省人大、省政府要加强与政协的立法协商合作，却没有出台正式文件来确立这种沟通机制，也没有对协商、合作的具体内容、沟通渠道、反馈方法做出规定，这使得四川的立法协商工作缺乏规范性、程序性。

六　四川省立法协商制度的构建

四川省的立法协商工作虽然起步较早，但在配套程序上还不完善，这也意味着四川省立法协商还有很大的提升和探索的空间。在推进四川省立法协商工作时还应当汲取其他兄弟省份的经验，并结合四川的地方特色和实际情况来推进四川立法协商进一步完善制度机制。

一是树立思想。省人大、省政府负责立法的部门应该更加重视立法时的立法协商工作，认识到立法协商的重要性和必要性。立法协商是民主立法的必然要求，不仅能够提高立法的民主性、科学性、合理性，而且还能够有效地从源头上协调各方利益，化解社会矛盾，维护社会秩序。从思想上重视立法协商，为立法协商工作更好地展开奠定基础。应当纠正立法协商是分割立法权力的错误认识，人大、政府的立法部门应该积极主动组织开展立法协商活动，加强与政协等其他协商主体的立法协商配合。

二是建立制度。要制定一套有章可循的立法协商规则。可以由人大、政府、政协联合出台有关立法协商的规范性文件，对立法协商的主体、范围、权责、工作程序等进行明确规定，明确沟通渠道和对口部门并向社会公开。这能有效改善四川目前立法协商缺乏统一规定的情况，使立法协商进一步规范化、制度化，为立法协商工作的顺利进行提供保障。

三是分工合作。要明确人大、政府、政协等主要机关的权责分配，建立起常态性沟通机制，可以通过召开定期会议、座谈会、专题会等方式交流立法计划、立法意见。在立法之前，省人大、省政府应将立法计划告知政协等有关协商主体，政协等协商主体则可利用自己的人才资源建立起立法人才库等，为立法做好准备工作。在立法的过程中，政协等协商组织应该组织与立法内容有关的人才参与立法讨论和调研，从实际出发提出立法建议。同时，还可以创新多种协商方式，如听证会、网络论坛等，并且应多采用这种可交流的立法方式，提高立法意见的质量。在立法之后，要注意跟踪立法的效果和进行评估，及时反馈立法的实施情况。

四是完善立法协商结果。立法协商的目的是使合理、科学的立法建议得到采纳，为此，首先应尽可能保证立法意见的合理性、可行性；其次应当制定相应的制度和程序来保证立法协商结果真正融入立法进程。可以就立法协商的最终文件规定一定的约束力，参与立法协商的各方应当遵守该文件，一旦违反，其他主体可以采取相应的救济程序，这将会使立法协商真正发挥作用，避免流于形式。

B.6

规范裁量：权力入笼的四川样本

四川行政裁量权规范研究课题组*

摘　要：裁量权在行政执法中必然存在，一度被称作“自由裁量权”；行政执法实践中，行政主体在一定执法空间自由裁量；行政相对人和其他社会主体长期关注行政主体在一定区间中如何裁量，甚至质疑裁量权行使的正当性。为让行政主体明明白白执法，行政相对人清清楚楚“认账”，规范裁量权行使势在必行；经过多年的试点，四川探索采用制定《四川省规范行政执法裁量权规定》的方式，压缩行政主体自由裁量的空间，减小“自由”幅度，增强行政执法合法性，这种方式得到社会各界的拍掌称赞。

关键词：裁量权　行政执法　立法

规范行政执法自由裁量权工作是当前地方法治发展的一个具体而有力的举措。法治是指经过普遍性认可的社会规范在社会中被执行、被认可的状态。行政执法直接面对众多社会主体，一举一动备受瞩目，为了减少权力扭曲，增强权力运行的正当性，减少执法裁量空间是一个主要途径。以此规范权力，明晰社会规范，使行政行为更加廉洁，形成地方政通人和、百姓安居乐业、法治水平不断提高的局面。

---

* 课题组成员：黄泽勇，四川省社会科学院法学研究所副研究员，硕士生导师；章健、王茜，四川省社会科学院法学研究所硕士研究生。

一　规范行政执法裁量权是时代命题

行政执法裁量权是指根据法律法规的规定，行政主体在执法中有选择余地的权力。《四川省规范行政执法裁量权规定》给出的定义是："行政机关在行政执法过程中，依据法律、法规、规章规定的范围、方式、种类、幅度和时限等，结合具体情形进行审查、判断并作出处理的权力。"执法裁量权的基本特征如下。

（一）行政执法裁量权的特征

第一，行政性。行政执法裁量权的行使主体是行政机关，为行政机关所独有，行政机关的职权，与司法审判中法官的司法裁量权有区别。

第二，法定性。行政执法裁量权是法律规范中预留的执法"空间"，只是区间比较大，一般法律法规对区间中权力行使没有再细化规定，但其行使必须以法律规范为前提，在法定限度内进行。

第三，普遍性。行政执法裁量行为普遍存在于行政机关行使行政权力的各项具体实践之中。据一项理论研究成果表明，90%以上的行政执法权力都具自由裁量性，占据了行政执法的绝大多数领域。

第四，选择性。行政执法裁量权系由法律规范授权，但法律、法规、规章对相应行政行为的范围、方式、种类、幅度、时限等未具体明确。一般而言，行政机关是根据自己的判断选择和决定作为或不作为以及如何作为。在空间中的选择，在法律属性上都是合法的，执法时的裁量性是行政执法权的基本属性。

第五，灵活性。行政执法裁量权是一种灵活度很高的行政权力。它总是趋于积极、主动地干预社会管理各个领域，社会现象复杂多变，需要行政机关执法时迅速反应，且适当地自行补救。更重要的是，拥有行政执法裁量权的机关可以通过具体个案，积极实现一定的社会目标和个别公正。灵活性是行政执法裁量权存在的基本理由，也是其可能被滥用的主要根源。

（二）行政执法裁量权亟须规范

第一，自由裁量权过大，即在行政行为规范中，权力行使的空间很大。执法中过大的自由裁量空间存在，导致行政执法行为随意性大，不公正、不公平的现象较多，一直受到质疑和诟病。例如，《社会团体登记管理条例》第三十三条规定："社会团体有下列情形之一的，由登记管理机关给予警告，责令改正，可以限期停止活动，并可以责令撤换直接负责的主管人员；情节严重的，予以撤销登记，构成犯罪的，依法追究刑事责任。"该条文规定的行政处理方式有警告、记过，限期停止活动、撤换负责人，撤销登记，追究刑事责任四种，执法者可以做出的选择有很多。

第二，行政相对人，总是不"认可"行政行为，认为行政执法活动不公正、不公平。对于每一项具体行政行为，根据法律规范的规定，那么大的处罚空间，为什么给"我"的是这种处罚方式？得到从轻处罚的，可能认为"还有行政相对人得到更多优惠"，"自己得到的从轻处罚都是争取得到的"；遭到较重处罚的总是认为"执法者偏袒"，"自己没有关系、不找关系的结果"。行政行为得不到行政相对人的认可，行政行为的公信力受到损害。

第三，行政执法中行政执法主体（行政主体，包括行政相对人）也有很大的困惑。在相对小的地方，行政行为受到不当干扰的概率非常大，而行政执法公务行为与人情总是困扰着行政执法主体，导致行政执法行为有失公允。

第四，法律规定执法幅度过大容易造成处理不公以及行政腐败。执法主体要面临各种因素（例如，人情、寻租、个体认识等），造成行政执法结果与案情差异大，不成比例。行政主体的随意性导致行政行为不公平，例如，同案不同法，同案不同罚。百姓意见很大，社会积怨多，现有法律救济渠道又有限。法律规定执法者裁量空间大，给行政执法中留下很大的操作空间，说明裁量权空间大是腐败源头之一。这是行政相对人不愿意接受的，也是政府自己不愿意看到的现象。消除可能存在不公平公正的土壤和环境，政府、社会和普通公民都需要积极努力。

（三）制定行政执法裁量权规范的动力

规范行政执法行为，既要合法行政又要合理行政，是建设法治政府的重要任务。2004 年国务院颁发的《全面推进依法行政实施纲要》，2006 年中共中央办公厅、国务院办公厅联合下发的《关于预防和化解行政争议健全行政争议解决机制的意见》，2008 年的《国务院关于加强市县政府依法行政的决定》

和2010年的《国务院关于加强法治政府建设的意见》等规范性文件都要求，“行使裁量权应当符合法律目的，排除不相关因素的干扰”。党的十八届三中全会前后，四川省委对规范行政执法裁量权提出一系列要求，《四川省依法治省纲要》要求：“建立行政执法自由裁量权基准制度，严格规范行政执法自由裁量权行使，细化量化基层部门行政执法裁量标准，避免执法随意性和不公平。”

四川省从2008年开始开展此项工作。省政府出台《四川省规范行政处罚裁量权的规定》，具有行政处罚权的50家省级部门和中央驻川机构，通过假定违法事实、性质、情节以及社会危害程度，对3427种（类）违法行为进行了细分，制定了9675条适用标准。

四川省相关部门积极开展行政执法裁量权规范实践。2011年，四川省旅游局制定了《四川省旅游行政处罚自由裁量权实施办法》，共计18条、数千文字，规定了旅游行政处罚的基本原则，从轻、从重情节等内容。2014年1月，四川省食品药品监督管理局颁发了《四川省食品药品行政处罚裁量权适用规则》和《四川省食品药品行政处罚裁量基准》两个规范性文件，对食品药品行政处罚原则、内容、幅度、情节等做了细致规定，对《中华人民共和国药品管理法》在四川的使用，进行了细化、规范化处理，还有众多省级执法部门制定的规范行政执法裁量权的规范性文件，指导各个下级部门具体执法，规制裁量权行使。

二　规范行政执法自由裁量权是法治需要

法律规定的行政执法项目预留有自由裁量权，本来是出于执法便利、执法效率、执法实践的需要，但不当行使，负面作用更大。故规范行政执法裁量权是多方面考量的结果。

（一）防范腐败

行政执法自由裁量权项目多、幅度大，容易滋生腐败。占行政执法项目80%的行政处罚案件，有自由裁量空间，且法定的自由裁量空间比较大。例如，无照经营处罚，最高罚款50万元，最低罚款500元；又如，针对“不依法编报水土保持方案或者不办理水土保持方案变更手续的”一项，某市水务局根据《水土保持法》第五十三条规定处以“五万元以上五十万元以下罚款”，差距也相当大。权力腐败与权力运行同在，权力是被具体的真实的人掌握的，在经济社会中，真实具体的人经济利益倾向非常明显，“靠山吃山，靠水吃水”，有权之人靠权力获取利益也是可能的。在法定范围内，在个案处理中，执法人员面对行政相对人直接执法，行政相对人作为“经济人”，完全可能给予行政执法人员部分利益，以换取减轻处罚，“反正从处罚数额的总量而言也不吃亏”。个案处理中行政执法者自由裁量权过大且监督不力，救济无门，腐败难以避免。

（二）压缩寻租空间

行政执法空间大，多数行政处罚可以自由裁量。罚款是直接缴纳给国家，实行收支两条线，罚款缴纳多少于执法人员个人经济利害关系不大。个案执法中，面对行政相对人可能的经济诱惑，执法人员完全可能压低处罚标准或者不处罚，将行政相对人缴纳的一部分款项直接收归已有，执法人员用执法权换取了部分经济利益。如果每一个行政执法项目都完全规范、公开、透明，那么，执法者和行政相对人都没有空间合伙寻租。规范行政执法自由裁量权是一个开拓性的工作，执法自由裁量权规范是世界性的难题，如果能够克服，能够推进，则功德无量。世界多个国家对行政执法自由裁量权怎么规范都很头疼。自由裁量是行政执法活动中必然存在的，减少自由裁量，减少腐败和权力寻租空间，是一个法治尝试，说是推进世界法治文明进程，也不为过。

（三）规范执法工作

公平的标准是“不同情况不同对待，同样情况同样对待”，即同案同罚，不同案不同罚。如果对象不一，不同情况同样对待，也是不公平的。个案监督不可能，行政执法种类多，涉及领域很广，无法对每一个行政执法个案反复监督、比对，执法者个人裁量的空间越大，腐败或者扭曲执法的可能性就越大。减少自由裁量空间是规范执法行为的一个可行步骤。最大限度地赢得民心，获得行政相对人的认可和信服。面对可能出现的执法腐败、执法寻租、执法压力，行政执法必然扭曲，背离法定的执法行为规则，行政执法行为被经济利益吞噬提高，规范社会的行政执法工作遭到严重损害。为重塑政府行政执法的公正、法治形象，压缩执法自由裁量空间是规范工作的一个基础。

（四）提升政府软实力

地处中国西部的遂宁，需要外力、外资支持，需要提高知名度，打造法治遂宁，塑造法治形象，提升投资、建设软环境，赢得社会、资本、民主的认可，增强软实力，提升亲民形象。行政行为与立法行为、司法行为并列为三大法治行为。行政行为多而复杂，直接给行政相对人和社会展示公权力机关及个人形象。行政执法行为规范、透明、公正，会得到社会和公众的认同、赞美和支持。每一个行政执法行为都是政府行为，都是在展示政府形象。地方法治软环境健康、规范、公正，得到社会和公众的好评与支持，就提升了其软实力；反之，则是降低其社会评价，降低其软实力。经济数据表明，政府执法公正透明度与招商引资呈正比，更好的法治环境，更能吸引企业入驻、吸引人们创业。

（五）推进法治建设

法治是一种累积、一种渐进式进步。行政行为如何符合法律规范、减少扭曲、减少腐败、提升形象都是行政机关及行政人员在为民服务过程中必须认真考虑与对待的。新一届政府取消和下放的行政审批事项已达 221 项，初呈激发市场和社会活力的成效，规范行政执法自由裁量权可以最大限度地减少腐败，促进执法公正和效率，完善规范行政执法行为，推进法治政府的建设进程。

三 遂宁试点细化裁量权执法标准

在行政执法裁量权规范中，遂宁市“吃了第一口螃蟹”，部分地方政府自觉开展行政执法裁量权规范工作。四川省部分地区开展行政法治建设工作，首先开展的是行政执法自由裁量权的梳理工作。2013 年 7 月，遂宁市梳理了 4921 项具体行政行为，共包括行政审批 208 项、行政强制 190 项、行政处罚 4417 项、行政征收 51 项、行政确认 48 项、行政裁决 4 项、行政给付 3 项。出台了《规范行政执法自由裁量权规定》，对发改、农业、林业、国土、规划、城管等38个市级部门的行政执法自由裁量权标准逐条完善，报市政府审定同意后在部门网站上公布实施。[①] 遂宁市和南充市率先进行试点，规范行政执法自由裁量权。清理现有行政行为规范依据，拉清单；对现有行政执法行为进行全面量化、细化、固化；对规范工作进行总结、补充、完善、推广。全面铺开使用，既是地方政府的政绩，也是软环境建设，更是法治进程的一个试验。其主要步骤有以下几项。

（一）统一规范标准

2013年1月1日，遂宁市政府颁发了《遂宁市规范行政执法自由裁量权规定》，其中第11条至第18条对如何细化、量化、具体化行政执法自由裁量权做了统一规定，由于涉及八种行政执法行为标准，内容较多，该市试点选择行政处罚、行政许可、非行政许可审批、行政征收、行政给付这五种执法行为的规范标准进行重点介绍，同时这五种执法行为，是比较常见的执法种类，也占了行政执法行为总量的绝大多数。具体为：第一，规范行政处罚自由裁量权的标准；第二，规范行政许可自由裁量权的标准；第三，规范非行政许可审批自由裁量权的标准；第四，规范行政征收自由裁量权的标准；第五，规范行政给付自由裁量权的标准。

（二）明确职责分工

以市为基础单位，市级各行政执法部门对自身具有的行政执法自由裁量权的标准、条件、种类、幅度、方式、时限，予以合理细化、量化；同时，市各执法系统组织各县（区）行政执法主体对其行政执法自由裁量权进行细化、量化，报市人民政府法制工作机构审查后公布实施。各县（区）行政执法主体可在已细化、量化的行政执法自由裁量权范围内，根据自身实际再进行细

① 另外，南充市政府清理行政权力工作，2013年8月1日，得出清理结果，总计有行政权力事项6195项，其中包括：行政处罚权5503项（其中4795项具有自由裁量空间）、行政征收60项、行政强制249项、行政确认71项、行政裁决4项、行政给付8项、其他行政权力300项。该市工商局、公安局分别有行政处罚681项、496项，行政处罚事项多，多数涉及百姓切身利益，更需要细化、规范。

化、量化，并报本级人民政府法制工作机构审查后公布实施。市和区（县）级政府法制工作部门（法制办）具体负责本级行政部门对行政执法裁量权的细化、编制清单等规范性文件工作，监督执法。各级政府监察部门与法制办一同监督行政执法裁量权具体实施。

（三）明晰工作步骤

各地自行开展规范行政执法自由裁量权工作，主要经历了梳理权力依据、部门制定裁量标准、统一审核把关、公布实施四个阶段。

第一，梳理权力依据。例如，遂宁市政府办公室根据市政府的决定，印发了《关于全面清理规范行政权力的通知》，要求市直有关部门（单位）、县（区）级有关部门（单位）和乡镇政府、街道办事处部门（单位，包括行使行政权力的法定行政机关和法律、法规授权组织）依据现行法律、法规和规章，以及部门“三定方案”，对自身具有的行政审批、行政征收、行政强制、行政处罚、行政确认、行政给付和其他行政权力事项进行全面清理，并要求参与清理的部门（单位）在清理规范行政权力的同时，对行政执法中裁量权，在法律、法规、规章规定的范围和幅度内，依照立法目的和公正合理原则，通过细化、量化、具体化的方式制定具体明确的裁量标准。对如何细化、量化、具体化行政执法自由裁量权做出具体规定。为确保规范行政执法自由裁量权不缺项、不漏项，市政府法制办依据法律、法规、规章和“三定方案”对市直38个部门涉及的执法行为进行了“地毯式”清理，“有法可依的方能留下、细化”，市直各部门再对清理出的执法行为进行细化、量化。

第二，制定裁量标准。制定裁量标准是规范行政执法自由裁量权工作的关键环节。市直各部门本着最大限度让自由裁量权由粗变细、由弹性变刚性的原则，对法律规章规定的执法幅度较大的条款予以细化。例如，某市环保局对“未按照规定安装水污染物排放自动监测设备或者未按照规定与环境保护主管部门的监控设备联网，或未按照规定保证监测设备正常运行”一条的法定处罚标准是“由县级以上人民政府环境保护主管部门责令限期改正；逾期不改正的，处一万元以上十万元以下的罚款。”由此可见，《中华人民共和国水污染防治法》对此情形设定的处罚幅度比较大，最高限罚款是最低限罚款的十倍，自由裁量幅度为9万元。为此，环保局根据“是否安装监测设备、监测设备是否正常运行、监测设备是否联网、违法行为改正是否及时或其他特别严重违法情节等”划分出处罚档次：1万～3万元、3万～6万元、6万～8万元、8万～10万元四个阶梯。每个阶次之间罚款跨度为两万元或三万元，压缩了自由裁量空间，就是在行政处罚时，裁量权也实行“表格化、规范化、数量化”，裁量权由“弹性”变为“刚性”；在执法“尺”上刻下清晰的“坐标”，给行使执法权者套上“紧箍咒”。

第三，指导审核。市政府法制办遵照市政府的要求对执法任务较重的部门行政执法自由裁量权先行公布并实施，组织人员到市农业局、市林业局、市水务局、市发改委、市经信委、市住建局、市城管执法局、市国土局、市规划局、市交通运输局等部门，与部门分管领导和承办人员面对面逐条逐项完善自由裁量标准。随后，对市直其余各部门制定报送自由裁量标准，市政府法制办逐条逐项进行审核，并将审核结果报市政府进行审定。

第四，公布实施。打造“阳光执法”，把“放在抽屉中”的裁量权拿到桌面上来，“晒”上网、“挂”上墙、知晓于民，将各部门行政执法自由裁量标准在市政府网站和部门网站进行公布，方便群众查阅和社会各界对行政执法行为的监督。

（四）规范执法　优化环境　提高效能

通过全面规范行政执法自由裁量权，用更加精细的制度约束行政行为，把放在抽屉里的权力拿到桌面上来，效果较为明显。

第一，执法环境得到优化。规范了执法行为，树立了执法权威，提升了执法形象，执法相对人更为满意。例如，行政处罚方面，当年3月，公民刘某认为遂宁市道路运输管理处对其非法从事道路旅客运输经营行为处以3万元罚款过高，后来刘某到市法制办核实市交运局行政执法自由裁量标准中关于此种违法行为的处罚幅度，经刘某本人认真对照市交运局行政执法自由裁量标准，核实了对他这种涉嫌非法从事道路旅客运输行为第一次情节轻微的行政处罚确为3万元罚款后，刘某当场消释了疑虑；又如，市发改委拟对遂宁某医院“超出政府指导价浮动幅度制定价格的”违法行为进行处罚，由于该医院态度诚恳，配合执法部门查处，其违法行为涉及违法金额较少，发改委严格按照其制定的《遂宁市价格行政处罚自由裁量实施标准》对这种违法情形对应的“按多收价款2倍进行处罚”标准形成《行政处罚事前告知书》并送达当事人。行政征收方面，社会抚养费征收一直备受社会关注，征收相对人对抗情绪严重，《四川省人口和计划生育条例》规定“再生育第一个子女的，按计征基数的6倍至8倍征收”，市人口计生委制定的行政征收自由裁量标准，规定对“再生育第一个子女的”情形的社会抚养费征收一律按照农村居民人均纯收入、城镇居民人均可支配收入作为计征基数的6倍标准进行征收。当年4月，遂宁市船山区唐家乡肖某、李某夫妇违法再生育一子，该乡计生办不仅严格按照6倍标准做出了社会抚养费征收决定，且鉴于其家庭困难准予其分期缴纳，当事人及时主动缴纳了第一期社会抚养费1万元。

第二，行政效能明显提高。通过严格标准，执法效率大幅度提高。例如，市住建局在市政设施建设配套费减免审批上，实施自由裁量权以前，在征收部门签署意见后还需经财政部门、分管副市长审签，再由市长主持会议研究通过，此类专题会议每半年召开一次，至少需要经过半年才能审批完毕。自由裁量权实施以后，改为直接由征收部门对相对人提出的申请按照自由裁量标准进行审核，符合条件的在三个工作日内予以办结。2013年2月，四川君城投资有限公司就“西部商贸物流中心商品信息交易项目”和“西部商贸物流中心1~4号仓库”两个项目向市住建局申请市政建设配套费减免面积30115平方米，金额约120万元，经市住建局对照自由裁量标准审查，符合条件后三个工作日就已办结，为相对人节约了办理时间，受到好评。

第三，防治腐败效果明显。从制度和源头上预防和减少权力寻租的潜在空间，对干部是真正的爱护和保护。法治建设要做到使人不敢贪、不能贪、不想贪；制度网格细密，执法之人就不能贪。营造人人和谐、愉快的生存环境是社会进步和法治建设的基本追求。执法裁量权小了，执法者不能贪了，干净了，风清气正，社会昌明。

（五）规范行政执法裁量中的问题

地方试点，闯出了新路，同时也提出了行政执法裁量权规范中的问题。

第一，地方试点范围比较小，在合法性、合理性两难中摇摆。遂宁市和南充市自主进行规范行政执法自由裁量权的工作，都是试点清理5000项左右的行政执法自由裁量权项目，采取的办法多是细化、量化行政执法依据，制定完善纸质文本。但地方试行缺陷亦明显：市或者市级部门的行政执法自由裁量权规范活动开展的动力何在？开展的效果如何？开展的后续跟进措施如何？地方政府开展行政执法自由裁量权规范活动，归根结底是要提升地方软实力，证明本地“政治清明、执法规范、政府信守诺言，适合投资和居住”。法治目标成为法治载体。虽然可以间接达到法治目标，但风险比较高，容易出现反复、波折等问题。政府自行推动，持久力可疑；一旦有了新的目标，地方政府就会转移注意力，费尽心思搞出来的法治规则就可能“束之高阁”。新的执法细化工作本身有难度：一个行政行为规范，可以设计2～3项行政行为后果，行为要与后果对应，事实上是否可以做出完善的区分？理论上可以区分，实践中区分起来困难却很大，且导致立法不严的后果。

第二，文本粗糙，立法技术需要提高。有的地方政府制定的行政执法裁量权规范，对近5000项行政行为进行规范，也不是完全囊括、全面覆盖行政执法行为。虽然有地方宣称“不留死角、全面清理”，而事实上却难以做到。市级政府或者其职能部门要完全有效地规范其执法行为，就文本制定而言，本身就很有难度，正是心有余而力不足。

第三，小范围规范行政执法自由裁量权难度很大。中国是单一制国家，地方的权力相对比较小，自主立法活动效率、效果有限。单一制国家中，怎么理解法条规范内容？理论上是上位法有规范的，下位法就直接适用，不得制定新的规则。但这种全国一盘棋的整齐划一的做法，也造成很多弊端：僵化的条文放到每一个具体行政行为中，严格按照统一的规则执行，但在具体的个案中反倒成为不公平的。就罚款而言，也只是对罚款行为、情节再次划分，无法完全绝对量化。因为，根据无理数的原理，无法穷尽具体罚款。对全国的统一规范，地方细化、量化标准中是否可以考虑地域、经济等因素，降低最高点、最低点？小范围地方自行规范行政执法自由裁量权，也有很多的问题：人亡政息，政随人走的情况常出现。地方主要领导有决心搞清明政治，但这总是和领导的位置直接挂钩的。领导一变动，某些新的做法也就随之被废弃。

第四，压缩行政执法自由裁量权，但保留适度的弹性空间。原因有：一是社会事务本身差异大，情形、种类比较多。同样是“无证经营”，城市和乡村差异很大，行政相对人的经济获利、经济实力差别很大，规则即使很细，但实施很少或者几乎不实施，普遍不实施或者个别实施，本身就是不公正的。二是法律法规规范的效力范围大，效力范围内经济差异大。多数是全国的，部分是全省的，国家、省、市情形不一，经济差异大，实施处罚选取的参考经济标准不一。城市经济发达、沿海经济发达，内地、西部、乡村经济欠发达，经济发展差距大，行政执法经济量就有差异，也应该有差异。三是行政执法中的具体情形有差异，特别是行政相对人的差异，如态度、情节、危害、影响等。对违法悔改的态度在行政执法中可以纳入考虑。行政处罚是教育与惩罚相结合，教育的目的就是促使违法者认清楚违法的社会危害性，惩罚的目的也是让违法者不再违法，制止其继续违法。如果违法者态度诚恳，改正快，配合执法，就是一种教育效果的显示。减少了违法行为，是可以作为处罚考量情节的。当然，违法者的认识在多大程度上影响行政执法的升格和降格，也值得规范和考虑。四是外部环境。比如顶格处罚，减轻处罚，一般是与社会环境、执法的社会需求有关，如歌手高晓松酒驾，受到顶格处罚，是出于当时严厉惩罚交通违法，减少交通事故发生率，净化治安交通环境的需要。当时的处罚，包括网友在内，无人反对。的确也得到了“惩一儆百”、“杀鸡骇猴”的效果。计生委对超生罚款、“社会抚养费”的征收，外部环境变化了，是否还是恪守法律法规的教条规定进行处罚？五是行政执法的法定考量情节：从重、从轻、减轻、免于处罚，也需要明确的法律规范，至少需要案例示范。六是执法的例外情形。特殊情形特殊处理，如抢救孕妇去医院的车辆（非急救车辆）闯红灯，一般是免于处罚。上述问题都需要建设法治政府中的规则完善细化。

四 《四川省规范行政执法裁量权规定》出台，权力入笼

地方政府对行政执法裁量权的探索做法，2013 年，省政府组织召开现场会，要求在全省推广。地方政府自觉行动，探了路，也提出了问题。因此，四川省政府决定制定规章，从更高层次上规范行政执法裁量权工作。将《四川省规范行政执法裁量权规定》（以下简称《规定》）纳入 2014 年立法计划，省法制办会同有关方面成立课题组，研讨规范行政执法裁量权工作有关理论，总结工作经验，收集整理近年来全国各地关于规范行政执法裁量权的制度措施，先后到省内外多次调研，学习借鉴外地相关经验，并组织有关专家学者进行立

法论证。省政协还专门组织立法调研，修改后形成《规定送审稿》。5月12日，四川省政府审议通过《四川省规范行政执法裁量权规定》（当年7月1日起施行）。《规定》细致地规范了行政执法行为，减少执法时的随意性，提高执法效率，增强政府公信力。

（一）规范行政执法裁量权的主要内容

第一，行政行为方式裁量，指在事实要件已经确定的情况下，行政执法主体依法有权选择作为或不作为的行为方式，即是否启动决定程序，是否做出某种决定。比如《四川省水上交通安全管理条例》第五十六条由县级以上航务海事管理机构责令其停业整顿、限期整改；逾期未达到安全条件或者在停业整顿、中止运行、限期整改期间擅自从事生产经营活动的，没收其违法所得，并处以5000元以上5万元以下的罚款；情节严重的，可依法吊销其生产、经营许可证。根据这一规定，有关海事交通部门对违反《四川省水上交通安全管理条例》规定违法从事航道、港口建设和维护的生产经营单位，未建立健全安全管理制度，不具备经营、生产或者运行安全条件的有权选择是否做出罚款决定，这便是对行为方式的一种裁量权。

第二，行政行为内容裁量，指行政执法主体在执法作为时，有权选择相应措施取舍标准，采取执法行动。这里既包括对可采取的多种法律措施种类的选择，也包括对法定幅度的个别化，即对行为种类、幅度的裁量。比如《中华人民共和国道路运输条例》规定“未取得道路运输经营许可证，擅自从事道路旅客运输经营的”由县级以上道路运输管理机构责令停止经营；有违法所得的，没收违法所得，处违法所得2倍以上10倍以下的罚款；没有违法所得或者违法所得不足2万元的，处3万元以上10万元以下的罚款。根据前述规定，对无证擅自运输的，可处没收违法所得，或者根据违法所得，处以罚款。具体罚款多少，行政法规没有明确规定，道路交通运输部门有权在法定的幅度内将其具体化，即执法裁量。

第三，行政行为时间裁量，指行政执法主体依据法律规定，选择做出行政决定的具体时间。行政执法的时间包括行政主体执法的时间选择，如受理立案、检查、取证、告知、执行等；也包括行政主体可以自主地在受案、立案、执法过程中，在法定时限内，自行缩短时间、提高执法效率的行为。

第四，行政行为程序裁量，指行政执法主体依据法律规定，根据行政执法需要决定所适用的具体程序，即执法时所采取的具体方式、步骤、顺序以及时限等要素可依法裁量，如《行政许可法》第四十六条规定，“法律、法规、规章规定实施行政许可应当听证的事项，或者行政机关认为需要听证的其他涉及公共利益的重大行政许可事项，行政机关应当向社会公告，并举行听证”，据此，对“其他涉及公共利益的重大行政许可事项”的认定及是否采取听证，其判断权在行政执法主体，即是行政主体对程序的判断、取舍权。

（二）《规定》的主要亮点

第一，制定裁量标准统筹考虑法制统一与地域差异。考虑到规范行政执法裁量权工作的开展沿革，按照既保证各类行政执法裁量权的系统性、科学性，又突出重点，兼顾地区差异性的原则，《规定》采用统分结合方式对裁量标准的制定主体做了多种规定。

第二，明确裁量标准效力。考虑到规范行政执法裁量权的主要目的是在具体行政行为合法的前提下规范其适当性，且不属于司法审查范围，为加大行政执法裁量权行使的监督力度，促进行政机关合理行政，《规定》明确了裁量标准作为行政复议和行政执法监督机关审查的依据，并规定了公民、法人或者其他组织因行政执法裁量权违规行使侵犯到其合法权益的救济渠道。

第三，突出服务意识。公共服务是政府的主要职能，建设服务型政府是现代政府的显著特征。《规定》高度重视政府的公共服务职能，并提出了明确要求。比如在规范行政确认裁量权中，明确申请人因特殊情况无法亲自到场的情况下，行政机关可采取方便申请人的方式实施行政行为。

第四，体现改革精神。《规定》力求体现党中央、国务院和省委、省政府有关行政审批制度改革的精神，吸收四川省行政审批制度改革的最新成果，对规范和行使行政许可裁量权应当遵循的深化改革的要求做了规定，从制度层面确保行政审批效能，防止以规范行政许可裁量权为名变相增设其他条件，巩固了改革成果。

五　深化裁量权规范任重道远

四川省出台了《规定》，但规范行政执法自由裁量权工作仍未结束。裁量权规范是一个长期的、系统的、综合性的法治工程，需要多年的接力赛跑才可能达到一个相对高的水平。各地具体执法部门还需在《规定》指引下，严格制定执法裁量权细化标准清单，以继续深化改革。

（一）细化规范的合法性展望

加强对行政执法自由裁量权规范措施的理论研究，即合法性思考。执法有自由裁量权，有多种原因：历史的、权力本性的、执法实践需要的、立法技术立法技能留存的等。“存在的就是合理的”或者说“存在的有其存在的合理性”。要改革，要进步，要推陈出新，也要有理有据。这不是反对细化、量化行政执法自由裁量权，是要思考透彻规范行政自由裁量权行为的理论深度及实践可行性。从理论上思考细化行政执法裁量权问题。在现有的行政法学基础理论中，对行政执法行为的司法审查原则就是合法性审查；行政执法是具体行政行为，审查依据是法律法规等法律规范。如果行政执法自由裁量权细化后，出台规范性文件，这个文件性质是具体行政行为还是抽象行政行为？如果不细化，执法主体做出一个具体行政行为，依据是法律法规等，司法审查就看其是否符合法律法规：在法律法规规定的范围和幅度内做出的行政决定，都是合法的。如果行政行为是根据细化后的规则做出的，如果细化后的规则都是合法的，则据此做出的具体行政行为是合法的；如果细化后的规则本身有瑕疵，如法律法规等规定的是“可以并处罚款”，细化后的规则却去掉“并处”二字，则细化后的规则“可能”是不合法的，如果被提起审查，就可能被认定为不合法，则据此做出的具体行政行为也被认定为无效了，即存在可能的风险是：同样的行政执法行为，如果依据原有的法律法规做出具体行政行为是合法的、有效的，那么依据细化后的规范做出的具体行政行为可能被认定为无效；依据不同，同样的事实、同样的行政行为，确有合法非法之虞。这是一个需要克服和先行钻研、应对的问题。

（二）把握细化、量化标准的“度”

各市制定规范裁量权细则的条文过分粗糙肯定不好，但也不是越细化越好；细化的裁量权，粗细的度如何把握？有了基本的执法指导原则，权力清单中的各项权力，能够细化的是否都需要细化？对于行政许可等行政执法行为，可以用程序等制度进行规范。行政执法面对的对象是多种多样，很难预测的，如果条文过于细化，陷于烦琐，也可能使整体执法效果变差，这不是反对细化行政执法规范，只是对很少一部分执法规范的细化工作提出合理怀疑，需要加强论证。

（三）在合适范围内细化规则

建议各市政府统一细化规范，各个部门进行补充。细化标准的主体，各个执法主体都自行细化，工作量大，也容易造成冲突，条文之间冲突大，效果就适得其反。规范行政自由裁量权的工作肯定有一些问题，如果市政府统一规范，各个执法部门补充，查补缺漏，可以减少执法规范的瑕疵。但各个执法部门都应该参与，提出问题，达成共识，这是一个法治教育过程。统一规范，还可以降低立法成本。

（四）完善文本规则

完善文本细化规则，尽量提升行政裁量权规范的质量。这也是一个立法工作，需要立法技巧，需要专门规范、推敲。对现有规范统一认识，形成行政执法共同体，加强研讨、统一情节认定、术语把握等也非常重要。开现场会时，与会人员主要考察行政执法规范的细化条文，如果部分条文文本粗疏，瑕疵过多，就可能削弱规范行政执法裁量权的推广效果。建议聘请专家团队专题合议、讨论、检查规范文本。规范文本是基础，也是推广、检查的核心内容，提升其质量刻不容缓，如果地方执法人员规范难度大，有各种阻力等，可以拓展思路，借用外脑，多渠道借力，尽善尽美地完善规范文本。

（五）采取多种法治途径规范

规范行政执法自由裁量权，主题是“规范”，关键词是“规范”，不等同于“细化标准”。不能为细化而细化，甚至细化后使执法工作障碍增加。因此，应采取多个规范措施进行规范，如程序规范、问责制规范等。程序工作要加强，程序包括公开、说明理由、听证、案卷排除规则等，都可以而且应当充分应用。

B.7

深化司法公开　实现阳光司法

徐秉晖*

摘　要：“阳光”是最好的司法“防腐剂”，司法公开是法治社会的重要标志。2013～2014年，四川司法公开全面提速。四川各级法院按照四川高级法院的部署，卓有成效地推进“三大公开平台”建设，优化诉讼服务中心功能，完善门户网站自助服务功能，推进庭审公开从受众有限的、单向式的法庭审判向微博、视频同程直播的双向互动模式拓展；加强生效裁判文书网络公开；推进执行信息公开平台建设，构建网络执行查控机制系统，尝试网络拍卖、建立“失信被执行人名单库”，有效地实现了法院审判和执行工作公开。作为深化检务公开制度改革试点，四川省、市、区县检察院全面推行统一业务应用系统，实现新受理、办理案件全部上线运行；正式开通人民检察院案件信息公开网，完善网络实时查询举报、控告、申诉平台；加强门户网站、官方微博、微信等平台建设，积累和总结丰富的检务公开试点经验。四川公安在《公安机关执法公开规定》的指导下，建互联网执法公开平台，公开执法信息、提供查询及自助服务；加强“四川公安”网站建设，完善网站信息公开与监督功能；充分发挥传统媒体及新媒体的传播优势，积极稳妥地推进警务公开。四川司法监狱坚持“大执法”理念，推进狱内公开到狱外公开、监狱公开到社会公开，通过狱务公开机制和平台，推动和展示监

* 徐秉晖，四川省社会科学院法学研究所助理研究员，法学博士。

狱执法的公正和透明，全面深化狱务公开。

关键词： 司法公开 三大公开平台 检务公开 警务公开 狱务公开

以公开促公正，让司法权力在阳光下运行，全省各级法院、检察院、公安、司法机关深入推进“阳光司法”，增强司法透明度，让社会公众明显感受到公平与正义，人民群众对司法工作的满意度得到显著提高，司法公信力、司法权威得到有效提升。

一 全省法院“三大公开平台”建设卓有成效

四川高级法院依照最高人民法院《关于司法公开的六项规定》和《关于人民法院接受新闻媒体舆论监督的若干规定》，制定《关于推进司法公开三大平台建设的工作规划》，提出全省法院力争两年内完成司法公开三大平台的建设与应用。其中，2014 年 6 月底前，全面完成执行公开系统部署和执行公开网建设；2014 年底前，完成裁判文书公开平台建设和使用；2015 年底前，全面推广和深化网上诉讼服务中心应用，实现审判流程公开。

（一）审判流程公开，增强诉讼服务能力

在审判流程公开方面，全省法院首先强化立案信访公开，其次全面落实庭审公开，扩大巡回审判范围。同时，全省法院不断运用新闻媒体拓展司法公开渠道，通过与各类媒体合办法制栏目，广泛宣传、及时发布典型案例和司法信息，充分尊重人民群众的司法知情权。

1. 立案公开，诉讼便民利民

（1）建设并优化诉讼服务中心功能。全省各级法院十分重视诉讼服务中心的建设：成都市基本形成“一心多点、全域覆盖、联网运行、就近服务”的诉讼服务体系，中级人民法院及 20 个基层法院的诉讼服务中心全部投入运行，全市 39 个基层法庭作为诉讼服务点实现标准化运行；资阳中级人民法院诉讼服务中心由立案大厅和信访大厅两大部分组成，中心大厅采取“开放式”

窗口服务，共分为导诉区、功能服务区、当事人休息自助区、立案审查区、信访接待区、法官接待区、调解区，整合了“立案审查、司法救助、查询咨询、诉讼引导、立案调解、材料收转、判后答疑、信访接待”八大服务功能；江油法院投资30多万元将175平方米的诉讼服务中心扩建到600余平方米，划分了办公区、等候区、群众休息区、书写区和9个当事人会见室，增添了LED显示屏、电子查询仪等设备。

在打造诉讼服务中心硬件设施的基础上，各级法院着力优化诉讼服务中心功能，积极创新讼诉服务模式，倾力打造“便捷、高效、低成本”的“升级版”诉讼服务：设置导诉台，配备专人对来院群众进行有序引导，引导当事人进对门，找对人。设置公告信息栏，公示立案条件、案件办理流程、诉讼执行收费标准、将审委会委员、法官、人民陪审员、特邀调解员名册信息，用照片加姓名的方式公开；摆放诉讼指南、诉讼风险提示、财产保全、执行流程等自助法律资料；设置电子查询台，当事人在电子查询系统里可以查询案件办理进度、法律文书、执行信息、法院及人员基本情况、诉讼服务指南以及相关法律规定、法庭设置等；设置电子显示屏，滚动播出本周开庭当事人权利、义务等信息；全省196家法院设置供律师阅卷和准备出庭工作的专门场所，保障律师充分行使辩护权、诉讼代理权、会见权。泸县法院仅在2014年上半年，其诉讼服务中心共接待当事人咨询1000余人，98%的当事人表示满意。

诉讼服务中心在增强诉讼指导的同时，适时进行诉前调解，并对案件进行有效的繁简分流。诉讼服务中心是当事人到法院的第一道门槛，充分发挥其在司法审判和群众之间的相互沟通渠道和桥梁作用，对及时地稳妥地解决纠纷和矛盾具有相当大的意义，也避免了诉讼的盲目性。2013年全年，全省法院适用简易程序审理案件共382297件，其中人民法庭适用简易程序审理的案件占82.70%，调解率达76.48%；小额诉讼案件速审速裁3062件，平均审理时间11.32天。各法院诉讼服务中心积极引导群众选择方便快捷的纠纷解决方式，大大降低诉讼成本，提高诉讼效率。

（2）建立并完善门户网站网上诉讼服务功能。各级法院大力推行网上诉讼服务。网上诉讼服务，顾名思义，即通过法院网络平台，当事人完成立案、查询、信访等，为群众提供更为便捷、高效、优质的诉讼服务。律师登录法院政务网站后，可通过平台申请立案以及查询案件的办理进度及其他相关信息；

当事人如有意提请诉讼，可以利用诉讼服务平台提交诉讼状或者执行申请书，并上传主要证据材料，法院将会对材料进行审查并及时网上回复；当事人如有上访需求，也可以通过诉讼服务平台将自己的建议、投诉、批评和举报内容提交，法院也将根据不同的情况及时对反馈的问题进行处理、回复。各地法院陆续全面改版门户网站，向群众公开立案条件、所需材料、法院案款账户及材料提交、诉讼费缴纳流程、格式化的法律文书样式等诉讼指南信息，在网上积极开展预约立案、法律咨询、诉讼引导等在线诉讼服务，最大程度上方便当事人立案和咨询，最大限度减少群众诉累。截至 2014 年 5 月，全省 20 个中院及 132 个基层法院建成政务网站，已有 137 个法院开通网上立案、信访、查询等网上诉讼服务功能。还有的法院通过 12368 电话语音（短信）系统、手机短信平台等渠道让老百姓一次就能完成立案手续，为当事人提供便利的远程和自助式服务。

2. 庭审公开，“请进来、送出去”

（1）请进来，走进法庭观审判。各地法院不断拓展旁听案件庭审的群体：人大代表、政协委员是法院联系公众的纽带，各地法院历来十分重视与人大代表、政协委员的沟通和联系，采取一对一地走访，汇报重大工作及疑难问题，对法院实地调研考察，并对重点、敏感案件的庭审参与旁听。同时，各地法院重视邀请新闻媒体旁听案件庭审，有的法院还专门设置媒体旁听席。随着审判公开的不断推进，旁听案件庭审的群体范围也从人大代表、政协委员、新闻媒体扩展到相关人员以及普通民众，尽量扩大案件庭审公开范围。

在不断拓展案件庭审旁听群体的同时，科技法庭的投入运用也使庭审旁听从单纯的“听审”发展为“观审”，即先进的科技法庭让旁听群众既能耳听还能眼观。数字高清科技法庭主要包括案件排期、庭审管理、集中控制、证据展示、同步录音录像等 16 项功能，并增设了点播直播、远程提讯等功能。庭审时，法庭内的电子信息系统可通过声音，自动辨别说话人所在位置，并通过摄像机在显示屏上进行画面自动切换；庭审视频和笔录文字可实现图文同屏播放，向法庭外展示所有庭审直播点播音、视频，极大地提升了司法的透明度和公开性。

法院积极推进庭审公开，邀请人大代表、政协委员、相关人员、普通群众观庭审的同时，还注重法院之间进行庭审观摩，这种内部的公开是向专业人士的公开，其利于进一步规范法官庭审行为，提高法官的庭审驾驭能力，推动科

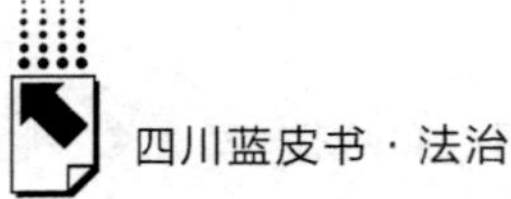

技法庭的使用进程，促进司法公开工作，提升人民法院的司法公信力。

这种请进来、观庭审的传统方式很直观，但其不可避免地存在司法场地的局限性。再大的场地也是有限的，在坚持请进来的同时，各地法院积极拓展“送出去”的渠道与方式。

(2) 送出去，庭审（现场）同程直播。这种方式彻底改变了以往受众有限的、单向式的走进法庭听审判，庭审公开实现了人人都是庭审参与者、监督者的双向互动模式。

庭审公开的方式可以是通过法院 LED 显示屏直播庭审过程，或庭审活动全程同步录音录像后播放，或通过互联网进行现场直播等。自 2013 年最高法院明确提出加强审判公开以及利用微博方式直播，庭审（现场）同程直播陆续成为各地法院庭审公开的重要方式和手段，送出去的公开庭审日益丰富。

微博直播庭审只是庭审公开的一种方式，通过外网交流、微博互动、热线沟通等方式增加法院工作的透明度，及时与公众进行信息交流，以公正司法不断提升群众满意度。科技法庭的建设有力推进了庭审直播，2014 年上半年，全省法院已建成 457 个科技法庭，有 138 个法院开通了互联网站，有 72 个法院开通官方微博，从而对庭审实行全程同步录音录像，并适时开展庭审网上直播、微博直播。2015 年，四川全省需要在每个中级人民法院配置 10 个科技法庭、在每个基层法院配置 5 个科技法庭、在每个人民法庭配置 1 个科技法庭，确保每个法院基本实现审判公开。

微博直播、互联网直播等庭审（现场）同程直播方式，使得庭审公开的受众十分广泛，而且从以往单向式的听审、观审向双向的、互动的参审、议审转变，法院案件庭审公开前所未有。此外，各地法院还通过与当地电台合作打造特色法治栏目、录制法治节目等方式增强庭审公开和法治新闻宣传。例如，泸县法院与泸州电视台《给您说法》栏目合作，拍摄由该院真实案例改编的普法栏目剧“‘高仿假币’背后的骗局”；内江中级人民法院通过与当地电视台打造《开庭说法》栏目，充分调动电视媒体，以鲜活的案例让老百姓直观地了解庭审工作，潜移默化地进行法制宣传。

3. 审务公开，节点随时可询

(1) 案件办理网络化，节点自动生成。四川法院积极推进网上办案，形成内部透明的监督制约机制。所有案件，从进入法院起，案件卷宗材料就被扫描归入计算机，案件审理的每个环节都会留下操作痕迹。审委会和审判庭可以随时调取卷宗，监督法官办案质效。同时，为实现“流程监控、智能庭审、质效评估、业绩考核、电子档案”一体化管理模式，四川法院首先从实现审判执行流程管理“节点控制”上下功夫，实行提示、预警、冻结三种机制，对设置冻结节点的案件系统自动巡检；其次对案件开庭审理实现“智能化”，以一键自动控制所有计算机，形成的电子卷宗与科技法庭有机结合，在证据展示时可以直接调用电子卷宗中的证据材料；最后案件质效评估做到“细化、量化”，以全面、正确反映法院办案质量和办案效率。四川省法院系统正在开发完善统一的审判流程查询系统，届时，法官办案要受到网上流程管理的约束；当事人可以通过法院外网了解案件进展情况。

（2）法院公众开放日常态化。四川法院已基本实现法院公众开放日常态化。“我想了解法院的主要工作是什么”、“我想看看法官的工作情况”、“我借钱给别人讨不回来怎么办”“我想知道打官司要走哪些程序”……群众的疑问通过“法院开放日”活动都得到了满意解答。“法院开放日”活动使得每个市民、村民都能零距离接触法院，通过参观法院法庭、诉讼服务中心办公场所，了解法院的基本功能；通过聆听工作人员对立案流程、便民措施的详细讲解，知道了诉讼的基本知识和渠道；通过对法院展板的观看，知悉了法院的工作和人员组成；通过观看专题节目、法庭庭审，深入了解法院，感受到司法正义和司法公开。

4. 巡回审判，司法释法兼得

（1）大力加强巡回审判工作。四川地域广袤，为方便民众诉讼，增强司法公开，四川法院广泛开展巡回审判工作，尤其在山区、边远乡村和牧区，相应法院、法庭大力开展巡回审判工作。泸县法院积极开展巡回审判，赶场天以“车载法庭”“院坝法庭”“田间法庭”为载体，在离群众最近的地方巡回办案，加强对离婚、抚养、赡养、相邻权等纠纷的巡回审判力度。江油法院依托8个人民法庭、32个巡回审判点和2个专门巡回法庭（婚姻家庭法庭和交通事故法庭），构建起以法庭为圆心，以庭、站、点、员“四点一线”为半径的便民诉讼“同心圆”，实现巡回审判全覆盖。制定了《法庭巡回审判工作意见》，规定法庭法官“住读”，法庭每年巡回办案数量不少于案件的50%，接受乡镇社区邀请参与矛盾处理不低于20件，指导人民调解、开展法制宣传不少于2

次。目前该院已巡回办案1000多件。成都青羊法院率先在成都市主城区内试点设置在交警分局内的巡回法庭。只要是发生在青羊区范围内的交通事故，或交通事故被告户口所在地在青羊区的交通事故民事诉讼，定责、双方调解、起诉等步骤，当事人都可在特设于成都交警四分局的“道路交通事故巡回法庭”内完成。巡回法庭有两名法官固定值守，最多时一天可审理五六起案件。在巡回审理和就地听证过程中，法官对群众提问进行解答，让群众了解案件原委和法律精髓，让司法公开的价值和意义落到实处。

（2）试点设立法官驻村（社区）工作站。四川法院在大力推进巡回审判的同时，还试点在社区、街道、乡村设立法官驻村（社区）工作站。泸县法院与联系村开展“无讼村社”共建活动，每名院领导、2名法官与联系村1名社长签订“无讼示范村社”共建协议，共同化解矛盾纠纷。江油法院在该镇太华村试点设立了驻村工作站，选派素质高、业务强的法官到工作站担任驻村法官，每月按期进行法制宣传和法律咨询，指导人民调解工作，现场调解矛盾纠纷，服务群众零距离。

四川高级法院出台规范全省法院诉讼服务工作的意见，完善基层法官联系人民群众的工作机制，明确基层法庭、法官工作站（点）通过发挥审判职能作用，在及时调处矛盾、法律咨询等方面为基层群众提供零距离司法服务的规范要求；规范巡回审判工作，防止随意性，并结合巡回审判加大以案说法宣传力度，切实提升巡回审判的工作效果。2014年上半年，全省法院共巡回审理案件43671件，服判息诉率达96.07%。

（二）裁判文书公开，加强审执监督

裁判文书作为承载全部审判活动、体现审判结果的“司法产品”将全面上网接受公众监督，这被认为是司法公开的一大亮点。

1. 充分依托“中国裁判文书网”，畅通社会监督渠道

四川高级法院制定《在互联网公布裁判文书的实施细则》，对裁判文书公开范围、操作流程、内容要求、告知义务等做出明确规定，确保依法规范公开。目前，四川全省三级法院主要依托“中国裁判文书网”和法院门户网站公开裁判文书。2014年上半年，全省法院共在“中国裁判文书网”公布裁判文书69906份，占应公开裁判文书的34.82%，基本做到应公开的裁判文书全

部公开，各级法院普遍建立裁判文书上网评查制度，妥善处理裁判文书公开与个人信息保护的关系，有效提升公开裁判文书的数量和质量。

2. 完善法院政务网站裁判文书栏目，增强裁判文书说理性

为贯彻落实最高法院《关于人民法院在互联网公布裁判文书的规定》，四川各级法院纷纷建立并完善法院政务网站，并在门户网站设立了专门的裁判文书公开栏目，目前，已有131个法院实现在门户网站公开生效裁判文书。公众任意登录一法院官方网站，点击裁判文书公开平台，页面立即显示涉及民事、刑事、行政、知识产权、赔偿、执行等多类案件的法院判决书。随意点击其中一份，都详细地记录着案件审理时间、审理经过、判决结果、审判长、审判员、相关法律条文等信息，无论是作为案件当事人还是社会公众，都能通过裁判文书，对整个案件一目了然。巴中中院基本实现了民商事案件裁判文书全部上网；成都法院截至2014年7月10日，已通过成都法院网、成都法院审判公开网，公开裁判文书21790份，社会公众可随时点击查看、查询。

（三）执行全域公开，化解执行难题

执行公开关键在于执行信息公开，通过让当事人、社会公众及时知悉法院执行案件的节点、动态及所采取的执行措施，促使群众了解执行工作、理解执行工作，同时，将执行行为在阳光下运行，最大限度挤压利用执行权寻租的空间，确保执行公正。

1. 开通执行信息网上查询平台

四川法院探索“阳光执行”体系建设，全面推进执行信息公开平台建设。执行信息公开平台分为当事人查询平台、公众查询平台、曝光台和法律法规四个部分。当事人查询平台只能供案件当事人查询，当事人可凭借案件卷宗所提供的密码登录查询。查询内容包括执行立案、执行人员、执行措施、执行财产处置、执行裁决、执行结案等信息。在社会公众查询平台上，罗列了许多可公开的申请执行案件，公众可就自己关心的案件进展情况等内容进行查询。对于被执行人，在法律判决生效之后，具有履行义务能力而拒绝履行的，执行公开平台也将在全社会范围内予以曝光。截至2014年10月，省法院及22个中级人民法院全部建成执行公开网站，开发、开通执行信息网上查询平台及12368短信服务平台。全省已有189个法院在诉讼服务中心设立执行事务窗口，有161个法院安装执行信息自助查询终端或开通查询电话，规范导入执行措施、财产处置、案款收支等信息，当事人既可以通过执行公开网站足不出户地查询执行案件信息，也可以在法院诉讼服务大厅自主查询，努力解决“执行难”问题。

此外，在执行案件的受理通知书上将告知当事人密码和公开事项，当事人凭密码在法院政务网站执行信息公开网上或者查询触摸屏上即可查询案件执行情况。短信服务平台则及时发布或短信推送执行立案、财产查控、财产处置、案款支付等40余项重要节点信息，将执行工作进展、结果及依据主动告知当事人，确保当事人实时了解案件执行动态、掌握自己的案件审理执行进展。此外，四川高级法院已搭建全省法院执行信息公开平台集群，正在开发适用于三级法院的执行案件管理系统，通过设置流程节点与时限，加强对执行行为的管理与监督。

2. 与金融、房管等部门共建网络执行查控机制系统

化解执行难，还需从源头做起，要从根本上解决“被执行人难找、执行财产难寻、协助执行人难求”等突出问题。此前，四川法院在全国率先建立执行联席会议制度，对执行难实现社会联动、综合治理，全省形成“党委领导、人大监督、政府支持、政法委协调、人民法院主办、社会各界配合”的执行综合治理格局。随着执行公开平台的建设，全省法院自2013年初即开始推行成都两级法院执行公开平台和广安中院“点对点”网络执行查控系统，与公安、工商、金融、房管、车管等部门信息共享，实现对被执行人财产信息的实时查询。

四川高级法院先后与中国农业银行四川省分行、中国银行四川省分行、中国工商银行四川省分行签署了《关于开展网络执行查控机制建设与失信被执行人信息共享工作的实施意见》，房产、信用等基础数据统一平台和社会征信体系正在加速建立和完善。目前，全省各级法院要想完成该项查询，必须层层汇总到省高院统一查询，一般需要花费一周以上的时间；待四川高院与中国人民银行成都分行建立网络执行查控机制，查询的时间将缩短至一天或更短。

3. 建立失信被执行人名单库，落实信用惩戒机制

2013年10月24日，最高人民法院“失信被执行人名单库”开通，建立“失信者黑名单”并公布信息的举措，使失信被执行人“网上有名脚下无路”。失信被执行人，不论是个人，还是单位，一旦被纳入“黑名单”，公众登录最高人民法院官网即可查询，被执行人失信信息也将被纳入银行征信系统。“失信被执行人名单库”的建立，使信用惩戒机制落到实处，也更为有效地打击了各类规避、逃避执行的行为。截至2014年3月，全省法院共将1800余名失信被执行人纳入最高人民法院失信被执行人名单库予以曝光。2014年上半年，全省法院将5577名失信被执行人名单纳入人民银行征信系统，各商业银行将对这些失信被执行人的信贷活动进行限制。同时，还向工商、税务等部门通报失信被执行人信息，现已向工商部门通报491人，向税务部门通报343人，向国土部门通报444人，向住建部通报430人，向国资委通报294人，向发改委通报296人，失信被执行人在注册设立新公司、进行投资开发、开展经营置产、呈报项目审批等事项时将受到限制，“老赖”的生存发展空间由此受到全方位挤压。在失信“黑名单”的威慑下，已有324名失信被执行人主动向法院履行义务，兑现案款达1.17亿元。全省法院进京到省涉执信访同比下降18.92%，执行公信力明显提升。

4. 尝试网络拍卖，优化执行财产处置机制

“网上拍卖”凸显了公开和便民，与常规的司法拍卖不同：网络拍卖不是在拍卖大厅现场举牌进行，而是被移入第三方交易平台竞拍，所有操作均通过互联网完成。自2013年9月1日起，成都中院确定西南联合产权交易所为全市法院司法拍卖第三方交易平台，将全市法院所有司法拍卖统一纳入该平台。网上拍卖之前，法院将在各平面媒体、人民法院诉讼资产网、交易平台网站等发布公告公开有关拍卖信息，实现了信息披露程度的明显提高。报名时，相关手续均统一到西南联合产权交易所受理大厅办理，由项目经理专人负责；竞买人凭借报名后分配的用户名和密码，在家中足不出户就可完成竞拍。网上拍卖不仅有利于彻底摒除司法拍卖中一度存在暗箱操作等问题，更为重要的是，网上拍卖大幅提高了拍卖的参与率和成交率。截至2014年3月底，成都市全市法院共通过网络平台委托拍卖139宗，成交123宗，总成交率88.5%。复杂的股权拍卖，在传统拍卖中一般无人问津，通过网络电子竞价，股权拍卖一拍成交率达到了60%。在传统拍卖中，机器设备和机动车的总成交率一般不超过25%。进入公共交易平台实行网络竞价后，这一现象得到彻底改变。2013年进场拍卖机器设备和机动车39宗，一拍成交25宗，一拍成交率高于房地产。同时，网上拍卖有利于实现拍卖价格最大化：2013年12月3日，对都江堰红璟电力有限公司所属的电站资产在公共交易平台进行网络拍卖，7 名竞买人经过 27 轮网络竞价，最终以 2214 万元成交，增值率 32.26%。其中，一辆套牌交通事故车辆，经过 6 名竞买人 284 轮网上激烈竞价，增值率翻了 9 倍多。总体而言，成都法院通过网上拍卖成交的 123 宗交易，拍卖标的包括土地、商品房、机动车、股权等多种资产，总成交额 6.72 亿元，总增值额约 1 亿元，平均增值率 17.49%，单个标的最大增值率 918.27%。2014 年，四川高院提出，在全省法院强力推行“三个一”制度，要求一个法院只能有“一个诉讼收费账户、一本归口管理的诉讼收费台账、一条网上拍卖渠道”，有效解决诉讼费收取管理和执行拍卖中的不规范不廉洁问题。把网上拍卖作为司法拍卖的主渠道，通过网络与现场同步竞价强化市场竞争，最大限度预防和消除围拍、串拍等暗箱操作问题，最大限度保障各方当事人权益。2014 年上半年，全省法院通过第三方交易平台拍卖成交 566 件涉案资产，成交 7.27 亿元，拍卖成交率达 44.64%，较 2013 年提升 7.14 个百分点。

足不出户即可查询案件进展信息、申请立案再也不必四处来回奔波、庭审活动全程同步录音录像、海量裁判文书由你自由点击、执行信息及执行动态自助查询、执行财产网上拍卖……这一切随着法院司法公开的全面深化——审判流程公开平台、裁判文书公开平台、执行信息公开平台和网上诉讼服务中心成功上线——而成为现实。下一步，四川法院将借助“集群建设、统筹推进”的模式整合已有资源，统一设计部署平台建设工作，统一开发或购买相对成熟的配套软件，统一制定配套硬件设施的配备标准，并统一指导司法公开三大平台的管理与应用，最终形成“全省法院三公开平台集群”。

二　全省检察系统检务公开全国领先

检务公开不仅仅是互联网的建设和公开，更不是为检察院打广告，而是要建立与老百姓互动沟通的平台。检务公开涉及检察业务的方方面面，公开听证、人民监督员对案件的监督、代表委员旁听庭审、基层检察室的建设等，都是检务公开的重要方面。四川省检察院依照最高检察院 2013 年 10 月发布的《深化检务公开制度改革试点工作方案》，确定成都市检察院、自贡市检察院、广元市检察院三个市级检察院以及南充市蓬安县法院、雅安市名山区法院、眉山市东坡区法院三个基层法院作为深化检务公开制度改革试点的市县级法院。

（一）执法办案平台全面应用统一业务软件

为切实提高检察机关信息化应用水平，促进执法规范化，推动检察工作科学发展。四川省检察系统作为全国首批部署应用统一业务软件单位，自2013年10月26日起，着力搭建一个三级检察院纵向贯通、横向集成、资源共享的执法办案平台，并全面推行统一业务应用系统。新受理、办理的案件全部上线运行，全面实现执法信息网上录入、全程网上办案、网上流转、网上审批、网上监督以及执法质量网上考评。从而把执法管理和监督制约的触角伸入每一起案件、每一个执法环节，执法规范的“软约束”变成网络运行的“硬要求”。同年12月6日，四川省三级检察院全面、同步上线运行全国检察机关统一业务应用系统。当日，全省三级检察院案件管理部门共受理案件223件并顺利分流，自此，三级检察机关全部案件实现全程网上运行。此外，全省三级检察院为深化案件管理机制改革，设立案件管理机构，案管大厅、检察室、LED显示屏、宣传栏和微电影、展板、宣传册成为检务公开的重要窗口。

（二）人民检察院案件信息公开网正式开通

作为全国两个首批测试运行省份之一，2014年8月15日，四川省检察机关全面进行案件信息公开系统测试运行工作。自此，全省检察机关将在案件信息公开网上全面开展案件程序信息查询、辩护与代理预约申请、重要案件信息发布等工作。登录四川省人民检察院官方网站，映入眼帘的即是“人民检察院案件信息公开网”的浮标，点击即进入人民检察院案件信息公开网网页，当事人及其法定代理人、近亲属、辩护人、诉讼代理人可查询“反贪、反渎、侦监、公诉、申诉、民事案件”的案由、受理时间、办案期限、办案部门、办案进度、处理结果、强制措施等程序性信息。辩护人、诉讼代理人可以在网上进行“申请阅卷/会见、申请收集（调取）证据材料、提供证据材料、申请自行收集证据材料、要求听取意见、申请变更（解除）强制措施”等事务的预约申请。同时，信息公开网将及时公布重要案件信息，提供起诉书、抗诉书、不起诉决定书、刑事申诉复查决定书等法律文书，社会公众可自助查阅、查

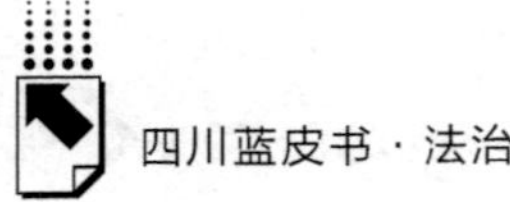

询。在案件信息公开系统中，四川检察机关将严格按照相关规定，真实、准确、全面地发布案件程序、重要案件、法律文书等信息，决不超范围、超时间节点以及人为缩小范围发布信息。

（三）建设网络实时查询举报、控告、申诉平台

四川省检察系统着力加强检察工作信息化建设，搭建控告举报平台，集中管理举报线索，对实名举报做到逐一核实答复，切实转变办案模式，当事人通过网络实现了实时查询举报、控告、申诉，对检察机关的受理、流转和办案流程信息也可进行自助查询。同时，加强12309举报电话的管理，确保电话畅通、专人值守，目前已依法办理控告申诉举报13496件。成都检察院率先深度优化门户网站，并开通腾讯、新浪官方微博、微信、手机报等多个新媒体平台，“检民互动”实现了及时化和多样化。目前，成都市检察院门户网站点击量已突破50万次，新浪微博集群粉丝数近3万人，信息更新达2200余条。

（四）深化人民监督员、特约检察员制度

四川省检察系统已实现由省检察院统一选任人民监督员，即由省检察院统一组织选任全省三级检察机关的人民监督员，建立人民监督员库，并按市级检察院辖区分设子库。同时，积极探索人民监督员“外部化选任制”，即由党委政法委、人大、政协、法院、检察院、工会、共青团、妇联等部门和组织有关内设机构的人员组成“人民监督员选任委员会”，负责人民监督员的选任、增补及职务解除等事项。各检察机关也与人民监督员定期联系交流、通报查办职务犯罪情况、邀请人民监督员参加会议、接待群众信访，邀请人民监督员现场监督搜查、扣押，旁听讯问犯罪嫌疑人，观摩案件庭审，参加回访考察，评查案件质量以及各项检察活动，切实做到检务公开，确保人民监督员监督权落到实处。

（五）完善检察院政务网站、微博平台

自2014年初以来，四川检察院以开通四川检察门户网站为依托，加强门户网站、官方微博、微信等平台建设，深化检务公开改革试点工作，推进覆盖全省的远程讯问网络视频系统和四川检察舆情监测分析系统建设，充分发挥检

察信息化对检察工作的支撑作用。同时，通过加快推进远程视频接访、涉密信息系统分级保护、看守所远程提讯等建设，建立健全案件办理情况查询、新闻发布会等12项制度，提高全省检察信息化水平，以公开促公正，切实提高执法公信力。此外，三级检察院借助“检察开放日”活动，邀请媒体记者、社会各界人士、广大群众走进基层检察院，走近基层检察官群体，见证执法过程，听证执法依据，评议执法状况。

有的地方检察院还通过与地方广播电台联合创办《检察之声》等节目、栏目，定期播放，向听众公布检察院举报电话和官方微博，播报检察要闻和典型案例，宣传检察职能，普及法律知识，有效加强了检察机关与群众的沟通交流，进一步推进了检务公开。有的地方检察院通过设置集中宣传点、开展“法治大讲堂”、“坝坝会”、“茶馆会”、“故事会”等群众喜闻乐见的宣传活动，开展未成年人专题法治宣传周活动，为来访群众提供法律咨询服务，进行法制宣传，公开检务。全省22个市级检察院、100余个基层检察院先后几千名干警深入200余个工地、企业、产业园区等农民工聚集区，设置集中宣传点100余个，发放宣传资料15000余份，开通投诉举报信箱或维权热线电话、设立维权岗或申诉接待窗口等。

虽然2013年度的检务公开工作取得了一定成效，但从宏观层面看，检务公开的进度与政府信息公开、法院司法公开相比，还存在差距，如检务公开的专业性水平较低；工作信息公开滞后；公开的时效性差，使得公开效果大打折扣；网站的信息化保障水平不够，限制了检务公开的成效。

三　全省公安稳妥有序推进警务公开

公安机关执法公开一方面方便和服务群众，充分保障群众的知情权、监督权、参与权；另一方面有利于降低公安机关执法成本，落实和强化外部对公安执法活动的监督。公安部为进一步加强和规范各级公安机关执法公开，解决以往各地执法公开工作中出现的开展不平衡、公开措施较零散等突出问题，在总结提炼基层实践经验的基础上，制定出台《公安机关执法公开规定》，并于2013年1月1日起正式施行。该《规定》是首部全面规范公安机关执法公开的规范性文件，其对公安执法公开工作做了全面、系统的规定，明确了公安机

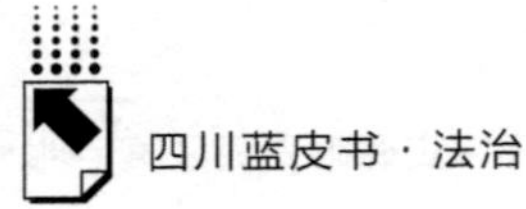

关执法公开的原则、范围、分类、职能部门、内容、方式、时限以及监督救济的渠道等事项。四川公安在《公安机关执法公开规定》的指导下，积极稳妥地推进警务公开。

（一）建设互联网执法公开平台，公开执法信息、提供查询及自助服务

四川各级公安机关从 2013 年 1 月 1 日起，广泛运用机关社区公告栏、政府网上办事大厅，建立信息屏终端查询，提供短信告知服务，发放警民联系卡等多种方式，主动向社会定期公开相应辖区的社会治安状况，对火灾、道路交通、安全形势、安全防范等发布预警信息和实时动态信息。同时，四川各地公安机关充分利用官方网站，公开执法办案信息，推行网上自助办事，并向用户提供在线预约、咨询、申请、受理、执法信息查询等服务。在公安机关执法信息自助查询平台，当事人凭借本人身份证号码和警情编号，通过鼠标点击即能自助查询案件办理进度。此外，公安侦查部门还向控告人，以及被害人、被侵害人或者其家属提供执法信息查询服务。互联网执法公开平台的开通运行使公安机关的执法公开从单向的信息公开，扩大到警民双向交流沟通，有效地深化和拓展了公安机关执法公开的内涵。

（二）加强“四川公安”网站建设，完善网站信息公开与监督功能

升级完善省公安厅政务门户网站“四川公安”，着力打造信息公开、网上服务、警民联系三大功能。首先，在信息公开方面，集中公开政策法规、机构职能、规划计划、人事信息、重点工作、部门电话，集中公布涉及治安、出入境、网络安全、禁毒、交管、边防、消防等业务警种行政管理服务事项的办事指南。省公安厅工作动态、规范性文件、统计数据、便民利民措施和警务信息等重要信息，基本做到第一时间在网站公开。2013 年，省公安厅通过上述渠道主动发布各类信息 1.1 万条，其中，在各类报刊、广播、电视发布公安工作信息 2200 余条（篇）。其次，在网上服务方面，面向社会及时发布警方动态、警情动态、交通路况，为公众提供交通违法行为情况查询服务。2013 年，省公安厅共接受公民、法人或其他组织对政府信息公开相关事项咨询 3000 余人

次，其中网站咨询约800人次，电话咨询约2000人次，微博咨询约200人次。内容主要集中在出入境管理、治安管理、执法监督、刑事侦查、交通管理、经济犯罪侦查工作等方面。再次，在警民联系方面，“四川公安”网站专门开设了“平安四川”、“厅长信箱”等专栏，征集群众对公安工作的意见建议，让群众通过网络举报违法犯罪行为、反映办事遇到的困难和问题，举报投诉民警违纪违法行为。同时，省公安厅还通过“四川公安”网站广泛征集公众对公安工作的意见，加大了对群众征询事项信息的公开力度，确保民众的知情权。“四川公安”网业已成为省公安厅政府信息公开的主要平台，接受群众监督。

（三）广泛组织开展“警营开放日”活动

公安监所对于社会公众而言充满神秘，监所公开也成为所有执法公开中的一大期盼热点。2013年四川公安机关在试点的基础上，通过组织开展“警营开放日”活动，逐步对外开放监所。此外，一些监所还通过邀请新闻媒体参观、采访工作人员；召开被监管人员家属座谈会，组织专家学者法律宣讲会，邀请社会群众参观监所等多种形式，有效促进监管场所警务公开，增进社会公众对公安监管工作的了解。同时，公安机关通过各种方式主动将监管场所的执法依据、执法程序、执法进度以及执法结果向社会公众公示，广泛听取社会各界对监所工作的意见建议，监所公开有力地推动了公安监所文明管理，增进了被监管人员的教育转化，也增强了对在押人员合法权益的保障。

（四）推出电话预约、上门服务等便民举措

为有效改进个别地方公安机关存在的“门难进、脸难看、话难听、事难办”和不作为、乱作为等不良现象，四川各地公安机关开展专项整治行动，纷纷出台便民举措，推出电话预约、网上办理、上门服务等，进一步简化办事程序，尤其是在办户口、办证照上。例如，成都公安出入境管理部门推出“周六延时服务”，市民可在周六前来办理护照、港澳台通行证等因私出国（境）证件。成都公安出入境管理部门并承诺：“只要市民在下班之前排了号，保证办理完最后一个再下班。”同时，严厉查处在办事办证过程中刁难群众、吃拿卡要等行为，大力提倡“阳光”执法，坚决不办人情案、关系案、金钱案，以严格执法取信于民。

（五）充分发挥传统媒体及新媒体的传播优势

四川各地公安积极利用报刊、广播、电视等多种形式，及时公开公安机关警务工作信息和工作成效，发布警情动态，提高了公安工作透明度，较好地服务社会公众。2013 年，省公安厅在各新闻媒体刊发稿件约 1500 篇（次），在省内主流媒体头版头条刊发的公安新闻总条数创造历史新高。同时，为适应社会信息化的发展，在借助电视、广播、报纸、文书告知、电话通知等传统手段外，四川公安还注重将信息公开的渠道拓展至公安微博，有针对性地及时发布信息，积极回应社会关注，拓宽传播受众面和覆盖面，使信息公开工作更加及时、更加有力。2013 年，"四川公安"微博共发布权威信息、警人警事、便民措施及防范攻略等各类信息 1100 余条，先后收到网民的求助、举报信息 587 条。

（六）完善新闻发言人制度

2013 年，省公安厅共组织召开新闻通气会 31 次，及时发布"4·20"芦山地震抗震救灾、"破案会战"、成都财富论坛安保、党的群众路线教育实践活动等不同时期的公安中心工作等方面的消息，及时回应公众关注，满足群众知情权。四川公安依托省公安厅"四川公安"门户网站、"平安四川"微博和主流新闻媒体，及时全面向社会公布公安机关重大决策、重要文件和公安工作动态。完善新闻发言人制度，加强与新闻媒体的合作沟通，及时客观地反映公安工作成效。在窗口服务单位，全面公开相关法律法规、办事程序、收费标准、民警信息，方便群众办事，接受群众监督。对公民依法提出的政府信息公开申请，第一时间依法依规妥善处理并及时回复，切实维护公民的合法权益。四川公安厅在线受理政府信息公开申请，拓宽公民申请渠道，节约公民申请成本。

四　全省司法监狱管理执法狱务公开

四川司法系统充分认识到执法公开的重要性，按照以公开促公正、以透明保廉洁的思路，坚持"大执法"理念，推进狱内公开到狱外公开、监狱公开到社会公开，通过狱务公开机制和平台，推动和展示监狱执法的公正和透明，全面深化狱务公开。

（一）严格执行减刑假释程序，强化监督制度

全国监狱系统全面推进狱务公开，依法公开罪犯权利义务、考核、行政奖罚和减刑、假释、暂予监外执行的条件、程序、结果，以及监狱收押、管理、教育、执法等方面的制度规定。四川监狱系统在新形势下积极推进减刑假释工作的新要求：推进远程开庭审理，加快硬件、软件建设；建立刑罚执行工作联席会议机制，主动做好与法院的积极协调和主动配合工作，切实推进“信息传输网络化”、“开庭审理视频化”等刑罚执行工作信息化。近年来，全省监狱系统未发现一起违规或违法的减刑、假释、暂予监外执行案件，在拒防“有权人、有钱人”腐蚀、反对司法腐败方面成绩突出。

同时，四川监狱系统大力整合社会资源，构建刑罚执行联动机制。四川省监狱管理局多次与省法院、检察院、公安局、司法局等部门沟通协调，定期召开多部门联席会议，着力解决监狱办理“减刑、假释、保释”工作中的急、难问题，在统一思想认识的基础上，于2010年在全国率先与省高级人民法院、省人民检察院和省公安厅联合下发《四川省刑罚执行工作联席会议制度》，有效搭建了刑罚执行工作协调沟通平台，为全省政法各部门保持经常性协作联动，推进刑罚执行工作发展提供了机制性保障。从2009年到现在，全省减刑、假释、保外就医98563件，其中，假释4417件，保外就医2585件，这些案件，到目前为止，无一违反程序，无一违反规定，无一违纪违法。结合最高人民检察院在2014年8月颁发的《人民检察院办理资料规定》，加强对拟提请减刑、假释罪犯系职务犯罪罪犯，严重暴力恐怖犯罪罪犯等资料的审查核实，对原县处级以上职务犯罪罪犯减刑、假释、暂予监外执行案件进行分级复查备案。

（二）建立门户网站、短信平台

四川监狱系统通过建设开通门户网站和短信平台、在监所设置电子触摸屏以及聘请执法监督员等方式，深入推进狱务公开，向社会公开相关法律政策、规范性制度文件以及办事指南，宣传减刑、假释的条件和程序、罪犯离监探亲

和特许离监的条件和程序，介绍监狱的职能职责、发布工作要闻及基层动态，公布各地监所服刑人员改造情况，并对减刑、假释、暂予监外执行的罪犯名单进行公示，从而接受服刑人员及其家属以及社会监督，以公开促公正、保廉洁。

（三）深入开展监狱开放日活动

在社会上，群众对监狱工作还不了解，有的群众依然认为，“拿钱可以减刑”、“拿钱可以假释”，有的群众依然认为狱警可以打犯人，要拿钱疏通关系。为更好地与群众沟通，四川监狱系统坚持开展监狱开放日活动，主动向社会公开监狱的执法行为、刑罚执行流程，接受各方监督。通过现场参观及了解监狱的执法流程，参观者纷纷表示执法流程严格，对监狱的人文管理、亲情管理有直观的体会。2013 年，四川监狱系统先后开展“监狱开放日”、服刑人员改造成果展、“情系高墙·共建和谐”警示教育文艺巡演等活动，有 200 多万名群众参加；同时，不少监狱还坚持每月定期开展监狱长接待日活动，及时解决服刑人员遇到的重大困难，听取和解决服刑人员亲属及社会群众提出的意见和建议；积极开展创建监狱执法示范窗口，展示监狱为民服务的良好形象。

（四）建立服刑人员亲情帮教制度

四川省监狱管理局在官方网站专门开辟了“社会、亲情帮教”栏目，点击即进入“四川省监狱管理局服刑人员帮教网”。该网站在宣传公布各地监狱帮教活动及帮教成果的同时，更注重对帮教需求的公布。针对具体服刑人员的技能等个人信息情况，分类发布关于学习需求、就业指导、教育疏导、安置帮扶、困难帮扶、法律援助、法律咨询、寻找工作等信息，从而发挥全社会之力，通过部门联动，切实为服刑人员提供有效的帮助、教育。同时，各地监狱自 2013 年以来，广泛开展“百子千妻万母”帮教活动、“警民亲”活动、教育质量改造年活动、“法治基层行”活动、“万名服刑人员困难家庭大帮扶”、“回乡看亲人，感恩促改造”等主题教育活动，监狱的党员和领导干部带头走访服刑人员亲属，特别是对在押服刑人员有亲属但长期没有到监狱探视的服刑人员亲属进行重点走访，动员他们到监狱探视自己的亲人，帮助其改造，并认真听取他们对监狱工作的意见和建议。或者主动邀请服刑人员的子女、妻子

（丈夫）和父母，积极参与到对在押服刑人员的帮教中来，利用亲情感化促进服刑人员改造，不断提高教育改造质量。四川监狱组织数万名罪犯接受心理咨询和危机干预，不良情绪得到有效化解。2013 年，四川监狱走访服刑人员亲属 7000 余人，回访假释、保外就医和刑释人员 3000 余人次，组织开展亲情帮教活动近千场。

（五）积极开展“法律七进”活动

自 2014 年 3 月始，全省司法系统以“法律七进”为载体，集中组织开展“法律服务进万村”和“普法宣传进万家”活动，按照“谁执法、谁普法”原则，协调配合工商、税务、交通、建设、质监、安监等行政执法部门，深入乡村、社区、学校、企业、园区，集中开展与群众生产生活密切相关的专题法制宣传。同时，配合相关单位在公路铁路车站、高速公路、民航机场、旅游景点、文化广场、农贸市场等人群集中的场所开展法制宣传教育。另外，全省司法系统推进各级机关普遍建立法律顾问制度，推荐优秀律师为各级机关担任法律顾问；每年组织 1000 支法律服务小分队深入 1 万个行政村（社区）开展法律服务、法制宣传、法律援助，每个小分队每年集中开展活动不少于 2 次。

B.8

通过社会稳定风险评估确立源头治理新格局

冼志勇 *

摘　要：党的十八届四中全会《决定》明确提出，把风险评估确定为重大行政决策法定程序之一。而伴随着全面改革的深化，四川省面临影响经济发展与社会稳定的风险与矛盾激增。从源头治理出发，建立健全重大决策社会稳定风险评估机制，是防范与解决影响社会稳定的风险与矛盾隐患的新思路，具有推广适用的现实紧迫性。在四川省努力实现社会稳定风险评估全省覆盖的大背景下，本文从基本情况、取得成效两个维度总结了四川省经验，并梳理了尚存在的问题，提出了具有针对性的政策建议。

关键词：社会稳定　风险评估　源头治理

一　四川省建立健全社会稳定风险评估机制的缘起

（一）现实迫切需要

近年来，伴随着全面深化改革迈入“深水区”，四川省面临影响经济发展与社会稳定的风险与矛盾激增。各类利益群体的博弈以及利益格局的调整致使矛盾对社会的冲击被放大，各类因素导致的上访事件、群体性事件、维权事件

* 冼志勇，四川省社会科学院法学研究所助理研究员，法学博士。

呈现多发态势。根据四川省的现实省情迫切需要建立社会稳定风险评估机制，从源头治理入手进行事前评估、超前预测、提前防范，增强风险的可控性。四川较为突出的现实省情包括：一是城乡二元经济结构导致的社会矛盾较为突出；二是多民族治理形势严峻，藏区反恐与社会治理的任务重、压力大；三是三峡移民以及省内各电站移民众多，利益诉求多样复杂；四是涉军、民办代课教师、乡镇“八大员”等历史遗留问题突出；五是地震灾区社会治理难度增加。

（二）政策强力推动

受中央与四川政策的双轮驱动，社会稳定风险评估机制在四川得以建立健全，其过程可分为以下阶段。

1. 基层治理创新探索阶段

四川于2005年始，率先在多地逐步探索社会稳定风险评估机制的建立健全路径。

2. 地方经验提升为中央政策阶段

党的十八大报告指出“要建立健全重大决策社会稳定风险评估机制”，将社会稳定风险评估从地方基层治理经验提升为中央政策。党的十八届三中全会通过的《中共中央关于全面深化改革若干重大问题的决定》再次强调“健全重大决策社会稳定风险评估机制”。① 党的十八届四中全会《决定》进一步提出：把风险评估确定为重大行政决策法定程序之一。②

3. 全省覆盖阶段

2013年12月，四川省委印发了《四川省依法治省纲要》，把社会稳定风险评估纳入依法治省的重要举措。2014年在四川省委十届四次全会上王东明书记强调，“在推进改革中，要强化底线思维，落实重大决策社会稳定风险评估机制”，避免因决策不当、虑事不周而引致矛盾。四川省在坚持“依法治

① 中央政法委书记孟建柱在党的十八届三中全会上也强调：“要坚持科学、民主决策，充分发挥协商民主的优势，对直接关系群众切身利益的重大事项做到应评尽评，努力使社会稳定风险评估过程成为倾听民意、化解民忧、赢得群众理解支持的过程，提高评估科学性和公信力。”

② 党的十八届四中全会《决定》明确提出：“把公众参与、专家论证、风险评估、合法性审查、集体讨论决定确定为重大行政决策法定程序，确保决策制度科学、程序正当、过程公开、责任明确。”

省”的法治理念和工作方法中，不断探寻重大决策社会稳定风险评估机制的创新路径，并积极推进2013年、2014年地方立法，努力实现社会稳定风险评估全省覆盖。作为基层治理创新的方式，社会稳定风险评估已成为省委省政府及省内各地党委政府进行决策的重要前置程序。

二　四川省社会稳定风险评估的实践探索

四川社会稳定风险评估的实践探索自2005年至今已历时10年，经历了三个发展阶段，具体见表1。

表1　四川社会稳定风险评估实践探索的阶段

第一阶段:2005～2009年,机制探索阶段
1. 2005年初,遂宁、攀枝花等地频现因重大工程建设导致的群体性事件,遂宁市率先探索建立重大工程建设项目风险预测评估制度。主要内容包括:(1)把稳定风险评估设置为新建重大工程开工建设的前置程序;(2)评估结果直接影响重大工程的建设情况。
2. 2005年7月,四川省委维稳办召开“全省建立重大工程项目稳定风险预测评估制度座谈会”,对遂宁基层治理实践进行总结。
3. 2006年2月,《遂宁市重大事项社会稳定风险评估化解制度》出台;四川省委维稳办起草推进稳定风险评估的意见。
4. 2006年11月,省委发布《省委政法委关于推进社会稳定风险评估工作的意见》,对社会稳定风险评估的适用范围、责任主体、评估程序进行了界定。
5. 2007年4月,中央维稳办对四川省社会稳定风险评估机制的实践探索进行调研。
6. 2007年5月,中央维稳领导小组发文向全国推广四川省社会稳定风险评估的实践经验。新华社、中央电视台、《人民日报》、《四川日报》等多家媒体进行了宣传报道。
7. 2007年6月,四川省召开社会稳定风险评估工作经验交流大会,省属各行政部门,针对各自职能范围内的重大事项,制定专项评估制度与配套办法。
8. 2008年6月,《关于深化社会稳定风险评估工作的意见》对于8个重点领域的评估内容进行了细化。
9. 2008年7～12月,在国土资源、水利、交通、环保等领域制定了较为规范的评估办法。
10. 2009年,省委、省政府起草《四川省社会稳定风险评估办法(草案)》。
第二阶段:2010～2012年,立法建设阶段
11. 2010年,“全省深化规范社会稳定风险评估机制座谈会”举行,讨论《四川省社会稳定风险评估办法(草案)》。
12. 2010年12月1日四川省第一个“风险评估”地方性政府规章《四川省社会稳定风险评估暂行办法》(省政府令第246号)正式实施。

续表

第二阶段:2010~2012年,立法建设阶段
13. 2011~2012年四川省各地逐步推广社会稳定风险评估机制,21个市(州)、183个县(区、市)和17个重点省直部门对社会稳定风险评估制定了适用于各地基层的细化实施办法。
第三阶段:2013年至今,法治深化阶段
14. 2013年10月,《四川省社会稳定风险评估责任追究暂行办法》(川委办〔2013〕20号)通过并实施,主要强调:评估主体责任追究制度。
15. 2014年10月,《关于深化政务公开工作的意见》(川府发〔2014〕64号)明确要求把"风险评估"作为与"公众参与"、"专家论证"、"合法性审查"、"廉洁性评估"和"集体讨论"相并列的重大决策必经程序。
16. 2014年11月,四川省深刻领会中共十八届四中全会《决定》要求,把社会稳定风险评估作为推进全面深化改革和推进依法治省的重要内容和重要保障。

三　四川省社会稳定风险评估机制运行成效与经验借鉴

(一)运行成效

四川省自2011年以来按照《四川省社会稳定风险评估暂行办法》将社会稳定风险评估纳入对地方党委、政府的目标考核事项，并将其作为2014年重点督查事项，党政各部门在各自工作职责范围内进行风险评估。根据四川省委维稳办提供的统计数据显示，四川省社会稳定风险评估机制的运行获得良好的成效。

1. 评估数量与排除隐患

2005年至今的10年间，四川省通过社会稳定风险评估机制进行评估的事件数为1.5万余件，排除涉稳隐患2.4万余个；2007年至今的8年间，四川省通过社会稳定风险评估机制进行评估的事件数为1.3万余件，排除涉稳突出隐患2万余个。截至2014年8月的最新统计数据表明，全省825个涉稳问题通过社会稳定风险评估得到有效解决，共排查不稳定因素1136个，经调处解决有795个，滚动调处率70%。

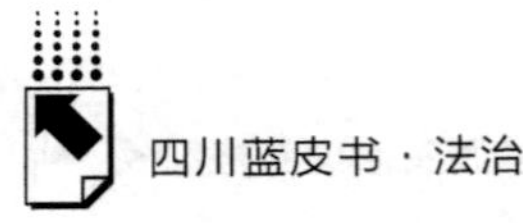

2. 群体性事件的发生率

全省群体性事件 2011 年同比下降 87.2%，2012 年同比下降 72.2%，呈逐年下降趋势；2014 年前八个月全省发生群体性事件仅 6 起，比上年同期减少 6 起，下降 50%。[①]

3. 制度体系完善

四川省 21 个市（州）和 183 个县（区、市）全部出台了地方性评估办法或实施细则，19 个省直部门共出台各类指导意见、实施细则等稳定风险评估工作方面的规范性文件 28 个。

（二）经验借鉴

1. 党委政府决策者须高度重视并深刻认识社会稳定风险评估

党委政府决策者对社会稳定风险评估的认识深度与重视程度，决定了社会稳定风险评估机制的完善程度，从而进一步预示了社会矛盾风险预防和化解的程度。四川省逐步完善党委政府领导推动、维稳部门牵头协调、相关部门协同落实的风险评估工作机制，正是近 10 年四川省社会稳定风险评估机制运行良好的基础前提。

2. 社会稳定风险评估的责任主体须明确

责任主体包括两个：其一，作为决策主体的各级党委、政府；其二，负责政策起草、改革牵头、项目报建、工程实施、活动承办等具体部门。

3. 社会稳定风险评估须做到科学化、制度化、法治化

社会稳定风险评估须经过评估方案拟定、部门内部评审、专家评审（或第三方评估）、各方共同论证、风险评估报告和维稳预案拟定、出具报告、消除隐患、跟踪监督等一系列评估程序，使重大决策科学化、制度化，并通过立法程序使社会稳定风险评估法治化。

4. 社会稳定风险评估的方法须结合实际大胆创新

在四川省社会稳定风险评估机制完善的过程中，遂宁市运用“三个体系”、“三个环节”、“三个创新”的评估方法，南充市创新风险评估重大事项明细表，广元市印发《稳评工作手册》，眉山市推行稳评“六三”工作法，泸

① 数据来源于中共四川省委维稳办。

州市风险评估备案环节“三看三查”，内江市制定风险评估指标及标准等，这些大胆的地方创新和实践，构成四川省社会稳定风险评估机制的坚实底座。

5. 社会稳定风险评估须前置于重大决策以保证成效

成都、广元、甘孜、阿坝、凉山等地把重要商贸、重大佛事、传统节庆、执法办案活动列入社会稳定风险评估范围并在施行前严格落实社会稳定风险前置评估。

四　当前社会稳定风险评估存在的主要问题

1. “消极评估”、“象征性评估”、“选择性评估”现象仍然存在

部分地方与部门评估意识不强，主要体现在：①认为社会稳定风险评估对地方与部门工作造成负担，并由于社会稳定风险评估的前置性与门槛性，会降低行政决策效率与社会经济效用，从而“消极评估”；②对社会稳定风险评估机制所规定的程序“走过场”，程序简单化、形式化，进行“象征性评估”；③以自身地方或部门利益为衡量基点，忽略评估的科学性与客观性，最终“选择性评估”。

2. “未能应评尽评”现象时有发生

目前四川省各地制定的《社会稳定风险评估实施细则》把评估主体范围局限于党委政府及其所属部门，对企事业单位、经济组织和社会团体均未覆盖，且部分评估主体未完全履行社会稳定风险评估责任，对风险认识不深、意识不强，其自身对“重大事项”的理解也不一致，造成某些重大事项未能“应评尽评”，如重大经济事项较多的成都市高新区，在2013年进行社会稳定风险评估的事项仅为2件；地方区县、部门并没有严格落实国家、省、市的政策要求，将“政策制定”、“改革出台”、“项目上马”、“重大活动”前置于社会风险评估工作。

3. “先上车后补票”、“上车不购票”现象仍然存在

部分地方与部门为了追求行政决策的高效率与项目审批的高效用，往往先决策、上项目，后补社会稳定风险评估或者干脆不评估，没有把社会稳定风险评估的前置性把关作用发挥出来。

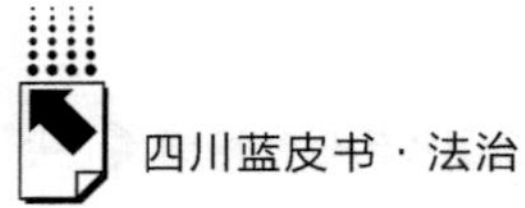

4. 社会稳定风险评估质量不高

社会稳定风险评估的质量不高，主要因为：在进行社会稳定风险评估过程中，各部门独自闭门造车，未能广泛听取各方特别是专家与第三方评估机构的意见，未能严格、规范按照评估步骤完成评估程序，未能提升公众参与度。所以，评估质量受到影响，未能做到细评深评，所评估的风险不甚全面、准确。

5. “三不平衡”现象较为突出

所谓“三不平衡”现象是指：①评估在地域间不平衡。省内各市（州）之间、县区之间对社会稳定风险评估的认识和发展程度不一，对社会稳定风险评估机制的执行力度不一。②评估在党政部门间不平衡。省内不同地域不同部门间、同一地域的不同部门间对社会稳定风险评估机制的执行力度亦有强弱之分。③各评估类型的评估比例不平衡。往往是经济类项目评估比例最大，其他评估类型因利益平衡的考量而较少采用。

6. “评价标准”不统一

全省大部分地区社会稳定风险评估机制是依“遂宁模式”而建立的，对合法性、合理性，可行性、可控性进行评估，但各地对上述四项评估内容的理解却差异较大。由于缺乏省上统一细化的社会稳定风险评估指标，各地负责部门对评估内容的定性、定量、风险等级等容易形成理解偏差，而在基层执行时又容易根据自身经验性判断形成二次理解偏差，从而最终影响整个社会稳定风险评估机制的良好运行。

7. 评估“监管不严”，缺乏“全程监控”

目前四川省尚未能建立一套从省级到地方的专门风险评估监管机制，也没有明确具有监管权力的评估监督机构。在监管权力不明确的情况下，评估过程监管、评估责任承担、评估过程规范、评估后隐患防范等工作容易落空，造成评估“监管不严”，缺乏“全程监控”。

五　完善四川省社会稳定风险评估机制的政策建议

（一）达成实施社会稳定风险评估的共识

构建社会稳定风险评估机制是新时期维护社会稳定的创新意识和重大举

措。完善社会稳定风险评估机制，不仅为社会管理、法律研究等提供了重要的理论依据，也为政策调整、制度完善等提供了重要的实践参考。

第一，应从统筹全局出发，建立社会稳定风险评估实施的各级组织领导制度，注重各级维稳部门间的协同合作，并充分领会社会稳定风险评估的重要性，切实发挥各自的担当作用，明确权利，落实责任。

第二，各级维稳部门要认真领会中央和省委在社会稳定风险评估工作上的政策规定和相关要求，充分提升思想认识，努力加强风险、责任、服务和担当意识，全面达成实施社会稳定风险评估的共识。应通过多种学习形式，如印发文件、理论学习、实地考察、专题培训等，提升各责任主体对社会稳定风险评估工作的主动性与积极性，实现机制建设和实施运行并举。

第三，增强各地与部门评估意识，通过加强社会稳定风险评估的宣传，根除地方部门“消极评估”、“象征性评估”、“选择性评估”的思想根源。作为前置程序，社会稳定风险评估，不仅不会令部门利益受损，还会一方面因减少决策失误而降低决策者及其所在部门的责任风险，降低受责成本；另一方面则因评估后的正确决策，增强决策者和部门的社会公信力，产生正向效用。

第四，各级党委政府在做决策时，应不仅考虑决策带来的经济效益，更应该从维护社会稳定的角度出发，全面衡量决策在执行过程中对外部环境产生的影响，如对社会环境、经济环境、生态环境等带来的综合影响及社会稳定风险；同时充分考虑决策自身存在的社会稳定隐患，如决策在合法性、科学性、可行性、社会性、安全性等方面是否存在较高的社会稳定风险。

（二）推进社会稳定风险评估的实施进程

首先，各级党委政府应树立社会稳定风险的责任意识，引导各有关部门形成风险评估的自觉行为和规范动作，并延伸覆盖各乡镇与区县部门，实现全层级、全区域覆盖。

其次，决策者明确把风险评估置于决策之前。开展社会稳定风险的事前预估工作，从根源上化解各种影响社会稳定的风险。部门决策者应提高程序前置意识，避免先决策、先上项目，后补社会稳定风险评估或干脆不评估的事件发生，杜绝把风险评估作为“后置”或“不置”程序的现象，充分发挥社会稳定风险评估的前置性把关作用。

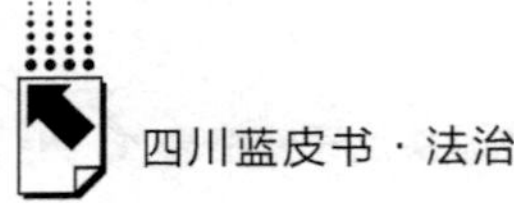

再次，在社会稳定风险评估的实施进程中，应由各级维稳部门牵头，对评估工作进行整体的指导、协调和监督。各级维稳部门应通过调查研究，积极探索如事项报备、分级分类评估、风险协同评估、风险评估效果评价、信息化评估等多种创新方式，提升各级维稳部门的技能水平和协调能力，推进社会稳定风险评估实施制度、配套制度的落实。

最后，在进行社会稳定风险评估过程中，广泛听取各方特别是专家咨询意见与第三方评估机构的意见，严格、规范按照评估步骤完成评估程序，提升公众参与度，力争做到细评深评，所评估的风险全面、准确，从而提高风险评估的质量。

（三）实现评估主体的范围扩大和权责清晰

1. 扩大评估主体，做到“应评尽评”

四川省各地在修订《社会稳定风险评估实施细则》时，应把评估主体范围从党委政府及其所属部门，扩大至企事业单位、经济组织和社会团体。同时，加强评估主体对社会稳定风险评估机制的理解，如加强对风险的认识，强化风险评估意识，厘清“重大事项”概念的界定等，做到重大事项“应评尽评”。

2. 厘清评估主体间的权责关系

为了避免责任主体既成为评估“运动员”又成为评估“裁判员”的双重主体身份——既是组织实施风险评估的主体，也是评估结果审定的主体，社会稳定风险评估的责任原则首先应坚持“谁主管、谁决策，谁评估、谁负责”原则，以制度和规范的形式确定各有关主体包括决策主体、评估主体、责任主体的职权和责任，以防止社会稳定风险评估过程中的职权重叠以及相互推诿，保证社会稳定风险评估程序中各环节的顺利进行。

3. 监督评估主体的权责分担

借助专家与独立的第三方力量，建立各级评估咨询专家库以及引入第三方评估机制，对评估主体的权责与相互关系进行监督。

（四）构建社会稳定风险评估指标体系

第一，全面、科学的社会稳定风险评估指标体系，是社会稳定风险评估工作中的重要环节，是评估工作能够顺利实施并取得成功的重要保障。相关部门对社会稳定风险评估的合法性、合理性，可行性、可控性四项内容的评价标准要进行细化统一，以避免各方进行评估时根据自身经验性判断形成理解偏差。

第二，科学选择社会稳定风险评估指标。其一，细化社会稳定风险评估的定性指标；其二，尝试设计社会稳定风险评估的定量指标；其三，对评估内容依据不同类型的评估事项进行分类化、表格化、计分化管理。

（五）建立评估范围的动态调整机制

已有的机制对评估范围的限定是固化的，根据中办发［2012］2 号文件《关于建立健全重大决策社会稳定风险评估机制的指导意见（试行）》，明确针对重大决策事项进行评估，涵括重大工程项目建设、重大政策制度及其他决策事项。而根据《四川省社会稳定风险评估暂行办法》第四条的规定，社会稳定风险评估主要包括 11 个重大事项。[①] 但社会稳定风险评估的根本目的在于从源头治理出发，防范与解决影响社会稳定的风险与矛盾隐患，而影响社会稳定的风险与矛盾在不同的经济与社会发展时期其表现形式又各有不同。某些在当前并不突出、不被认为是隐患的因素在未来极有可能转变为影响社会稳定的重大因素。有鉴于此，评估范围的动态调整尤为重要。

在具体评估范围的动态调整机制的构建方面，应当明确风险评估范围以及

① 《四川省社会稳定风险评估暂行办法》第四条规定：“凡是与人民群众切身利益密切相关、影响面广、容易引发社会不稳定问题的重大政策和重大工程项目等决策事项，地方各级党委和政府、各有关部门在做出决策前都要组织进行社会稳定风险评估。①国有企业（国有控股企业）改制、重组、上市、拆迁等事项，事业单位机构改革事项，国有企业（国有控股企业）职工收入分配制度重大改革事项；②养老、医疗等社会保险制度及促进就业政策等重大调整，社会救助政策重大调整等；③经济适用住房、廉租住房等住房保障政策重大调整，城市基础设施建设、旧城改造中的拆迁补偿、居民安置等政策重大调整，房地产市场、物业服务管理等政策重大调整；④水、电、燃气、粮食、公共交通、教育、医疗、药品等关系群众切身利益的商品、服务价格和收费标准重大调整；⑤农村土地经营权流转及农民土地征收征用、拆迁、补偿、安置和移民安置等方面重大政策和改革措施；⑥可能造成环境严重恶化或加大污染物排放的重大建设项目等；⑦重大自然灾害和重大疫情的预警防控方案，食品、药品安全预警防控监测方案，重大安全、质量事故处置，洪水、干旱、地震等重大自然灾害后的重要恢复重建项目建设；⑧涉及人员多、敏感性强，可能对社会稳定产生影响的重大活动；⑨可能对历史问题带来影响的重大事项；⑩有关民生问题的行政规范性文件的制定；⑪其他涉及群众切身利益的重大事项。”

范围的动态调整标准。动态调整程序是：以评估范围的基准为基础，按照动态调整标准和更新时间段，扩充或减少可能发生危害社会稳定的可评估事项。比如，2013 年 6 月，成都市举办全球财富论坛，成都市委市政府把“重大活动”纳入社会评估范围，对包括对敌斗争、人民内部矛盾、反暴力恐怖犯罪 3 个大项 25 个小项在内的风险因素进行评估，排除了 32 个影响社会稳定的风险与矛盾隐患，为全球财富论坛顺利举行保驾护航。

（六）强化风险评估结论的交流运用

1. 对重大事项风险评估结论应当进行明确分类并加强结论的运用

（1）若评估结论判定为事项“存在较小风险”，可在向群众做出解释满足其合理诉求后实施决策。

（2）若评估结论判定为事项“存在一般风险”，须化解风险后做出决策。

（3）若评估结论判定为事项“存在较大风险”，应慎重考虑做出不实施决策或者调整相关事项内容以预防风险后再予以实施。

（4）若评估结论判定为事项“存在重大风险”，予以“一票否决”，不予施行。

2. 建立评估交流机制

以需求为导向，通过建立省与各地方、各地方之间的不定期评估交流机制，厘清和加强省内各市（州）之间、县区之间对社会稳定风险评估的认识程度、发展程度和执行力度，并就评估结果进行交流，共同探讨如何提升评估质量和评估效果。

（七）建立健全评估全程监管机制

1. 针对现行的四川省社会稳定风险评估机制建立健全全程监管机制

建立一套从省级到地方的专门风险评估监管机制，明确具有监管权力的评估监督机构。进一步对评估过程监管、评估责任承担、评估过程规范、评估后隐患防范等进行监督。

2. 加强评估过程监管重在遵循三个原则

评估前，坚持不得做出决策原则；评估时，坚持全程跟踪监管和风险防控原则；评估后，坚持后期追踪和防范隐患原则。

3. 应保证评估过程的标准化、清晰化

从评估的多方意见听取、专家或第三方论证、风险等级认定、评估报告析出到评估监督与追踪反馈等评估环节均须做到标准化与清晰化。

（八）完善社会风险评估支撑机制

对社会稳定风险评估备案审查机制、工作会商机制、台账管理机制、督查督办机制等支撑机制进行进一步完善。探索社会风险的“定量评估”方法，把“定性评估”转变为“定量评估”，通过评估“风险等级”等制定量化评估指标，探索建立社会稳定风险评估定量指标体系。

（九）加快建设高素质的评估人才队伍

1. 建立多层次评估业务培训机制

以培训班、以会代训、学习交流等多元灵活方式，让评估人员快速掌握评估的内涵与外延、评估的权责主体、评估的范围、评估的程序、评估的业务技巧与评估报告的编写技巧。

2. 定期更新社会稳定风险评估专家库

从高校、科研机构、公检法部门定期抽调社会稳定风险评估方面的专家，以专业评估力量解决评估时部门认识的局限性问题。

3. 构建基层评估人才激励机制

社会风险评估人才属于专门人才，应避免兼职任职，构建相关配套激励机制挽留基层社会风险评估人才，避免出现基层评估人才流失严重的现象。

（十）加快推进风险评估地方立法进程

党的十八届四中全会《决定》进一步提出：把风险评估确定为重大行政决策法定程序之一。在国家“依法治国”以及四川省“依法治省”的双重战略驱动下，加快推进社会稳定风险评估地方立法进程，一方面使社会稳定风险评估更为规范化、法治化；另一方面丰富完善社会稳定风险评估机制的各项内容。

B.9

社区矫正的现状、反思与展望

李 霓*

摘 要： 四川省社区矫正已有近十年的工作实践，取得一定的成绩，为法治四川建设做出了相当大的贡献。但由于历史和社会原因，《社区矫正法》迟迟未能出台。因此，必须探索建设具有本地特色的社区矫正组织制度、工作制度、协作制度，为完善立法积累实践经验。

关键词： 四川 社区矫正 现状 反思

中共十八届三中全会提出废止劳动教养制度，在经历了六十年风风雨雨后，劳动教养制度终于退出历史舞台。与此同时，最高决策层将社区矫正制度正式推向前台。社区矫正是国际通行的保安处分手段。在我国刑罚制度中，社区矫正和监禁矫正是两种不同的刑罚执行方式，虽然在本质上都是惩罚和改造罪犯的法定形式，但社区矫正是指在司法行政机关的指导下，由社会专业团体、民间机构和社会志愿者提供专业服务，将符合社区矫正条件的已确定服刑期限的罪犯放置于社区内，通过劳动和社会救助来矫正罪犯的罪恶心理和根除恶习，在较短的时间内顺利地回归社会的非监禁刑罚执行活动。2003 年以来，我国在一些较发达地区开始社区矫正试点工作，2005 年扩大试点，2009 年全面试行。经过十多年实践，我国社区矫正工作终于取得一些成绩。

---

* 李霓，四川省社会科学院法学研究所副研究员。

一　四川近年来社区矫正建设状况

（一）全省范围内开展社区矫正工作，取得良好的法律效果和社会效果

四川省作为全国第二批试点省份于2006年启动实施社区矫正工作，2010年在全省铺开，2014年全面推进。目前，全省100%的市（州）、100%的县（市、区）、100%的乡镇（街道）已全面开展社区矫正工作。根据四川省司法厅向司法部社区矫正局汇报材料，截至2014年9月底，全省累计接收社区服刑人员97953人，顺利解除社区矫正获得人身自由的有59830人，还处在社区矫正过程中的有38123人，在社区矫正期间矫正人员再犯罪率为0.2%，社区矫正工作取得令人满意的结果。

（二）在制度建设方面探索完善机制，四川省基本确立具有一定地方特色的社区矫正模式

从社区矫正工作的试点到工作的全面铺开，四川省司法厅单独或联合其他单位先后制定出台了《开展社区矫正试点工作实施意见》、《全面开展社区矫正工作实施意见》、《关于全面推进社区矫正工作的意见》和《社区矫正工作衔接规定》、《社区矫正对象考核奖惩办法》、《社区矫正工作者管理规定》、《社区矫正对象档案管理规定》等规范性文件。做到在社区矫正的每一个环节，都有章可循：制定的《社区矫正社会调查评估办法》，是对社区矫正审前调查工作进行规范；制定的《社区矫正实施细则（试行）》，进一步细化明确了社区服刑人员从接收到期满解除整个矫正过程的工作流程、内容、标准、要求和措施以及社区矫正职能部门的职责、任务，对社区服刑人员判、交、送、接、管、帮、罚等环节衔接制度做出具体规定。林林总总一系列细则规定办法从制度层面上确立了四川省社区矫正工作模式。

（三）在机构设置方面集八方之力，各司其职，初步形成四级工作网络

四川省社区矫正工作在从试点到全面开展的八年来，已形成较为成熟的领

导体制和工作机制：在党委政府统一领导下，四川省在省、市、县、乡镇（街道）四级机构分别成立了由司法行政部门牵头指导管理和组织实施，由多部门协调配合参与的社区矫正工作领导小组及其办公室，在这个机构之下，通过购买或者以志愿者的形式集聚社会力量广泛参与。司法行政部门通过建立社区矫正工作联席会议制度，形成党委政府联动工作机制。具体的是司法厅（局）设立了社区矫正处（科、股）或加挂社区矫正处（科、股）牌子，工作重点是把社区矫正下放到基层县级司法行政机关，建立健全社区矫正专门机构，把具体工作交由司法所，各司法所建立社区矫正工作站。目前有 2 个市、27 个县（市、区）探索成立了社区矫正执法支（大）队。

（四）在队伍建设方面探索多种路径，着力提升执法工作能力

四川省各级政府在社区矫正人员配置上，把工作力量向基层倾斜，不断充实基层司法所执法队伍。落实到基层社区矫正工作方面，在政法机构编制较少的情况下，确保每个基层司法所有 1 名专职社区矫正人员。同时，全省从各个不同的角度探索社区矫正工作队伍建设模式：成都、绵阳以司法行政部门为主导、其他部门配合的社区矫正模式，社会工作者以志愿者为主；自贡、内江等地探索建立了政府购买社区矫正非执法类公共服务新机制，由司法行政部门出面，通过政府统一购买服务的方式拥有一批专业社区矫正社会工作者队伍。根据四川省司法厅《四川省社区矫正工作总结及下一步打算》提供的数据，截至 2014 年中期全省社区矫正社会工作者 4655 名，与社区服刑人员之比约为 1∶8。同时，各级相关机构对社区矫正工作人员按照统一规划、分级负责、分类指导的原则，采取集中学习、岗位培训、观摩交流等多种形式，通过各种方式加大对社区矫正工作队伍培训力度，在现有基础上尽可能地提高社区矫正人员的执法能力和工作水平。

（五）在监管帮扶措施方面落实工作任务，努力出成效，不断创新社区矫正社会效果

四川省各地围绕监督管理、教育矫正、社会适应性帮扶三项工作任务，在落实上狠下功夫。在监督管理方面，严格执行社区服刑人员报到、居住地变更、外出请销假、教育学习等规定，严格落实一人一矫正小组，通过谈话、走

访等加强日常监管，探索运用手机定位等现代科技手段加强实时监管，对违反监督管理规定的实施严肃警告、治安处罚、撤销缓刑、撤销假释、收监执行处罚。在教育矫正方面，加强对社区服刑人员公共道德教育、法律常识教育和时事政策教育，组织社区服务，实施心理矫正，开展个案矫正，增强了教育改造效果。在社会适应性帮扶方面，针对城市和农村社区矫正人员采取不同的措施，将生活贫困符合最低生活保障条件的城市籍社区服刑人员纳入城市最低生活保障范围，为生活无着落的农村籍社区服刑人员落实承包田或找一份工作，为有需求的社区服刑人员提供技能培训和就业指导。同时，注重监管措施的创新，各地创建了形式多样的警示教育基地、社区服务基地、社区矫正就业基地，成都市青羊区、泸州市泸县、南充市高坪区、绵阳市安县着力推进融思想教育、技能培训和就业安置为一体的社区矫正场所建设，内江、宜宾等地运用信息化手段建立“电子围墙”，绵阳市涪城区建立“6+1”（联动、教育、帮扶、评估、保障、信息+协会）社区矫正工作模式。所有这一切努力是为保证社区服刑人员在完成社区矫正后，顺利融入社会，重新回归社会。

二　绵阳市、眉山市、遂宁市社区矫正实践分析

（一）社区矫正的“绵阳模式”

四川省各级政府都试图在现有司法体制下，合理统筹政府、专业队伍、志愿者三方面关系，对社区矫正进行有益尝试，并取得相应成效。

其中，社区矫正工作比较突出的是绵阳市，又称为“绵阳模式”。绵阳市社区矫正工作从2005年试点以来，总结探索一套较为完整的社区矫正工作机制，搭建了下属各地各种社区矫正工作平台，如游仙的审诉前评估、涪城的社区矫正对象中期风险性评估机制、平武的社区矫正人员1500元经费纳入财政保障机制、三台的社区矫正工作纳入电子信息系统建设机制、安县的社区矫正管理服务中心，各地纷纷探索为绵阳市社区矫正工作的规范化、法制化建设闯出了新路，也成为四川省社区矫正工作的标杆。其中“安县模式”和“游仙模式”是绵阳市的品牌和亮点，成为全省较为完善可行的社区矫正工作模式。

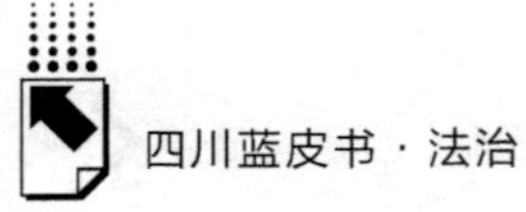

1. “游仙1345模式”——设立一个机构、组建三支队伍、建立四大基地、树立“五化”理念

设立一个机构，加强组织保障。2012年6月，经绵阳市游仙区委编委批准设立了“绵阳市游仙区司法局社区矫正执法大队”，加强了对社区矫正工作的组织保障，并落实每人每年3000元标准列入财政预算，解决了经费问题。

组建三支队伍，配备工作力量。组建了专业的执法队伍、社区矫正志愿者队伍和矫正志愿者协会，形成“一帮一”“多帮一”的帮矫队伍，加强对矫正人员帮扶，让社区矫正工作规范有序运作。

建立四大基地，强化矫正支撑。区司法局还建立了“公益劳动基地、技能培训基地、心理矫正基地、警示教育基地”四大基地，强化了社区矫正的支撑。

树立“五化”理念，确保矫正成效。区司法局把执法规范化、办案程序化、管理人性化、服务亲情化、待遇市民化的“五化”理念融入矫正人员的社会管理之中，采取一系列措施，努力形成“政府主导、社会参与、点面结合、分类实施、上下联动、齐抓共管”的游仙特色管理格局，加强了对社区矫正人员的监管。

“游仙模式”的最大亮点是通过组建公益劳动基地、技能培训基地、心理矫正基地、警示教育基地作为社区矫正的支撑，社区矫正人员参加劳动和技能培训，掌握一技之长，并通过心理矫正和警戒教育，让社区矫正人员洗心革面，对自己的罪行有正确认识，并真正重新回到社会正常轨道上来。游仙区司法局和游仙区民政局联合下文，规定只要符合参加公益劳动条件的社区服刑人员，必须按照司法所的要求在规定的时间，到指定的地点服从安排，参加劳动。对服刑人员矫正表现的好坏严格按照《社区矫正实施办法》、《游仙区社区矫正人员奖惩办法》评估。社区矫正时的劳动过程由所在司法所全程监控，并按照高效规范的执行机制进行评估。在社区矫正服刑期间，对符合参加公益劳动条件而无故不参加公益劳动的服刑人员，区司法局对其进行三次警告后仍无变化的，由区司法局进行决定后，向原决定机关提出撤销缓刑、假释、收监执行建议。社区矫正服刑人员在基地，由司法所工作人员和社区矫正志愿者运用专业工作方法，开展长期有针对性的矫言、矫行、矫心“三矫”活动，并对服刑人员进行心灵救治，不断展开“重塑灵魂 人性关爱”的治病救人系列活动。除了对社区矫正服刑人员从生理和心理进行教育改造外，司法所工作人员在监督管理过程中还从生活、就业等方面真正帮助矫正人员，并在政策允许的范围内为确有困难的社区矫正人员提供最低生活保障、就业支持、小额项目帮扶等多方位生活救助。所有这些措施都是让社区矫正实现其预防犯罪，改造罪犯，促使服刑人员早日回归社会，促进社会和谐稳定的目的。

2. “安县123模式”——创新一套机制、构筑一个平台、强化三个规范

安县社区矫正工作经过多年的探索和实践逐步形成“一套机制”、“两个平台”、“三个规范”的社区矫正“123”工作模式，即建立了涵盖党政主导的领导机制、专业执法的合力机制、部门协同的联动机制、分级预算的保障机制、多级监察的监督机制等一整套社区矫正长效机制；构筑了“1 +7”信息管理平台和“三中心一基地”帮扶平台及两个社区矫正平台；进一步规范了执法流程、档案管理、运行机制。

“安县模式”的最大亮点是运用技防手段，对全县社区矫正人员启用 GPS 手机定位监管。实现了对社区矫正人员在全国任何地区的 24 小时的行踪监控、越界报警，通过系统短信发布警示教育信息等。

启用社区矫正和安置帮教信息管理平台的重大意义有以下几方面。

一是对社区服刑人员实施 GPS 手机定位实时监控，实现单纯依靠人防向人防与技防并重管理模式的转变，有效地预防和减少社区服刑人员脱管、漏管失控现象。

二是对社区服刑人员管理提供信息化、智能化的高效管理平台，通过人员管理、矫正档案和统计查询等系统功能，促进社区矫正档案管理规范化。

三是有利于缓解监管人员不足的矛盾，利用信息系统定位管理功能，司法行政部门实现了对社区矫正人员的实时监控，而且社区矫正人员报到、会客、请销假、变更居住地等管控措施被一一落到了实处。

四是凸显了对社区矫正人员的警示性和威慑力，促使他们不重新犯罪。到目前为止，安县社区矫正人员重新犯罪率为零。

（二）眉山市社区矫正被撤销案例

眉山市社区矫正工作从 2006 年开始试点，2012 年在全市范围内全面推开。截至 2014 年中期已累计实施社区矫正 4016 人，已经解除矫正 2242 人，

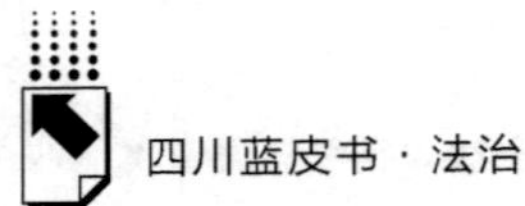

正在接受矫正1774人，已经解除矫正的服刑人员无一人重新犯罪。

但是自2006年以来，在4016名矫正人员中，总共有50名矫正人员撤销矫正收监执行，占总矫正人数的1.25%。本文从不同角度分析这50名被撤销矫正人员的具体情况。从中找寻在现行机制体制下，哪些人员更适合社区矫正，哪些社区矫正方法需要改进，为《社区矫正法》的制定及实施提供实践依据。

1. 被撤销人员的基本情况①

（1）年龄结构。18～30岁（29人），占比58%；18岁以下（11人），占比22%；50岁以上（6人），占比12%；30～50岁（4人），占比8%；青少年被撤销人员占到总人数的80%，被撤销矫正的人员中，年龄最小的15岁，最大的61岁。

（2）文化程度结构。小学（14人），占比28%；初中（28人），占比56%；高中、中专技校（8人），占比16%；被撤销矫正人员人数与文化程度高低成反比。

（3）性别职业身份结构。女性（1人），占比2%；男性（49人），占比98%；农村户籍（43人），占比86%；城市户籍（7人），占比14%；有职业（2人），占比4%；无职业（48人），占比96%；男性、农村居民、无职业者占绝大多数。

2. 被撤销原因各异

（1）由司法行政机关提起撤销。脱管（3人），占比约21%；不服从管理（3人），占比约21%；违法违规（8人），占比约57%；违反法律法规和监督管理规定，是被撤销案件发生的主要原因。

（2）矫正期间重新犯罪。逐利性犯罪（21人），占比58%，案件主要是盗窃、抢劫、敲诈勒索、贩毒等；刑事纠纷犯罪（10人），占比28%，案件主要是寻衅滋事、故意伤害等；其他（5人），占比14%。

3. 平均矫正期限

（1）判决矫正期限。原判3年以下矫正期限（41件），占比82%；原判

① 艾鸿举：《社区矫正路径探微——以MS市社区矫正撤销案为实证研究》，《四川省首届“治蜀兴川”法治论坛（眉山）论文集》。

3～5年矫正期限（9件），占比18%。

（2）已矫正期限。最长已矫正3年7个月，最短仅有14天，平均已矫正期限1年。大多没有到判决矫正期限的一半，造成矫正资源的浪费。

4. 是否经过调查评估

撤销案中未经调查评估（37件），占比74%；

撤销案中经过调查评估（13件），占比26%；

大多数案件被撤销矫正没有经过调查评估程序。

从上述数据得出以下几个结论：一是撤销案中青少年和无业者居多，男性多，农村居民多；二是被撤销的主要原因是违法违规，重复性犯罪多表现为财产性犯罪；三是被撤销案中普遍矫正期限较短，大多数不超过一年；四是调查评估率低，质量差。

（三）见微知著——遂宁市大英县未成年人社区矫正简况

遂宁市大英县未成年人社区矫正工作由大英县司法局社区矫正中心负责，该中心又称为“帮扶与矫正中心”，工作人员只有2名。矫正人员先到矫正中心报到，然后由矫正中心的工作人员分到下辖的司法所进行矫正。司法所一般没有专职矫正管理人员，由司法助理负责矫正事项。未成年服刑人员社区矫正的主要项目是在社区街道参加一般性学习，或者是在养老院、社区打扫卫生等进行义务劳动。由于他们的特殊身份，往往招致所在社区居民的非议。大多数时间，他们都无所事事。即使司法所为他们介绍一份工作，这些未成年服刑人员也会嫌弃，社区矫正工作人员对他们进行思想教育，令其进行思想汇报，他们也是应付了事，不求有什么进步，只想不出问题就行了。对于管理人员和社工来说，对这些未成年服刑人员监管太严或借助警察的威力，会有悖于社区矫正社会化的理念。但监管松散，又会让这些本来就有劣迹的少年重蹈覆辙，达不到监外执行的目的，这确实是个两难的事。

遂宁市大英县正在接受社区矫正的未成年服刑人员有以下比较明显的特征：①所有服刑人员曾经从事过侵犯公民人身权利或财产权利的犯罪，犯罪类型主要集中在故意伤害、盗窃、抢劫、强奸等暴力犯罪；②团伙犯罪在未成年人中呈现常态化，往往是一帮人一起相互壮胆，分工明确，一起完成某件犯罪；③犯罪缺乏预谋性，大多是临时起意，无确定的犯罪目标，无确定行动方案，往往为了一件小事就大动干戈，乃至伤害杀人；④所有未成年矫正对象家庭关系缺失，亲情淡漠，父母离婚或父母长期不在身边，人际关系没有或者非常差；⑤绝大多数未成年社区矫正对象在犯罪时，都属于在校生，成绩较差，学校表现不好，与同学老师关系紧张，很多逃学或辍学，得不到同龄人的重视。

在社区矫正期间，未成年服刑人员心理状况如下。①

第一，对社区矫正的感受心态。较好占比37%，一般占比50%，差占比13%，没有人反映很好或者很差。普遍感受是平淡。

第二，矫正期间最担忧的事。担心被误解占比75%，担心被损友继续纠缠占比25%，担心解除矫正后未来前途的占比37%。

截至目前，在全国范围内都没有专门针对未成年人实施社区矫正的矫正机构、矫正项目、矫正专职工作人员。唯一的亮点是，在北京市，未成年社区服刑人员会比成年社区服刑人员多接受"心理健康辅导教育"讲座课程。

三　反思社区矫正发展的现实问题

（一）社区矫正法律规定欠缺滞后

目前，对社区矫正规定的最高层级的法律就是《刑法修正案（八）》，它明确了对判处管制的、缓刑考验期的、假释考验期的犯罪分子依法实行社区矫正；新《刑事诉讼法》第258条也有对于社区矫正的说明；最高人民法院对新《刑事诉讼法》关于社区矫正的司法解释比较详细。

现在四川省关于社区矫正使用频率最高、法律效力最强的就是最高人民法院、最高人民检察院、公安部、司法部联合制定的《社区矫正实施办法》。新修订的《刑事诉讼法》虽然也对社区矫正做了相关的规定，但内容过于原则，无可操作性。作为社区矫正最权威、最详尽、最具实用性的法律规范，其虽然对社区矫正的适用范围、任务以及相关职能部门在社区矫正方方面面的工作都

① 杨清明、蒋毅君、陈文闻：《未成年人社区矫正的层级性体系构想》，《四川省首届"治蜀兴川"法治论坛（眉山）论文集》。

做了明确详细的规定，但是，它的立法层级较低，仅仅是国务院部门规章，与现在日益繁重的社区矫正工作已不能相匹配。亟待一部较完整、规范、可操作性强的国家级社区矫正法出台。

（二）社区矫正机构不够健全

目前四川省仅有少数县级司法局试点成立社区矫正执法大队，矫正的核心力量不足。按照《社区矫正实施办法》的规定，司法行政机关下属的司法所负责矫正的日常工作，但实际上具有专职矫正工作者的司法所很少，大多数是社区矫正工作与安置帮教、司法基层工作、监狱劳教等职能交叉在一起运行，专门的社区矫正监管机构更无从谈起。刑罚执行力度不够，专业性不强，矫正执法与行政管理、罪犯改造混淆在一起，社区矫正执法人员极易出现渎职、滥用职权等行为。尤其是在社区矫正工作中，对未成年矫正对象和成年人矫正对象统一管理、混同操作，缺乏对未成年矫正对象的专门矫正机构和人员。

（三）社区矫正队伍力量较薄弱

四川省目前在册社区服刑人员高达3.8万余人，而全省从事社区矫正工作专职人员市级平均为3.5名、县级2.8名，司法所工作人员平均1.8名（专职司法助理员平均0.7名），他们还承担九大工作职能。社区矫正监管、教育、帮扶及社会调查评估等工作量大，再加上矫正工作需要多方面的知识，综合素质要求较高，很多在岗司法人员并不愿意承担这项工作。而且由于社区矫正工作人员身份模糊，没有警察身份，在矫正执行中缺乏威慑性，监管手段不够强硬。再加上现行矫正措施更多偏重帮扶等人文关怀，很少对违反有关监督管理规定的社区服刑人员实施制止、惩戒、收监等限制人身自由的强制性措施。矫正方法显得柔性有余，刚性不足。

（四）社区矫正保障能力较低

目前四川省部分地方仍没有单独将社区矫正经费列入同级财政预算，2013年社区矫正经费按当年在册社区服刑人员来算，人均仅几百元，可见迫切需要建立适应新的工作任务和要求的经费保障机制；绝大多数地方没有建立集教育、管理、培训和食宿为一体的社区矫正场所，难以保障社区矫正管理、教育和帮扶工作的开展；各地司法局执法执勤车辆编制和指标非常有限，更无警戒具等警用应急装备，社区矫正机构依法履职缺乏必需的装备保障。

（五）社区矫正协调机制不够顺畅

社区矫正工作是一项牵一发而动全身的全社会性工作。社区矫正是由司法部门负责承担实务，公安、法院、检察院、民政部门、劳动和社会保障局等相关机构配合实施的系统性工程。但在司法实践中，还存在一些部门衔接配合不畅的情况。一是一些审判机关、公安机关、监狱部门存在办案程序颠倒甚至不及时移送法律文书的现象。二是脱管漏管现象突出，社区服刑人员经法院判处非监禁刑或走出监所后，没有同社区矫正机构衔接就直接进入社会，给社会带来不安定因素。三是由于社区矫正服刑人员的特殊性，如果公安机关和司法行政机关之间的协助方式、手段和措施不具体，就会出现脱管社区服刑人员的监管真空现象，出现“放不行，送不进”的尴尬局面。尤其在调查取证、收监执行、罪犯押送、脱漏管罪犯追查等方面多部门需要紧密联系衔接。四是为了实现社区矫正的帮扶救治宗旨，社区矫正管理部门还需要与民政、劳动和社会保障、教育、工商、税务等部门协调联系建立起有效机制，确保社区矫正服刑人员重新进入社会。

四　展望及建言

“制定社区矫正法”的字样已赫然出现在党的十八届四中全会通过的《中共中央关于全面推进依法治国重大问题的决定》中。目前，社区矫正法的制定工作也在国家立法机关有序推进。在现有法律规章基础上，四川省将继续在全省范围内有序开展社区矫正，进一步加强社区服刑人员的管理监督、矫正教育和社会适应性帮扶工作，进一步完善社区矫正地方性法律规章，加强社区矫正管理机构队伍建设。最终做到减少犯罪，预防犯罪，维护社会和谐稳定，建设平安四川、法治四川。

（一）依法全面落实社区矫正工作

一是根据社会资源、工作力量、社区建设等各方面实际情况，在进行科学的风险评估基础上，将判决、裁定或者决定的适用管制、缓刑、假释和暂予监外执行适宜社区矫正的罪犯及时纳入社区矫正。二是利用信息技术在监管中的作用，在监管人员有限的基础上进一步提高监管的有效性和严肃性，健全社区矫正应急处置机制，有效解决社区服刑人员脱管、漏管和重新违法犯罪问题。三是创新矫正教育方法，明确矫正服刑人员罪犯身份，要让他们在劳动和社区服务中反思罪过。针对不同矫正服刑人员，采取不同手段增强教育矫治效果，创建符合客观实际、可操作性较强的教育矫正质量评估体系，并根据案件不同、社区服刑人员的矫正阶段分别进行评估，及时进行矫正对策措施的调整，真正让社区矫正服刑人员认罪服法，重新修复社会关系，改过自新更好地融入社会。四是要有人文关怀，本着让社区服刑人员安心改造并重新融入社会的宗旨，协调解决社区服刑人员就学、再就业、生活保障、家庭困难、社会保险等问题。五是培育社会力量参与矫正志愿者队伍，要依托工、青、妇等群团组织，有针对性地培养具有一定矫正职业技能的志愿者团队。要有计划地建立社会工作者队伍，既熟悉乡土人情，又有社工经验，能让社区矫正服刑人员自愿接受矫正帮扶。

（二）有针对性地试点社区矫正地方性法规制定

为了配合国家层面“社区矫正法”的制定出台，四川省将在已有的《社区矫正实施细则》基础上，将制定出台地方性规章“四川省管制、缓刑类罪犯社区矫正规定”，同时紧锣密鼓地调研起草地方性法规“社区矫正工作条例”，从不同法律层级为社区矫正工作提供强有力的法律支持。从法规的角度做好社区矫正制度整体架构的设计，而这个制度将涵盖社区矫正服刑人员被交付接收、矫正期间调查评估、矫正期间管理教育、矫正结果考核奖惩、解除矫正或者收监执行等各个环节，把社区矫正工作纳入制度化规范化程序。另外，为了推进社区矫正社会工作者队伍专业化、职业化和正规化建设，四川还专门制定了《社区矫正专职社会工作者管理办法》。

（三）构建一支以矫正机构执法工作者为核心的矫正队伍

《社区矫正实施办法》实施后，由于没有增加编制，造成人力严重不足，工作不落实。作为一项改造人的工作，社区矫正是非常复杂的，它需要矫正工作人员掌握系统的社会学、犯罪学、人类学、心理学、教育学的理论知识，还需要具备相关的社会个案经验，以及人与人的沟通交往能力。同时四川应积极

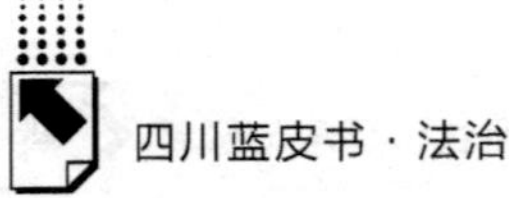

推进社区矫正人民警察队伍的建设，以此明确矫正工作者的执法主体身份，保障非在监刑罚执行的严肃性，提高刑罚执行的威慑力。另外，还应该采取“政府购买服务”的方式，建立一支具有专业矫正职能的民间社区矫正社会工作者队伍，以体现社区矫正的社会性。

社区矫正开展评估调查、组织查找、调查核实，社会工作者、志愿者培训场所设施都需要落实经费。四川省将按照《财政部、司法部关于进一步加强社区矫正经费保障工作的意见》的要求，确保社区矫正的经费足额落实并严格使用、规范使用。各地多形式、多渠道推进场所设施建设，对社区服刑人员进行接收宣告、集中学习和培训。可根据各地经济发展水平，由省市县按矫正人员每年每人一定金额共同予以经费保障，从而保证有人办事，有钱办事，用小钱办大事，推进矫正工作的健康发展。

（四）建言

1. 尽快出台“社区矫正法”

社区矫正作为监外执法制度，应与监狱执法居于同等地位。《中华人民共和国监狱法》早于1994年就已经颁布实施，而社区矫正立法却迟迟未能出台。最高法院、最高检察院、公安部、司法部联合制定的《社区矫正实施办法》，其法律效力较低，对社区矫正的许多规定留下空白或不完善，执行起来有很大难度。在社区矫正工作日益重要的今天，急需一部明确社区矫正性质、明确矫正工作人员身份、明确矫正服刑人员身份、明确刚柔相济的监管原则的《中华人民共和国社区矫正法》。

2. 尽快完善与社区矫正配套的法律法规

一是将假释决定权由监狱所在地的中级人民法院分配到同级司法行政机关。现行制度的决定机构和执行机构严重脱节，存在司法和执法的不对称。法院在决定假释的考量上，也是被动接受司法行政部门的意见，而且法院系统业务繁忙，可以考虑把假释的决定权分配给司法行政机关。

二是变更保外就医决定权。现行保外就医决定权设置不当。根据《刑事诉讼法》第二百五十四条之规定，罪犯保外就医决定权在交付执行前由交付执行的人民法院决定；在监狱服刑罪犯的保外就医由省级以上监狱管理机关决定；在看守所服刑罪犯的保外就医由设区的市一级以上公安机关决定。该规定中罪犯的保外就医决定权由监管机构的上级主管机关享有，明显有悖于“法官不得作自己案件的裁判”之自然公正法理原则。该决定的后果是，上级主管机关在做出保外就医决定时因部门自身利益的牵扯而忽视社会公共利益，从而擅自放宽保外就医条件、违法做出保外就医决定，导致保外就医违法案件时有发生。建议全国人大常委会做出变更保外就医决定权的决定，将现由监管机构上级主管机关行使的保外就医决定权统一收归人民法院依法行使。

3. 完善工作机制，构建密切配合的矫正体制

一是从入口上构建科学的调查评估制度。做到评估有章可循，增强评估的时效性和严肃性，把社区矫正服刑人员的矫正入口掐紧。

二是构建动态的检察监督机制。及时纠正矫正中出现的各种问题，提升矫正的规范性。保证矫正的质量和效率。

三是构建共同矫正的工作机制。服刑人员社区矫正是司法机关和全社会的共同责任。涉及公检法司、民政、劳动就业和社会保障等各个机构，需要各有关部门分工负责，密切配合。

4. 把司法行政工作同专业社会工作有机结合，有利于促进基层司法体制改革和社会公共参与

在司法行政主管部门的领导下，社区矫正工作应积极引入社会力量和社会资源，在体制内引入专职社会工作者队伍。可以尝试把接收、宣告、监管、解除矫正等作为基层司法机构的职责范围而加强，而把矫正服刑人员的审前调查、社会功能评估、专业矫正方案制定及其落实和志愿者队伍建设交由民间专业司法社会组织来完成。基层司法行政部门和专业社会矫正机构的科学结合，能进一步提升社区矫正工作效能，实现社区矫正工作的社会化科学化，也是社会管理的重大创新举措。

B.10

发展混合所有制经济的法制评价与完善建议

郑 鋐*

摘 要： 本文探讨了混合所有制经济的内涵，梳理了我国发展混合所有制经济的政策演变，对四川以及其他省市的混合所有制经济政策进行了法治评价，在分析研究现状和问题的基础上，提出了完善四川混合所有制经济政策的若干建议。

关键词： 混合所有制 政策 制度

党的十八届三中全会发出的《中共中央关于全面深化改革若干重大问题的决定》（以下简称《决定》）提出："国有资本、集体资本、非公有资本等交叉持股、相互融合的混合所有制经济，是基本经济制度的重要实现形式，有利于国有资本放大功能、保值增值、提高竞争力，有利于各种所有制资本取长补短、相互促进、共同发展。允许更多国有经济和其他所有制经济发展成为混合所有制经济。国有资本投资项目允许非国有资本参股。允许混合所有制经济实行企业员工持股，形成资本所有者和劳动者利益共同体。"积极发展混合所有制经济，是不断壮大我国社会主义市场经济体制根基的重要任务，有助于进一步增强国有经济活力、控制力和影响力，实现公有制经济和非公有制经济良性互动，提高国家竞争力。把混合所有制经济提升到我国基本经济制度重要实现形式的高度，既与我国市场经济制度体系的发展水平相适应，也是经济体制改革进入深水区的现实要求。

* 郑鋐，四川省社会科学院法学研究所副所长，副研究员，硕士研究生导师。

《决定》在明确“公有制为主体、多种所有制经济共同发展的基本经济制度，是中国特色社会主义制度的重要支柱，也是社会主义市场经济体制的根基”的基础上，通过“两个毫不动摇”，即必须毫不动摇巩固和发展公有制经济，坚持公有制主体地位，发挥国有经济主导作用，不断增强国有经济活力、控制力、影响力；必须毫不动摇鼓励、支持、引导非公有制经济发展，激发非公有制经济活力和创造力，指明了公有制经济和非公有制经济共同组成社会主义市场经济的重要地位和作用。

混合所有制反映了社会化大生产和市场经济的本质要求，是通过产权主体多元化、产权结构科学化、产权运用高效化的方式，打破各种所有制和经济成分的局限，通过市场机制重新配置生产要素和经济资源，形成新的经济结构和所有制类型，从而冲破原有经济格局，提升经济运行效率。混合所有制应当有两重含义：一是在静态上，所有制结构形成多种所有制形式和经济成分并存的格局；二是在动态上，不同所有制形式和经济成分的混合应当是能够产生效益的混合，即收益大于成本的深度的、内在的融合，而不是简单的经济成分之间的“物理”组合。混合所有制就是所有制结构化，实现高质量、高层次的所有制均衡。①

一 加快发展混合所有制经济的背景

（一）国有企业当前面临的普遍困境

公开资料显示，目前中国国有企业有数万家，其中中央企业 130 家，但统计结果表明，非国企在工业企业利润总额中的比例从 20 世纪 90 年代初的 25% 左右上升到了目前的 75%，吸纳就业人口由不到 10% 飙升到 50% 以上。另外，通过对近年来全国规模以上工业企业的总资产利润率计算对比发现，国有及国有控股企业只有年均 4.9%，而同期股份制企业则为 7.5%，混合所有制经济明显高于国有经济的运行效率。②

① 郑鋐：《构建混合所有制经济发展市场准则》，《金融投资报》2014 年 8 月 15 日。

② 张锐：《混合所有制的新期待》，《中国企业报》2014 年 5 月 27 日。

来自国家统计局的数据表明，2013 年 1～11 月的全国规模以上工业企业总共实现利润总额 5.3 万亿元，同比增长 13%。如果单独看 11 月，工业企业实现利润总额 7074 亿元，比上年同期增长 9.7%，但增速在持续下滑，回落了 5.4 个百分点，显示产业尤其是制造业的日子都不太好过。同期，国有企业实现利润总额 13779 亿元，同比增长 8.4%，这个增速已经低于全国的平均水平。如果拿国企对比股份制和私营企业，问题更加明显，股份制企业实现的利润总额同比增长了 11.7%，私营企业实现利润总额同比增长了 16.3%。[①] 也就是说，在同样的经济环境中，国有经济的经济效益不如股份制、民营经济。

当前，国有经济和国有企业存在以下主要问题：一是国有经济多沉淀于传统产业而对新经济发展不足，经济布局不合理；二是国有经济资本化水平偏低、资产流动性差，国有企业治理结构不完善、行政管理特征明显，市场机制未充分发挥作用；三是国有经济和国有企业缺乏有效的激励约束机制，人力资源管理机制僵化，缺乏发展的动力和活力；[②] 四是国有经济的优势地位和国有企业的垄断地位严重阻碍了市场经济的深化改革和发展，严重影响了整个国家经济的运行效率和经济效益。

经过多年的发展，混合所有制经济在国民经济中已经处于非常重要的地位。统计表明，2010 年混合所有制经济占工商登记企业注册资本的 40% 以上；2012 年混合所有制经济占固定资产投资的 33%。1999～2012 年，混合所有制经济对全国税收的贡献率逐年提高，1999 年占 11.68%，2012 年为 47.03%。[③]

但据德勤中国的统计，对于目前提出的混合所有制，有 60% 以上民营企业家选择“暂不进入，等待制度明朗或先完善自身条件”；担心“开放股权比例过低，民营企业难有话语权”的企业家占 66.7%。[④] 知名企业家冯仑、任志强等，著名法学家江平、著名经济学家张维迎等学者、专家对于混合所有制也心存疑虑或者抱有负面态度，如质疑混合所有制的顶层设计是否具有持续性，是否存在非国有经济的混合自愿，是否存在非国有经济参与混合的市场导向和

① 李蕾：《国企效益下滑拖累工业利润增长》，《新京报》2013 年 12 月 28 日。

② 梁法院：《新一轮国企改革中如何发展混合所有制经济》，《企业研究》2014 年第 2 期。

③ 张卓元：《混合所有制经济是什么样的经济》，《求是》2014 年第 8 期。

④ 张锐：《混合所有制正经别念歪》，《上海证券报》2014 年 5 月 23 日。

动力，是否存在市场经济、混合所有制经济的公开、公平、公正的法治环境，“混合运动”是否会演变为国有经济对非国有经济的掠夺或者使民营企业成为国有企业的附庸，混合的比例是否能够由双方协商确定而不是由政府确定，混合后的权利是否能够获得真正维护和保证，混合后的经营管理、资本运营、人事管理、业绩考核等能否按照市场规律依法自由决定，混合后的持续发展能否得到法律保护和公正对待，混合是否会滋生腐败等。要推进混合所有制经济建设，必须用制度来反映经济规律、市场需求，做好顶层设计，通过制度建设妥善处理和回答这些疑问和顾虑。

（二）加快发展四川混合所有制经济的意义

相对于东部和沿海地区而言，西部地区的市场经济体制、市场经济发育程度相对较低，市场经济的成熟程度和规模效益也相对较低。四川也不例外，在全面深化改革的背景下，市场机制亟须充分发挥作用，市场经济亟须得到快速发展。国资和国企改革、混合所有制经济的发展，正是充分发挥市场机制、发展市场经济的重要途径。

多年来，四川的国有经济实现了平稳较快发展，为全省实现各项经济目标做出了积极贡献。但是，在肯定成绩的同时，我们也要看到，近年来四川省国资国企改革进程相对缓慢，与全国先进省区市相比，在规模、速度及经营效益上还存在一定差距，制约改革发展的深层次矛盾和问题仍然突出。数据显示，截至2012年12月31日，四川省地方国有企业共3580户，资产总额24445.2亿元，所有者权益共计8931.8亿元，负债总额15513.40亿元，营业收入4279.2亿元，利润总额437.6亿元，上交税费总额377.3亿元，资产收益率1.8%。2013年，33户省国有重要骨干企业资产总额10300亿元、所有者权益2972亿元，实现营业收入3206亿元，同比分别增长9%、10%、9%；27户省国资委监管企业资产总额6000亿元、所有者权益1830亿元，实现营业收入1540亿元，同比分别增长14%、6%、11%；21个市（州）国有资产总额24262亿元、所有者权益7821亿元，实现营业收入3192亿元，同比分别增长15%、14%、5%。这些数据表明，国有资产管理和运营水平与效益还有待提高。

当前，四川改革发展面临的宏观形势严峻，对国资和国企改革形成巨大压力。尽管2014年上半年统计数据显示，四川规模以上工业增加值同比增长

9.6%，增速比一季度回升0.4个百分点，比全国平均水平高0.8个百分点，并呈现逐月回升态势。但从全国情况看，当前拉动经济增长的“三驾马车”动力不足。上半年全国固定资产投资同比仅增长17.3%，为十多年来最低，尤其是新开工项目计划总投资仅增长13.6%，到位资金增长13.2%，这意味着明后两年经济增长的后劲不足。消费热点还不多，出口恢复较快增长难度依然很大。经济运行中还存在着不少难题。受市场需求疲软、经营成本上升等一些因素影响，不少企业生产经营困难加剧。融资难、融资贵问题尚未得到有效缓解，实体经济普遍存在资金“饥渴”。尤其要注意的是，房地产、金融、地方债等一些领域也存在风险隐患。从国际形势看，全球经济仍处在危机后的调整期，不确定、不稳定因素较多。美国经济复苏之路一波三折，欧盟、日本等主要发达经济体脱困之局尚不明朗，新兴经济体增长依然乏力。世界银行和国际货币基金组织近期均下调了全年世界经济增速的预测值。

同时，四川国有企业发展总体水平不高的问题依然存在。统计数据显示，2014年上半年国有及国有控股企业增加值同比增长6.3%，集体企业增长4.9%，股份制企业增长10.2%，外商及港澳台商投资企业增长15.6%，国有控股企业和国有企业的发展状况依然不妙。此外，思想不够解放、市场不够开放、举措不够得力等问题依然存在，使得国有经济领域的产权多元化进展缓慢、国企市场化进程滞后、资产资本化程度较低、监管科学化水平不高等问题凸显。

四川发展已经进入新阶段，改革进入攻坚期和深水区。作为西部大省，要大踏步赶上时代发展步伐，走在西部开发开放前列，化解制约发展的深层次矛盾和问题，加快转方式调结构，实现“两个跨越”奋斗目标，根本出路在于全面深化改革。《中共四川省委关于贯彻落实党的十八届三中全会精神全面深化改革的决定》提出，“大力推动国有企业产权多元化发展”，“鼓励企业法人和各类投资者按照市场规则，依法参与国有企业改制重组”，“推进国有企业开放性市场化重组”，“优化国有资产监管体系，推动由管资产向管资本为主转变，加快国有资产监管的地方性立法进程，推进国有经营性资产集中统一监管”，“积极发展混合所有制经济”，“完善产权保护制度”，为国有产权的市场化改革指明了方向。

为此，2014年5月13日发布的《中共四川省委四川省人民政府关于深化国资国企改革促进发展的意见》将“积极发展国有资本、集体资本、非公有资本等交叉持股、相互融合的混合所有制经济，促进各类所有制资本平等竞争、相互促进、共同发展”作为改革的基本原则和重要内容。此后，四川省委、省政府又发布了《全面深化省属企业内部劳动人事分配三项制度改革方案》和《推进落实董事会选人用人职权专项改革方案（试行）》，部分国有企业改革专项方案也已审议通过。省国资委正抓紧建立省属国有企业发展混合所有制经济项目库，近期将筛选一批项目，向社会公开出让。

二　发展混合所有制经济的法制评价

（一）全国部分省市发展混合所有制经济的法制评价

自党的十八届三中全会以来，全国多个省市已经制定印发了若干有关国企改革、混合所有制经济发展的政策文件。主要包括上海、湖南、天津、重庆、四川、江西、湖北、山西等。相对而言，有的政策内容丰富、措施具体、针对性强、创新性强，而有的政策内容简短、表述较为笼统，措施较为常规化，创新性不强，对于市场和非公有制经济主体缺乏足够的吸引力。

这些政策大多以深化国资、国企改革为题，部分文件有总体要求（含指导思想、主要目标、基本原则）和具体措施内容（其中分部列项或分部列条），部分文件直接规定具体措施（其中分部列项或分部列条）。内容多为实施国有企业功能分类监管，优化国有资本并将国有资本向现代行业、优势领域布局，加快企业重组、优胜劣汰，通过发展公司制、股份制等发展混合所有制，加快推进国有资产证券化，利用资本市场做大做强国有企业，实施创新驱动发展战略，加强企业管理和商业模式创新，增强国有企业核心竞争能力。优化公司法人治理结构，推行市场化导向的选人用人机制，推进激励约束机制，改革企业经营者薪酬管理制度，完善现代企业制度，完善国有资产有效监管机制等。

这些政策中，发展混合所有制成为重中之重，一些地方提出了在一定年限内混合所有制国企所占的比例，如 5 年内使 70% 左右的国企发展成为混合所有制。而其他的关于国有企业的行业和领域布局，如国有企业利用资本市场、产权市场，国有企业的资本重组、证券化，完善国有企业的法人治理结构，完善国有企业的激励约束机制，完善国有资产管理体制等内容，也与发展混合所有制有很大关系。

相对而言，《中共四川省委四川省人民政府关于深化国资国企改革促进发展的意见》规定的内容较为丰富，指向较为明确，“80%的国有资本集中在公共服务、战略性新兴产业等重点行业和关键领域”，“建立职业经理人制度，加大市场化选聘力度”，“建立健全国有资本退出机制，推进国有资本有序退出不具备竞争优势、产能过剩及无法有效发挥作用的行业和领域”，“重点推进交通运输、能源水利、医药化工、建筑地产、商业、旅游等领域的企业重组”，“支持符合条件的国有企业成立财务公司或投资入股商业银行、证券公司、保险公司、信托公司等金融机构，推动产业资本和金融资本融合发展”，“将国有企业原则上分为功能性、竞争性两种类型”，根据不同的国有企业实行国有独资、绝对控股和相对控股，“竞争性企业实行外大于内的董事会结构”，“制定国有企业中长期激励办法，探索采取限制性股票、股票期权、股票增值权、超额利润分享等激励方式，在企业内部建立完善中长期激励机制”，“允许在混合所有制企业实行员工持股”等规定很有创新意义，但针对混合所有制的规定尚待进一步具体和细化。

（二）上海国有企业发展混合所有制经济的法制评价

2014年7月7日，上海市委、市政府召开进一步推进上海国资改革促进企业发展座谈会。会上发布了由上海市委办公厅、上海市政府办公厅印发的《关于推进本市国有企业积极发展混合所有制经济的若干意见（试行）》（以下简称《意见》）。这份《意见》是在党的十八届三中全会之后出台的发展混合所有制经济的第一份省级文件。

《意见》是为贯彻落实党的十八届三中全会关于积极发展国有资本、集体资本、非公有资本等交叉持股、相互融合的混合所有制经济的要求，根据《中共上海市委、上海市人民政府关于进一步深化上海国资改革促进企业发展的意见》（也被称为“上海国资国企改革20条”）制定的。目前，上海已经基本形成以混合所有制经济为主的发展格局。截至2013年底，上海市国资委系统混合所有制企业已占系统企业总户数63%、资产总额的55%；同时，归属母公司所有者权益、主营业务收入以及净利润占比分别达到60.1%、83.5%、92.4%。但仍存在国有股比例过高、企业经营机制不够灵活、集团公司改革不到位等问题。①

总体来看，《意见》的内容较为简短而明确，形式简洁而规范，将政策目标表述为“经过3~5年的持续推进，基本完成国有企业公司制改革，除国家政策明确必须保持国有独资外，其余企业实现股权多元化，发展混合所有制经济，推动企业股权结构进一步优化、市场经营机制进一步确立、现代企业制度进一步完善，国有经济活力进一步增强”。提出了“市场导向改制转型”、“坚持依法规范公开透明”、“坚持统筹兼顾稳妥推进”等若干原则，在具体举措中指明了“推动具备条件的企业集团实现整体上市，成为公众公司”，“推进竞争类企业主营业务资产、功能类和公共服务类企业竞争性业务资产上市，提高证券化水平”，“探索建立特殊管理股制度，试点设立优先股”，“根据不同企业的功能定位，合理设定国有股权比例，优化股权结构”，“支持国有企业通过合资合作、战略联盟等方式，聚焦产业链、价值链，与各类所有制企业实施双向联合重组”，“鼓励发展非公有资本控股的混合所有制企业”，“实施股权激励和员工持股”，“明晰企业改制重组的决策程序”，“坚持市场决定对象和发现价格”，“平等保障相关利益主体合法权益”，以及“完善国有企业改制的政策和环境”等。其中，“规范财务审计和企业价值评估”等有关规定在文件送审稿中并未出现，显示在最终决策中进一步强化和完善实施混合所有制的条件和程序性规定。

《意见》提出了一些创新的思路。例如，特殊管理股制度，该制度是通过特殊股权结构设计，使创始人股东（原始股东）在股份制改造和融资过程中，有效防止恶意收购，并始终保有最大决策权和控制权。具体是将公司股票分为A类股和B类股两种，二者拥有同等的经营收益权，但创始人股东的股票（B类股）具有特别投票权，包括董事选举和重大公司交易的表决等。该制度是由《决定》提出的，并要求对按规定转制的重要国有传媒企业探索实行。2014年2月，中央全面深化改革领导小组第二次会议审议通过的《深化文化

① 朱宝琛：《沪“国资九条”出炉　敲定混合所有制改革三大途径》，《证券日报》2014年7月8日。

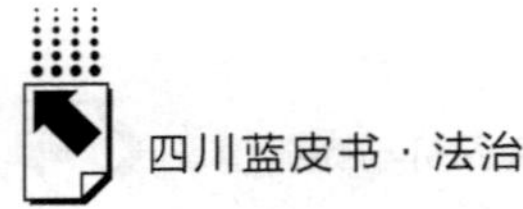

体制改革实施方案》把在传媒企业实行特殊管理股制度试点列为2014年工作要点。此次《意见》将特殊管理股作为推进国有企业公司制股份制改革的重要举措，体现了鲜明的创新意识和创新能力。

《意见》的政策制定技术较高，表述清晰、指向性强，其中一些关键词如“公众公司”、“公司制改革”、“整体上市”、“证券化”、“特殊管理股”、“优先股”、“国有独资”、“国有全资”、“国有控股”、“相对控股”、“双向联合重组”、“非公有资本控股的混合所有制企业”、“股权激励”、“员工持股”、“分红激励”、“备案”、“审核”、“核准”、“财务审计”、“价值评估”等的含义较为规范、确定，避免了在未来出现政策执行“走样”的情况。同时，《意见》多使用较为确定的实质化用语，如“应”、“可”、“完成”、“实现”、“试点”、“设定”、“鼓励”、“履行”等，而减少了诸如“探索”、“推进”、“加强”、“加大”、“大力”、“发展”等含义模糊的非实质化用语，使得文件的可操作性、约束性、规范性大大增强。

三 加快发展四川混合所有制经济的建议

基于对我国发展混合所有制经济政策的评价，以及对国外发展混合所有制经济的制度借鉴，笔者认为，尽管国外发展混合所有制经济在一定程度上依托立法完成，但是考虑到我国的国企改革存在多重困难的实际情形，以及我国当前立法进程缓慢、条文粗疏，难以切实承担推动混合所有制经济改革重任，建议以经济政策的形式推动我国混合所有制经济发展，具体建议如下。

（一）构建发展混合所有制经济的市场准则

目前出台的国资国企改革意见和上海发展混合所有制的政策都提出了市场化改革的方向，但是在具体内容中的体现还不够充分。鉴于混合所有制是经济体制改革的重要内容和关键领域，必须充分发挥市场机制，在总体上形成推进混合所有制改革的政策纲领：一是用市场手段统合混合所有制经济所涉及的国资国企经济布局、国有经济垄断领域改革、国有企业分类改革、国有资产证券化、国企建立现代法人治理结构、国企管理层用人体制改革、国企激励约束机制改革、国资监管体制改革等重大改革，以系统科学、系统思维和系统方法来对待混合所有制经济发展；二是采用市场标准选取符合市场需求、有市场吸引力的改革企业和项目，针对不同的混合所有制改革企业和项目，以“一企一策”的方式制定开放与创新相结合的试点企业实施方案，鼓励市场对混合所有制改革项目的条件如交易条件、持股比例、公司治理、业绩对赌、激励约束、权利义务责任等进行自主协商；三是建立开放和完善高度市场化的选拔用人、劳动用工机制和薪酬管理体系，发挥公开市场服务管理激励、技术激励和员工持股改革的积极作用；四是出台混合所有制改革公司治理指导意见，强化公司制度的内部功能和外部功用，推动各类资本更好地平等利用各项经济资源，以公平的改革环境推动资本创新、企业创新和技术创新；五是以企业经营绩效、法人治理绩效、资本监管绩效、员工收益绩效为核心，设计符合市场规律、具有公信力的混合所有制改革绩效考核指标体系。

（二）制定内容翔实、措施具体、创新性强的混合所有制实施意见

混合所有制是经济体制改革的重要内容和关键领域，传统和普通的改革手段难以有效推进混合所有制改革。从当前国内有关国资国企改革的政策内容来看，发展混合所有制经济的内容还不够详细，措施还不够具体，实施方案和细则尚未形成并向社会公布。这些国资国企改革政策固然对混合所有制经济改革有利，但并未能全面解决混合所有制经济发展的核心问题，社会对于改革的实践和深度仍然心存疑虑。较为典型的就是贵州在 2014 年上半年提出的部分混合所有制项目由于多种原因并未引起市场较大的兴趣。因此，在明确发展混合所有制的方向、原则和路径等政策纲领之后，还必须充分评估混合所有制改革中的地方特殊情况和因素，以及当地发展混合所有制经济所面临的困难和问题，有针对性地提出混合所有制改革的领域、重点和方法，制定混合所有制改革的一揽子发展规划和方案，对混合中的风险和可能出现的矛盾制定预案和处理规则，创新发展混合所有制经济的方法和机制，形成确定、规范、公开的混合所有制改革的专门制度体系，全面为发展混合所有制经济保驾护航。

一是制定“四川省混合所有制经济改革发展意见”，以内容翔实、措施具体、创新性强的政策文本，有针对性地提出混合所有制改革的领域、重点和方法，强化以公平为核心原则的产权保护制度，有效防范混合所有制改革的市场风险，积极化解混合所有制改革的企业矛盾；二是统筹国资、发改、财政、人

社等部门，配套制定四川省混合所有制改革的一揽子发展规划、工作方案，加大财税金融、要素保障的政策支持力度，积极利用各种政策工具调控混合前、混合中和混合后企业规范发展；三是加快制定“四川省民营经济促进办法”，出台民营经济参与混合所有制改革的激励措施与优惠政策，实施动态调整的负面清单管理，建立民营经济与混合所有制经济加快协同发展的长效机制；四是抓住全球新一轮并购浪潮兴起的契机，充分利用私募基金、优先股、并购重组私募债券等新型金融工具，成立促进混合所有制改革的政府引导基金、产业基金和并购基金；五是强化用法治和制度手段统筹混合所有制所涉及的国资国企各项重大改革。建立完善混合所有制经济改革的信息披露制度，不定期地向社会公示和披露混合所有制改革项目的协议框架及方案内容，更加清晰地明确国有资本和国有企业的约束性条件，体现改革诚意。

（三）充分发挥各类市场平台的功能和作用

发展混合所有制经济，不但需要优化国有企业在经济、行业、区域中的布局，实现国有资本的市场变动流转，而且需要在企业的持续经营中为企业提供市场化的资本工具和投融资服务。因此，无论是理论还是实践，都应当将证券市场和产权市场作为国资国企改革和混合所有制经济的重要市场平台，积极利用这两大市场进行混合前企业规范、资本运作，混合中、混合后金融工具和金融手段的运用，发挥两大市场服务管理激励、技术激励和员工持股改革的功能。

由于证券市场主要服务于上市国有资产权益，产权市场主要服务于非上市国有资产权益，考虑到全国大部分地区的国有企业证券化率相对不高，证券市场难以全面、深入地为混合所有制经济服务，需要更多地利用具备市场特征、区域优势，且已经形成严格监管体制的法定国有产权交易场所——产权市场作为混合所有制经济的重要市场平台。四川应当充分发挥产权交易所等产权市场的功能，在政策框架中明确产权市场参与混合所有制经济建设的地位和作用，积极促进产权市场参与制定发展混合所有制经济的政策文件和试点方案，要求产权交易所积极开设专门的混合所有制改革项目交易平台，整合产业资本、金融资本以及相关中介服务机构等各种市场资源，开发探索不同类型的混合目标、混合方式、交易机制、金融工具、风险管理以及配套措施，充分拓展市场的深度和范围，共同为推进混合所有制经济发展做出努力。

地方法治篇

Local Rule of Law

B.11 民族立法推动社会稳定与跨越式发展

四川民族立法调研课题组*

摘　要：民族政策关涉民族地区的社会稳定、边疆安全。民族区域自治制度已经走过50多年的历程，民族地区的立法权是民族区域自治制度中的一大特色。近年来，四川省在民族自治地区的立法工作取得累累硕果，阿坝、甘孜、北川等地出台的自治条例、单行条例等各具特色，特别是2014年四川省的民族区域立法工作体现了立法的前瞻性、及时性、针对性、科学性与民主性，尤以北川地区最为典型。在党中央全面推进依法治国的新时期，四川省的民族立法工作任重而道远，将充分运用民族区域自治地方立法权，维护民族地区稳定，推动民族地区跨越式发展。

关键词：民族自治　立法实践　立法创新　依法治国

* 课题组成员：张虹，四川省社会科学院法学所副研究员；吴经纬，四川省社会科学院法学研究所硕士研究生。

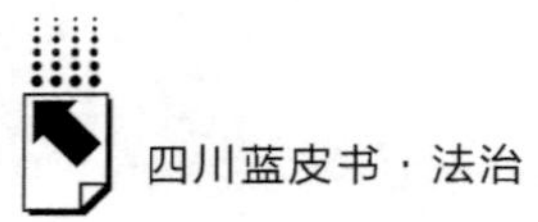

一 四川省民族立法的背景

民族政策关涉民族地区的社会稳定、边疆安全，民族冲突容易转化为政治冲突。中国是一个多民族的国家，历史上，各民族为中华文明的发展共同做出了积极贡献。新中国成立以来，党和政府深刻认识到民族立法作为社会主义法治建设的重要组成部分，对实现依法治国发挥着无可替代的作用，从而对民族法制建设给予了高度的关注。经过六十多年的艰苦探索，我国现已建立了以《宪法》为中心，以《民族区域自治法》为主要内容，包括其他规定民族事务的法律、规章的民族法制体系。鉴于我国立法体制“一元、两级、多层次”的特点，民族立法分为中央的民族立法和地方的民族立法。地方民族立法是指民族区域自治地方的人民代表大会根据宪法和法律的规定，结合本民族的民族特色和实际情况，按照法定的原则和程序制定适用于本民族自治区域内的法律或规章。地方民族立法是我国民族法制建设的关键环节，完善地方民族立法是实现民族团结、促进民族共同繁荣的必经之路。

四川省是一个多民族省份，仅世居民族就有 14 个，包括彝族、藏族、羌族、苗族、回族以及土家族等民族。四川有 3 个自治州，分别是甘孜藏族自治州、阿坝藏族羌族自治州和凉山彝族自治州；还有 4 个自治县：北川羌族自治县、峨边彝族自治县、马边彝族自治县，以及木里藏族自治县。同时，全国唯一一个羌族聚居地、彝族的全国最大聚居地、藏族的全国第二大聚居地也在四川省内。根据四川省统计局出台的《四川省 2010 年第六次全国人口普查数据公报》显示，全省的常住人口为 80418200 人，少数民族为 4907951 人，其中彝族人 185 万、藏族人 125 万、羌族人 15 万、回族人 10 万，这些少数民族占全省总人口的 4.17%，在全国少数民族人口中也占据着较大的比例。民族问题是重大的社会问题，社会要正常发展需要一个安定的民族环境。四川省作为“民族大省”，处理好民族问题这一任务的艰巨性更是不言而喻。而民族立法作为处理民族问题的一大主要途径，对民族问题的解决有着举足轻重的作用。因此，四川省民族立法任重而道远。

2014 年 10 月，党的十八届四中全会在北京召开，会议通过了《全面推进依法治国若干重大问题的决定》（以下简称《决定》）。《决定》强调，“完善以宪法为核心的中国特色社会主义法律体系，加强宪法实施。建设中国特色社会主义法制体系，必须坚持立法先行，发挥立法引领和推动作用，抓住提高立法质量这个关键”。民族立法作为立法的重要环节，对依法治国的落实同样发挥着“引领和推动的作用”。而地方民族立法又在民族立法中占据着半壁江山，故而要实现依法治国，必须加强地方民族立法。四川作为“少数民族大省”，不论少数民族人口占全省总人口的比例，还是少数民族聚居区占全省面积的比例都是十分可观的。要建设美丽繁荣的和谐四川，推进依法治国的进程，四川省必须积极主动地开展民族立法活动，完善民族法治。

二　四川省民族立法的现状

新中国成立以来，四川省经过不懈的努力，在民族立法方面取得显著的成就。根据2010年西南民族大学法学院陈恩美教授的统计，1981～2010年，四川省3个自治州和4个自治县共制定了83件各种形式的民族自治法规，除被废止和自行失效的外，四川省现行有效的民族自治法规有69件。当然，随着近年来党中央高度提倡依法治国的执政理念，四川省在民族立法工作上也加大了人力和物力的投入，成果比较明显，现在的数量也比陈恩美教授统计的数据增加不少。我们可以这样认为，四川省在民族立法上形成了具有一定数量规模和特定内容及形式的“四川化”民族立法文化与实践。在依法治国的执政理念进入一个全面发展的时期，四川省以其独特的民族自治法规立法模式，以及立法进程中积累的重要实践经验，探索出高质量、普适性的民族立法规律，并且，四川省民族立法工作还在不断推进。2014年2月召开的四川省人大常委会主任会议所列《四川省人大常委会2014年立法计划》中，关于民族自治的法规就有6件，占人大常委会全年计划立法总量的1/6，表明了四川省人大对民族自治法规的重视。2014年11月，四川省人大纪念民族区域自治法颁布实施30周年座谈会上，也传出推进民族区域自治立法的信号。

（一）甘孜藏族自治州

甘孜藏族自治州是位于四川西部的一个民族自治州。甘孜藏区俗称康区，“康巴稳则藏区稳”。甘孜藏族自治州成立于1955年，拥有藏族、汉族、回族、苗族、彝族等 11 个民族，其中藏族居民占 95% 以上。甘孜州自成立起，为保护本州居民的合法权益，维护该州的社会秩序，制定了一系列民族区域自治法规，具体情况见表 1①。

表 1　甘孜藏族自治州民族立法状况

立法名称	立法性质	年份	备注
《甘孜藏族自治州自治条例》	自治条例	1986	2006 年修订
《甘孜藏族自治州矿产资源管理条例》	单行条例	1995	1999 年修订
《甘孜藏族自治州藏族语言文字使用条例》	单行条例	1998	—
《甘孜藏族自治州施行〈中华人民共和国婚姻法〉的补充规定》	单行条例	1981	—
《甘孜藏族自治州实施〈四川省人口与计划生育条例〉的变通规定》	单行条例	2004	—
《甘孜藏族自治州施行〈四川省土地管理实施办法〉的变通规定》	单行条例	1990	—
《甘孜藏族自治州草原管理条例》	单行条例	2010	—
《甘孜藏族自治州实施〈四川省旅游条例〉的变通规定》	单行条例	2011	—
《甘孜藏族自治州实施〈四川省《中华人民共和国水法》实施办法〉的变通规定》	单行条例	2009	—
《甘孜藏族自治州义务教育条例》	单行条例	2012	—
《甘孜藏族自治州藏传佛教事务条例》	单行条例	2011	—
《甘孜藏族自治州非物质文化遗产条例》	单行条例	2013	—
《甘孜藏族自治州突发事件应对条例》	单行条例	2014	—

（二）阿坝藏族羌族自治州

位于四川西北部的阿坝州紧邻青海、甘肃二省，与成都、德阳、绵阳等地接壤，是四川 3 个自治州中最接近省会城市的民族自治地方，地理位置也因此较为优越。阿坝藏族羌族自治州成立于 1955 年，原为阿坝藏族自治州，1987 年更名为阿坝藏族羌族自治州。阿坝州十分重视民族自治法规的立法工作，自《宪法》和《立法法》等法律赋予阿坝州民族自治法规立法权以来，阿坝州先后制定了《阿坝藏族羌族自治州自治条例》、《阿坝藏族羌族自治州矿产资源管理条例》、《阿坝藏族羌族自治州计划生育办法》等 10 多部自治条例和单行

① 数据为公开资料统计所得，可能为不完全统计。

条例。这些民族自治法规为阿坝州营造了良好的社会环境，维护了阿坝州居民的合法权益，推动了阿坝州的经济社会发展，具体的立法情况见表2①。

表2　阿坝藏族羌族自治州民族立法情况

立法名称	立法性质	年份	备注
《阿坝藏族羌族自治州自治条例》	自治条例	1986	1988年、2006年修订
《阿坝藏族羌族自治州施行〈中华人民共和国婚姻法〉的补充规定》	单行条例	1983	—
《阿坝藏族羌族自治州施行〈四川省《中华人民共和国土地管理法》实施办法〉的变通规定》	单行条例	1990	1997年修订
《阿坝藏族羌族自治州矿产资源管理条例》	单行条例	1998	—
《阿坝藏族羌族自治州野生中药材、菌类植物资源保护管理条例》	单行条例	1995	—
《阿坝藏族羌族自治州施行〈中华人民共和国继承法〉的变通规定》	单行条例	1989	—
《阿坝藏族羌族自治州实施〈四川省人口与计划生育条例〉的变通规定》	单行条例	2004	—
《阿坝藏族羌族自治州水资源管理条例》	单行条例	2007	—
《阿坝藏族羌族自治州实施〈四川省世界遗产保护条例〉的条例》	单行条例	2007	—
《阿坝藏族羌族自治州实施〈四川省旅游条例〉的变通规定》	单行条例	2008	—
《阿坝藏族羌族自治州突发事件应对条例》	单行条例	2009	—
《阿坝藏族羌族自治州宗教事务条例》	单行条例	2010	—
《阿坝藏族羌族自治州实施〈四川省《中华人民共和国草原法》实施办法〉的变通规定》	单行条例	2010	—
《阿坝藏族羌族自治州生态环境保护条例》	单行条例	2010	—
《阿坝藏族羌族自治州非物质文化遗产保护条例》	单行条例	2010	—
《阿坝藏族羌族自治州教育条例》	单行条例	2012	—

（三）凉山彝族自治州

凉山彝族自治州位于四川的西南部，与云南省比邻。凉山彝族自治州是四川省所有民族自治地方中少数民族类别最多的（凉山州拥有汉族、藏族、彝族、纳西族等10多个世居民族，其中彝族是人口最多的一个民族，占全州总

① 数据为公开资料统计所得，可能为不完全统计。

人口的49.13%），也是少数民族人口最多的一个自治地方。同时，凉山州还是全国最大的也是唯一一个彝族聚居的地方。《中华人民共和国民族区域自治法》颁布30年来，凉山州在完善《民族区域自治法》方面做出了巨大的努力，取得令人瞩目的成就。凉山彝族自治州的具体立法情况见表3。[①]

表3 凉山彝族自治州民族立法情况

立法名称	立法性质	年份	备注
《凉山彝族自治州自治条例》	自治条例	1987	—
《凉山彝族自治州施行〈中华人民共和国婚姻法〉的规定》	单行条例	1983	—
《凉山彝族自治州义务教育实施办法》	单行条例	1990	—
《凉山彝族自治州语言文字工作条例》	单行条例	1992	—
《凉山彝族自治州施行〈四川省土地管理办法〉的变通规定》	单行条例	1993	—
《凉山彝族自治州人民代表大会常务委员会议议事规则》	单行条例	1995	—
《凉山彝族自治州家禽家畜卫生防疫条例》	单行条例	1995	—
《凉山彝族自治州东西河飞机播种林区保护管理条例》	单行条例	1995	—
《凉山彝族自治州大桥水库工程管理条例》	单行条例	2000	2011年修订
《凉山彝族自治州实施〈四川省禁毒条例〉补充规定》	单行条例	2001	—
《凉山彝族自治州实施〈四川省人口与计划生育条例〉的补充规定》	单行条例	2003	—
《凉山彝族自治州实施〈四川省《中华人民共和国动物防疫法》实施办法〉的补充规定》	单行条例	2003	—
《凉山彝族自治州水资源管理条例》	单行条例	2008	—
《凉山彝族自治州彝族语言文字工作条例》	单行条例	2009	—
《凉山彝族自治州非物质文化遗产保护条例》	单行条例	2010	—
《凉山彝族自治州施行〈兽药管理条例〉的变通规定》	单行条例	2012	—

（四）自治县

四川有北川羌族自治县、峨边彝族自治县、木里藏族自治县和马边彝族自治县4个自治县。这4个自治县根据宪法和法律的规定，结合自身的民族特色和当地的实际情况，制定出一系列民族自治法规，为本地经济的发展和社会的稳定做出了重大的贡献。例如，北川羌族自治县自2003年成立以来，除颁布了《北川羌族自治县自治条例》，还先后颁布了《北川羌族自治县非物质文化

① 数据为公开资料统计所得，可能为不完全统计。

遗产保护条例》、《北川羌族自治县矿产管理条例》等地方民族自治法规。峨边彝族自治县同样在颁布《峨边彝族自治县自治条例》以后，还先后出台了《峨边彝族自治县彝族语言文字条例》、《峨边彝族自治县施行〈中华人民共和国继承法〉的补充规定》、《峨边彝族自治县实施〈四川省人口与计划生育条例〉的变通规定》等自治法规，推动了峨边彝族自治县各方面的发展。同样，木里藏族自治县在1992年颁布《木里藏族自治县自治条例》（2006年修订）以后，陆续出台了《木里藏族自治县矿产资源管理条例》等地方民族自治法规。再如，马边彝族自治县自1990年正式开展立法工作以来，秉持认真谨慎的态度，履行了宪法与法律赋予的民族地方立法权，20多年的时间里，先后制定了《马边彝族自治县自治条例》、《马边彝族自治县施行〈中华人民共和国婚姻法〉的补充规定》、《马边彝族自治县彝族语言文字条例》等地方民族自治法规。这些地方民族自治法规为当地的政治建设、经济建设、文化建设和社会建设提供良好的法律保障和制度支持。

三 四川省民族立法特点及典型立法分析

（一）2014年四川省民族立法的整体特点

2014年对于民族自治地区法治建设来说既是充满机遇的一年，又是面临挑战的一年，2014年的四川省民族立法计划（见表4）体现了前瞻性、及时性、针对性、科学性与民主性。

1. 立法的高度前瞻性

根据四川人大网的资料显示，2014年2月24日四川省人大常委会2014年立法计划由四川省第十二届人民代表大会常务委员会主任会议第19次会议通过。[①] 在民族自治立法方面共计划批准6部法规，其中阿坝藏族羌族自治州3部、甘孜藏族自治州1部、北川羌族自治州2部，涵盖的内容包括自治州自治条例修正、风景名胜区管理、野生动物保护、突发事件应对、矿产资源管

① 《四川省人大常委会2014年立法计划》，四川人大网，http：//www. scspc. gov. cn/。最后访问日期：2014年12月5日。

理、城市管理6个方面，主要集中在环境、矿产资源、社会治理等三大社会热点难点领域。结合党的十八届四中全会精神将环境、能源和矿产资源、社会治理等方面确立为法治工程中的重点领域来看，2014年四川省民族自治地区立法计划与中央进一步深化法治改革的意志和精神相契合，具有高度的前瞻性。

2. 立法的及时性

及时性所要求的是法律法规随着社会的不断发展而更新变化，“迟来的正义非正义”，法治要求的公平正义，更应在立法上因时制宜。一方面，对新的事物制定新的规则，由于近年来，地质灾害、气象灾害、民族宗教冲突等事件频发，严重影响甘孜州的经济发展、社会稳定和民族团结。因此，政府对突发事件的应急处理方式和能力亟待规范与提高，《甘孜藏族自治州突发事件应对条例》的颁布正当其时。另一方面，对不符合发展趋势的落后法律法规应进行及时的修正调整，以《阿坝藏族羌族自治州自治条例》为例，自1986年该条例颁布至今已经历两次修正，最近一次修正是2014年3月20日，由四川省人大常委会第八次会议通过。

3. 立法的针对性

针对性要求法律法规根据不同的时代趋势、不同的地域特点、不同的人群习俗等因素，因地制宜地对控制范围、规制对象、权益分配、义务承担等方面进行合理划分，杜绝“乱弹琴”、“一刀切”等粗暴简单的、有损法律法规的权威与尊严的做法。

综观2014年四川省民族自治地区立法，自治地区结合自身的实际情况对环境破坏、乱开乱采、城乡社会秩序混乱等重点社会问题，都采取了积极有效、特色鲜明的应对措施，体现了较强的针对性。例如，阿坝藏族羌族自治州，坐落于青藏高原东南边陲，山高谷深，森林与野生动植物资源极其丰富，伴随地区经济的发展而来的是乱砍滥伐、偷猎泛滥，既严重破坏了阿坝地区的自然生态环境，又不利于国家的整体战略。因此《阿坝藏族羌族自治州野生动物植物保护条例》的出台顺理成章。

4. 立法的科学性与民主性

科学性要求法律法规的内容科学、体例合理，制定过程经过立法协商。四川省早在2008年就由省政府法制办、省人大法制委等单位开始探索建立立法协商机制并形成相关会议纪要，明确规定了立法协商机制的范围、方式以及流程等内容。为了保证立法的科学性，在立法协商过程中，四川还邀请法学专家、社会团体等个人与组织对法律法规进行协商论证。《北川羌族自治县矿产资源管理条例》和《北川羌族自治县城市管理综合行政执法条例》的颁布实施就是例证，下文将进一步详细阐述。

（二）2014年北川羌族自治县立法典型立法分析

2014 年 7 月 30 日，《北川羌族自治县矿产资源管理条例》（以下简称《管理条例》）以及《北川羌族自治县城市管理综合行政执法条例》（以下简称《执法条例》）由四川省第十二届人大常委会第十次会议批准通过，这不仅是北川羌族自治县在全面深化改革的趋势下，实现“依法治县”、“依法强县”的最好表达，也是四川省民族自治地区立法权有效运用的一个缩影。

1. 特色一：《管理条例》灵活变通，部分审批权“抓而不滥”

《管理条例》亮点在于强调了矿山地质环境治理“保证金制度”（第 12 条）、零星散矿和非金属矿石的自主“审批权”（第 7 条），对矿产资源开发费用和利用方式进行了补充与变通规定（第 16 条、第 10 条）。[①] 首先，全面实行“保证金制度”是对《矿山地质环境保护规定》第 12 条的补充，为落实矿山环境治理提供了资金保障。其次，零星散矿和非金属矿产的自主“审批权”突出反映了北川县结合自身条件，充分利用矿产资源的特点。同时，矿产资源“审批权”的部分下放也体现省政府、市政府支持北川羌族自治县改革的决心，是简政放权，强化和转变政府管理职能的具体体现。最后，对矿产资源开发费用和利用方式的变通是北川县自治立法权的重要表现。

2. 特色二：《执法条例》定位准确，“管理与服务”两不误

《执法条例》在制定之初就拥有广泛的群众基础[②]，“5·12”汶川地震后

① 参见《北川羌族自治县人大常委会关于报请批准〈北川羌族自治县矿产资源管理条例〉的报告》。

② 参见《北川羌族自治县人大常委会关于报请批准〈北川羌族自治县城市管理综合行政执法条例〉的报告》。

北川新县城百废待兴，如何进行有效的城市管理，改善民生，提高人民生活水平是北川百姓普遍关心的话题。因此，政府的"管理"仅仅是一个小侧面，"服务"才是其本质的职能，而北川自治区将政府职能把握得恰到好处。其特点在于：首先，《执法条例》是四川省民族自治地区率先颁布实施的城市管理综合执法方面的法规，标志着北川社会治理的创新与实践。其次，充分尊重弱势群体的生存权。对流动经营的小商小贩等无固定经营场所的个体户以服务代替管理，如采取划定流动摊区、设置临时经营区域等措施，为其提供合法的经营场所和合理的经营时间。最后，市民"门前五包"、人民监督员等制度可操作性强，践行"人民城市人民管"的理念。

3. 特色三：两项条例的制定科学、民主

不论是《管理条例》还是《执法条例》都历经反复的调研、修改，征询了省人大、市人大、社会组织、专家学者等相关部门、组织和个人的意见，有效发挥了立法协商机制的作用，使两项条例的制定过程民主，内容科学。

四　2014年四川省民族立法成效

2014 年四川省人大常委会公布的立法计划统计，见表 4。

表 4　四川省人大常委会 2014 年立法计划

单位：件

项目	数量	名称
审议地方性法规	10	《四川省道路运输管理条例(修订)》
		《四川省〈中华人民共和国节约能源法〉实施办法》
		《四川省政府投资建设项目审计条例》
		《四川省〈中华人民共和国义务教育法〉实施办法》
		《四川省〈中华人民共和国动物防疫法〉实施办法(修订)》
		《四川省法律援助条例(修订)》
		《四川省城镇住房保障条例》
		《四川省电力设施保护条例》
		《四川省国有土地上房屋征收与补偿条例》
		《四川省酒类管理条例(修订)》

续表

2014 年立法计划	数量	名称
制定地方性法规	6	《四川省农村扶贫开发条例》
		《四川省野生植物保护条例》
		《四川省河道采砂管理条例》
		《四川省人大常委会关于加强城乡规划管理禁止违法建设的决定》
		《四川省政府非税收入征收管理条例》
		《四川省高速公路条例》
《修改地方性法规》	8	《四川省人口与计划生育条例(修正)》
		《四川省盐业管理条例(修正)》
		《四川省广播电视管理条例(修正)》
		《四川省〈中华人民共和国文物保护法〉实施办法(修正)》
		《四川省〈中华人民共和国全国人民代表大会和地方各级人民代表大会代表法〉实施办法(修正)》
		《四川省〈中华人民共和国工会法〉实施办法(修正)》
		《四川省燃气管理条例(修订)》
		《四川省〈中华人民共和国村民委员会组织法〉实施办法(修订)》
批准成都市法规	4	《成都市饮用水水源保护条例(草案)》
		《成都市地名管理条例(修订草案)》
		《成都市烟花爆竹燃放安全管理规定》
		《成都市非机动车管理条例(修订草案)》
批准民族自治地区法规	6	《阿坝藏族羌族自治州风景名胜区条例》
		《阿坝藏族羌族自治州自治条例(修正)》
		《阿坝藏族羌族自治州野生动物植物保护条例》
		《甘孜藏族自治州突发事件应对条例》
		《北川羌族自治县矿产资源管理条例》
		《北川羌族自治县城市管理条例》

从表 4 自治地区被批准条例所占的比例来看，2014 年四川省批准的民族自治地区条例占全部立法计划的比例约为 18%，体现了四川省对民族自治地区立法工作的充分重视。从通过的自治地区条例的内容来看，凸显了民族自治地区人大及其常委会因地制宜、因时制宜的立法特点。此外，根据相关资料显示，2013 年四川省人大关于民族自治地区的立法计划仅为两件。因此不难看出，2014 年四川省民族自治地区的立法成效显著，具体表现在以下方面。

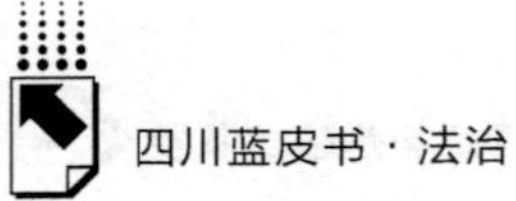

第一，贯彻了依法治国理念，民族自治地区法规逐渐完善。上述6部法规涵盖民族自治地区社会生活的各个方面，也随着经济社会的发展不断地调整。全面推进依法治国是我国长期坚持的治国理念，民族自治地区结合自身需要进行的立法实践是对依法治国、依法治县的深刻理解。第二，落实了环境保护制度，保护民族自治区生态环境。2014年新《环境保护法》颁布实施，有助于推动环境保护立法事业的发展。《阿坝藏族羌族自治州风景名胜区条例》、《阿坝藏族羌族自治州野生动物植物保护条例》、《北川羌族自治县矿产资源管理条例》等的出台有利于四川省民族自治地区环境保护的立法推动。第三，加强了矿产管理立法，调整利益冲突，维护社会稳定。四川省本来就是资源大省，矿产资源的有效开发与合理利用与四川省经济发展和生态环境息息相关，特别是民族自治州地区因经济技术较为落后，矿产开发、管理、利用方式粗放，资源开发与环境保护矛盾重重，特别是民族地区资源开发的利益冲突容易诱发民族地区的不稳定事件。在全国资源补偿机制、生态补偿机制不完善的情况下，《北川羌族自治县矿产资源管理条例》对此做出了有益探索，如第十条规定："自治县根据法律规定和国家的统一规划，对可以由本地方开发的自然资源，优先合理开发利用。由自治县审批的原矿应当优先在自治县境内深加工。确实需要外运的，由自治县地质矿产行政主管部门与相关外运人通过协商，按照市场规则达成矿业发展补偿协议。"促进了经济效益、环境效益、社会效益的统一。

总之，2014年四川省民族自治地区立法权的运用推进了四川自治立法的创新与实践，加快了民族自治地区改善民生的步伐，是全面深化改革的具体落实。

五　四川省民族立法展望

从依法治国的角度来看，民族自治地方立法的主要贡献在于将国家法律、地方性法规和章程结合自身特点予以消化变通，并通过自治立法程序转化为自治条例、单行条例等，树立和强化了自治地区法治意识。

四川省各级政府积极学习中央精神，贯彻落实依法治省、依法治市、依法治县的理念，为四川省民族自治地区立法创造了很大的发展空间。但与此同时，民族自治地区法治建设仍然存在法治宣传不足、立法资源匮乏、政策支持力度不够、民族法治人才缺失等问题。因此，如何进一步落实党中央《全面推进依法治国若干重大问题的决定》将是今后四川省民族自治地区立法工作的重点。继续推动民族立法，充分运用民族区域自治地方立法权，维护社会稳定、推动民族地区跨越式发展，成为工作的重中之重。

B.12
新形势下“大调解”工作体系发展方略

——眉山市“大调解”探索实践

蓝冰　刘正国*

摘　要：“大调解”是我国各地在社会转型时期矛盾纠纷易发、高发、突发的形势下，在传统调解手段基础上探索创新的社会治理举措，为预防化解矛盾纠纷、维护社会和谐稳定、保障经济社会又好又快发展发挥了极其重大的作用。“大调解”的发展历程已逾10年，在基层社会治理中展现出勃勃生机。但由于各地发展模式不一，成效也存在较大差异，其发展方向、发展方式，以及能否形成统一的发展模式等问题都值得深入研究。四川省是全国“大调解”工作体系创新实践的重要地区，眉山市作为四川省“大调解”工作体系的发源地和样板市，始终坚持探索创新，不断取得新突破，在全省、全国产生了重大影响。本文结合眉山的生动实践，就新形势下推动“大调解”工作规范、常态、科学发展进行反思和提出建议，对于理论发展和实务创新都具有十分重大的意义。

关键词：大调解工作体系　发展方略

---

* 蓝冰，四川省社会科学院法学研究所副所长，副研究员，法学博士；刘正国，眉山市大调解中心专职副主任。

一 概述

随着社会变迁与国家转型，我国社会利益主体日渐多元化，矛盾日益突出，纠纷数量激增。与此同时，原有的各种纠纷解决机制却在不同程度上失灵，因而从实践角度探求新的纠纷解决模式和机制显得极为必要。多年来，眉山市“大调解”探索实践正是为此做出积极的努力。眉山市“大调解”模式体现为一种工作体系，以官方主导为推动力量、以“以上促下”为实施路径、以综合协调为运作方式，以法院引领为主要作用，[①] 规范行政调解，建立健全矛盾纠纷排查化解长效机制，实现人民调解、行政调解、司法调解一体联动衔接，创造从被动“维稳”到主动“创稳”的惊人一跃，并取得良好的社会效果。

2009年底，中共中央、国务院转发《关于深入推进社会矛盾化解、社会管理创新、公正廉洁执法的意见》，正式对“大调解”工作做出最全面而权威的定义性表述。2012年11月，党的十八大报告提出：“正确处理人民内部矛盾，完善人民调解、行政调解、司法调解联动的工作体系”，正式把“大调解”这项三大调解联动工作体系确立为治国方略的重要举措，这种提升不仅全面肯定了这项源自地方的工作实践，而且消除了社会对“大调解”发展的怀疑态度。这充分表明，构建和完善“大调解”工作体系已不再是阶段性和地方性工作，而是上升为维护国家长治久安的战略举措。四川眉山的“大调解”实践取得更大突破和产生深远影响。

二 眉山市“大调解”实践背景

眉山市实施的“大调解”，是创新社会治理的举措，是对眉山近年来经济社会发展形势的一种积极回应。

眉山市地处四川成都平原西南部，属于成都平原经济圈，距成都70余公

① 左卫民：《探寻纠纷解决的新模式——以四川“大调解”模式为关注点》，《法律适用》2010年第2～3期。

里，交通网络纵横交错、四通八达。1997 年 5 月，眉山地区正式成立，管辖眉山、洪雅、仁寿、彭山、丹棱、青神 6 个县。2000 年撤区设地级市，辖区面积 7186 平方公里，人口 349.85 万，现辖 69 个镇、59 个乡、3 个街道办事处、158 个社区、982 个居民小组、1186 个村委会、9072 个村民小组。近年来，眉山的经济社会平稳发展，2013 年眉山市 GDP 达到 860 亿元。

进入 21 世纪后，我国步入经济调整期、社会转型期和矛盾凸显期。随着经济体制、社会结构、利益格局和思想观念的深刻变化，社会矛盾纠纷呈现易发、高发、多发之势。眉山自 2000 年建市后，不断加快发展，但全市经济基础总体薄弱、社会发展不均衡与民生需求矛盾突出的现状短时期内难以根本改变。再加上伴随城镇开发、园区建设而生的各种新型矛盾纠纷，造成全市群众信访量呈逐年上升势头，一些矛盾纠纷未能及时化解转化成积案、“骨头案”。到 2007 年上半年，眉山市到省进京信访量猛增，并连续发生几起群体性事件，进京到省非正常上访量甚至一度跃居全省第二位。

从矛盾纠纷表现来看，新时期的矛盾纠纷呈现以下四个显著特征。

1. 纠纷多发，矛盾复杂多样

矛盾纠纷的主体逐步由公民与公民转化为公民与经济组织、基层干部、管理部门甚至党委政府，矛盾纠纷争议的内容由家庭婚姻、邻里关系、继承赡养等一般性民间纠纷发展为经济合同、劳动争议、征地拆迁、企业改制、利益平衡等方面，纠纷涉及部门、领域广泛，有些还跨行业、地区。

2. 行为过激呈对抗性

一些纠纷当事人动辄打横幅，静坐请愿，阻塞交通或围堵党政机关及采取其他一些极端形式进行威胁。

3. 化解艰难呈反复性

眉山市 2007 年梳理出来的 239 件疑难信访案件，其中包括 7 件跨地区、180 件长达 10 年以上的老大难案件。

4. 负面影响严重

群体性纠纷或上访呈现组织化、串联化，极易引发群体性事件或区域性事件。

在这种新形势下，“各自为政”的传统调解方式弊端显现，人民调解由于自身权威性不够，解决纠纷能力明显不强，大量矛盾纠纷涌向法院形成“诉讼爆炸”，造成法院不堪重负。各级党委政府难以承受居高不下的信访压力，社会稳定面临严峻挑战，迫切需要寻找一条应对破解之策，以快速有效化解矛盾纠纷。

如果说深厚的传统文化和调解基础为“大调解”的诞生提供了土壤，那么新形势下社会矛盾纠纷的集中凸显和新时期司法政策的及时调整则为“大调解”的发展提供了营养和水分。在矛盾纠纷呈爆发式增长的新形势下，1999年，司法部在第四次全国人民调解工作会议上把“调防结合、以防为主”的人民调解工作方针调整为“调防结合，以防为主，多种手段，协同作战”，强调要采取多种手段，与有关部门相互配合，共同化解纠纷矛盾。2002年，最高人民法院发布《关于审理涉及人民调解协议的民事案件的若干规定》的司法解释，明确了人民调解协议具有契约性质和法律约束力。同时，中共中央、国务院联合转发《最高人民法院、司法部关于进一步加强新时期人民调解工作的意见》，专门提出人民调解协议的司法确认，要求法院依法确认人民调解协议的法律效力，并据此确定当事人权利义务。正是这一系列具有历史意义的司法决策，从国家层面推动了人民调解与司法调解的有机衔接，由此引发了全国各地“大调解”的广泛实践。

由以上发展过程可见，“大调解”是我国进入21世纪以来为适应易发、多发、高发的矛盾纠纷新形势而产生的一种多元化纠纷解决方式。各地“大调解”的实践背景和方式不尽相同，但基本含义大致相同，核心都在于充分整合人民调解、行政调解、司法调解及各种社会资源共同参与矛盾纠纷的预防和化解。反之，如果各调解组织和调解方式之间缺乏合法有效的配合与协调，就不能算是“大调解”。

三　眉山市“大调解”实践探索

（一）“大调解”发源地洪雅县的探索

洪雅县地处四川盆地西南边缘，距成都147公里、眉山50公里，辖区面积1896.49平方公里。2014年，洪雅县总人口35.2万，其中农村人口25.3万、城镇人口9.9万，辖11个镇4个乡，有142个行政村1040个村民小组、

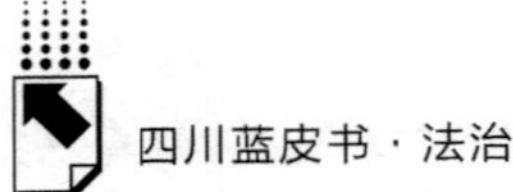

17个社区99个社区居民小组。洪雅是农业大县。2010年，洪雅县实现GDP 55.5亿元，人均国内生产总值18300元，一、二、三产业比例18∶58∶24，第二产业成为支撑国民经济发展的主导产业，第三产业超过第一产业。

经济的转型和发展促使社会矛盾纠纷激增。为了有效处理涉法涉诉信访，洪雅县创新纠纷调解机制，初步实现人民调解、司法调解、行政调解的有效衔接。党委政府和各职能部门积极探索，主动运用多种方式调解矛盾纠纷，创造新经验。

（1）诉前分流调解。柳江镇法庭主动把工作前移，实行诉前分流调解，在诉讼前化解各类矛盾纠纷。这既降低了司法成本和压力，提升了司法权威，增进了警民关系，又畅通了多条纠纷解决途径，实现法律效果和社会效果的双赢与统一。

（2）派出所调解。柳江镇派出所采用互动工作法，把履行自身职能与大调解工作有机结合，整合资源，优势互补。

（3）司法所调解。槽渔滩镇司法所以队伍建设为重点，人员专兼职结合，设定绩效考核，有效整合各方调解力量。

洪雅的大调解实践打破了以前的单一调解手段的局限，效果明显。2007年至2009年6月，眉山市大调解的发源地洪雅县已率先建立社会矛盾大调解机制，创建覆盖城乡的大调解网络（见图1）。县、乡（镇）村级矛盾纠纷调解处充分运用基层调解力量，具有纠纷排查预警和纠纷现场简单调处功能。

洪雅县创新的大调解模式具有如下特点。

（1）注重强化乡村层级调解力量。2008年，洪雅村社全面推开纠纷解决四道防线建设，形成纠纷调解网络新模式（见图2）。

（2）纠纷调解经费补贴。洪雅县对每个调解成功的案件给予50～200元不等的财政补贴。2008年全县给予结案补贴38.166万元，2009年则上升到40万元。[①] 洪雅县“大调解”取得良好效果。该县柳江法庭只有4名法官，但每年受理辖区内近10万人口发生的数百件案件。通过整合调解资源，把90%以上的民商事纠纷全部化解在立案阶段。[②]

① 余冰清、马利民：《眉山大调解形成之台前幕后》，《法制日报》2009年6月10日。

② 杨宇：《“大调解”的眉山样本》，《四川经济日报》2010年4月7日。

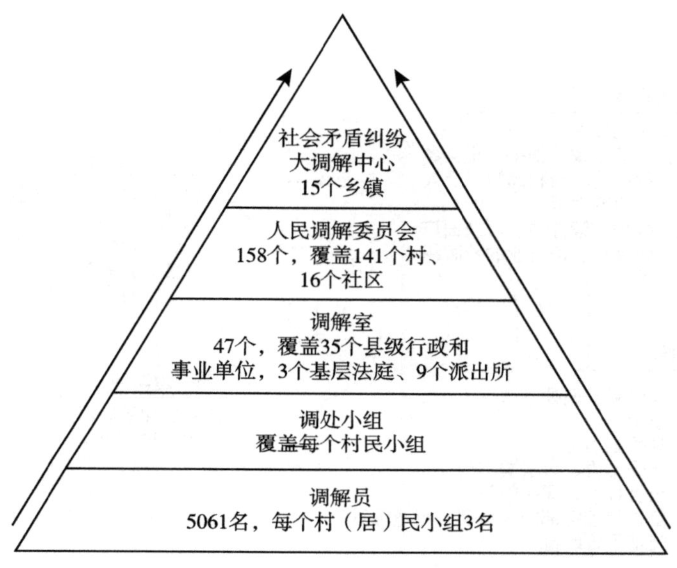

图 1　洪雅县大调解网络

资料来源：余冰清、马利民，《眉山大调解形成之台前幕后》，《法制日报》2009 年 6 月 10 日。

洪雅县对纠纷调解机制的创新引起了眉山市各方高度关注，并达成共识，即构建大调解工作格局的关键是建立和实现人民调解与司法调解衔接机制、人民调解与行政调解衔接机制和“三大调解”联合调处机制。为此，2008 年 7 月，眉山市委市政府召开“矛盾纠纷大调解工作现场会”，强调整合三大调解资源、实行大调解的必要性。省委政法委领导高度重视洪雅县大调解探索的新经验，肯定其在全省推广的价值。

（二）“大调解”眉山市的经验

1. 眉山市“大调解”改革探索

“大调解”试行一年后，取得显著效果。2008 年，眉山市调解近 3 万件矛盾纠纷，其中绝大部分在进入司法程序前被化解。① 眉山市在大调解中初试成功，决定将“大调解”进行到底，采取了以下举措。

① 余冰清、马利民：《眉山大调解形成之台前幕后》，《法制日报》2009 年 6 月 10 日。

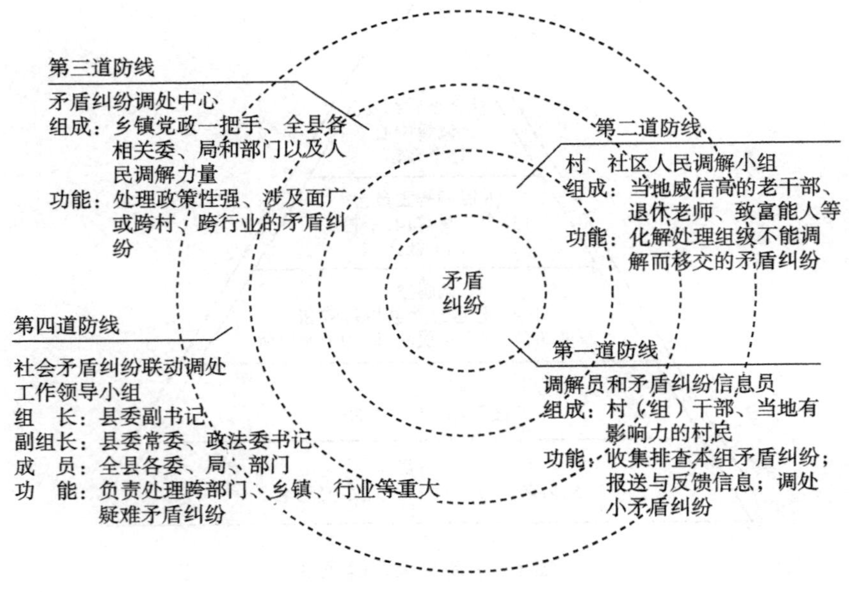

图 2　洪雅县纠纷调解网络新模式

资料来源：余冰清、马利民，《眉山大调解形成之台前幕后》，《法制日报》2009 年 6 月 10 日。

（1）把调解纳入工作目标考核体系。2009 年 5 月，眉山市委出台《进一步加强社会矛盾纠纷“大调解”工作体系建设的实施意见》（以下简称《实施意见》），推动建设“大调解”协调运行机制。最引人关注的是，《实施意见》把区（县）市级部门，市属以上企事业单位的调解工作纳入市委专项目标考核和综治维稳年度目标考核内容和职级晋升、评先报奖标准作为职级晋升、评先授奖的重要标准。

（2）强化诉前调解。法院是社会矛盾纠纷的终局裁判者，居中裁判，刚正不阿。然而，随着各种矛盾纠纷日益突出，仅靠单一的诉讼机制远远不能满足社会转型发展需要，加之法律体系欠完善、法律“刚性”过强，以及二者之间的实践冲突，法院难以解决所有社会问题，因而有必要探索把“刚性”法律融入“软性”调解之中的实践路径，探索从源头上预防减少涉诉信访化解矛盾纠纷的新思路。对此，在眉山市委的推动下，大调解机制迅速在该市两级法院中推开，对矛盾纠纷实行诉前、诉中、诉后调解，各区

（县）法院都明确了“所有案件非经调解不得判决”的原则，有效化解了矛盾。

（3）注重行政调解的规范化。行政调解是“大调解”中重要的一环，但缺乏国家相关法律法规的规制。眉山市总结市国土资源局、劳动和社会保障局等10多个单位的实践经验，编写《行政调解工作资料汇编》，对调解行为进行指导。2009年，眉山市政府出台《眉山市行政调解工作暂行规定》，规范行政调解工作，创造了该市连续22个月到省非正常信访排末位的纪录，得到国务院法制办的高度认可。

2. 眉山市“大调解”工作体系形成

眉山“大调解”工作体系从2008年开始构建，成形于2009年并逐渐成熟和完善。“大调解”工作体系由党委政府统一领导，政法综治机构综合协调，司法行政、法制部门、群工部门和人民法院、检察院分别牵头，有关部门各司其职，社会广泛参与，实现人民调解、行政调解、司法调解和信访群众疏导调解的充分运用与相互衔接。该体系由党政主导的政策体系、全域覆盖的组织网络体系、规范高效的调处体系、配套完善的保障体系、科学严谨的考评体系五个子体系构成。

一是党政主导的政策体系。市委、市政府先后出台了《关于构建“大调解”工作体系有效化解社会矛盾纠纷的实施意见》等文件，就三大调解又分别出台了《关于进一步加强全市人民调解工作的意见》、《眉山市行政调解工作规定》、《关于进一步完善人民调解、行政调解、司法调解衔接联动工作机制的实施意见》。各县、乡、村相应制定了本地区“大调解”工作办法和政策意见，形成自上而下、整体联动的政策实施体系。

二是全域覆盖的组织网络体系。在市、县、乡、村四级建立“大调解”工作领导小组，由同级党政主要领导担任组长；在市、县“大调解”工作领导小组下建立常态化办事机构“一办五中心”，即“大调解”工作领导小组办公室，“大调解”协调中心、人民调解指导中心、行政调解指导中心、司法调解中心、信访群众疏导调解中心；在乡设立矛盾纠纷“大调解”协调中心；在市、县32个重点行政部门设立行政调解中心，在村和村民小组设立调解室，在农户相对集中的地方建立农村中心户调解室，形成调解组织网络，纵向延伸到市、县、乡、村、社、农村中心户，横向覆盖各地区、各领域、各行业。

三是规范高效的调处体系。深化人民调解，大力推行由组、村、乡三级逐级调三次的“三三调解代理制”，探索创建人民调解委员会星级和人民调解员等级制度。创新行政调解，建立“四级”行政调解机制，按照“1+X”推进专业性、行业性调解组织建设。提升司法调解水平，把调解贯穿于立案、审判和执行各个环节，探索实践“无异议调解方案认可”、“无争议事实记载”、“调解协议申请公证机关赋予强制力”、“调解协议申请司法确认”等工作新机制。强化联动调解，建立层次化的“三大调解”梯次防范网络，在矛盾纠纷进入行政裁决和司法途径之前进行人民调解，在进入诉讼程序和上访渠道前进行行政调解，在进入诉讼环节前进行立案前调解，最大限度地在诉讼前化解矛盾纠纷。

四是配套完善的保障体系。人、财、物全方位保障。人员保障上，在市“五中心”和区县矛盾纠纷“大调解”协调中心分别配备了专职副主任和专职工作人员；组建了调解员库、特邀调解员库、调解联络员库，建立了一支专兼结合、覆盖广泛的调解员队伍。各级“大调解”协调中心和调解室均有专门办公场所和办公设备。市、县、乡三级每年分别按辖区总人口人均不低于0.3元、0.5元、1元的标准预算“大调解”工作经费。全面推行调解个案“以奖代补”制度。

五是科学严谨的考评体系。把“大调解”工作纳入市委、市政府专项目标进行考核，制定出台《眉山市“大调解”工作目标考评办法》，建立了较为完备的“大调解”工作考核评价体系（见图3）。

3.“大调解”四川眉山模式走向全国

四川“大调解”发展模式兴起于2008年汶川大地震之后，在面临灾后重建、藏区维稳、移民安置等多条战线作战、多种矛盾叠加、多重困难交集的情况下，四川省借鉴吸纳全国各地先进实践经验，由眉山市先行创新试点，试点成功后再以眉山模式为示范样板，在全省推广，全面构建“大调解”工作体系，实现城乡每一个社区、村（组）和各部门、各行业全覆盖，及时把社会矛盾纠纷化解在基层和萌芽状态，有力地保障全省社会和谐稳定。2009年6月，四川省委省政府在眉山市召开“全省构建‘大调解’体系工作会议”，现场推广眉山经验，随后全面开展构建“大调解”工作体系工作。四川省成立了省、市、县、乡矛盾纠纷“大调解”工作领导小组，以及市、县、乡镇工

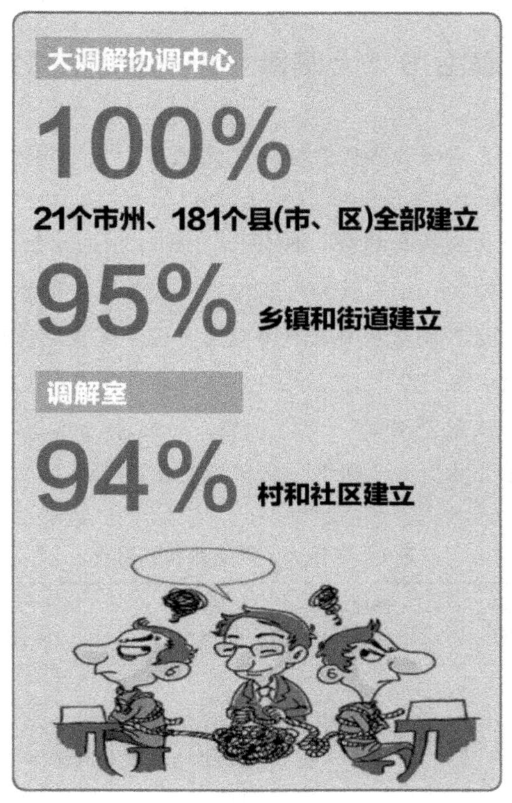

图3　四川“大调解”工作体系实践

资料来源：马利民，《半年调解矛盾纠纷26万件　四川“大调解”工作体系彰显维稳优势》，《法制日报》2009年12月18日。

作领导小组下的“大调解协调中心”。2009年底，四川已建立各类调解组织14.6万个、调解室近5万个（见图3），做到了“哪里有人群，哪里就有调解组织；哪里有矛盾，哪里就有调解工作”。[①] 2010年6月，全国社会治安综合治理工作会议在四川召开，总结推广四川经验，四川眉山“大调解”工作模式正式走向全国。

---

① 聂敏宁、徐海燕：《弹好司法调解音符 奏响社会和谐乐章》，《人民法院报》2010年3月24日，第1版、第2版。

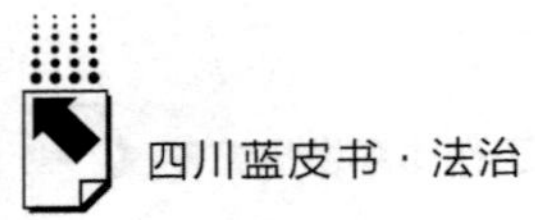

四 眉山市“大调解”模式优势比较分析

从实践进程看，全国较具代表性的“大调解”实践模式主要有以下五种，各具特色（见表1）。①

相较于表1中其他四种模式，四川“大调解”工作体系构建较晚，但更规范严谨，也更趋完善，从本身的科学构建、示范的总体效应和长期的工作实效来看，四川模式的实践与发展表现得更为实用，具有站位高、范围广、模式化、效果好的突出优势。

一是站位高。从省到乡镇，均由党委、政府主导推进，统筹解决人员编制、机构设置和办公场所，全面纳入各级党委政府年度目标考核。

表1 各地大调解实践模式对比

实践模式	山东陵县“司法调解中心”	浙江诸暨“枫桥经验”	江苏南通“大调解”机制	河北“三位一体”模式	四川眉山“大调解”工作体系
内容	1. 1998年建立全国最早的乡镇“司法调解中心” 2. 乡镇党委政府统一领导、司法行政部门具体动作、各有关部门共同参与的调解模式 3. 受理本辖区人民群众来信来访；免费咨询和调解矛盾纠纷	1. 2002年构建以乡镇调解为基点的“大调解”网络 2. 政法委负责协调领导，法院直接参与组织实施和进行业务指导 3. 人民调解与行政调解兼容	1. 2003年设立“社会矛盾纠纷调处指导委员会” 2. 设立县、乡社会矛盾纠纷调处中心，村（居）民小组调解员、每十户有信息员、设立市直部门和行业协会调解办公室等6级组织网络 3. 社会矛盾纠纷统一受理、集中梳理、归口管理和限期处理	1. 2004年，在全国首次提出建设司法调解、人民调解与行政调解“三位一体”的“大调解”工作格局的问题 2. 2006年在全小推广人民调解、行政调解、司法调解“三位一体”“大调解”工作模式	1. 党委、政府统一领导 2. 政法综治机构综合协调 3. 司法行政、法制部门和人民法院、检察院分别牵头 4. 有关部门各司其职，社会广泛参与

① 毋爱斌：《对我国人民调解各地模式的考察》，《法治论坛》2009年第2期。

续表

实践模式	山东陵县“司法调解中心”	浙江诸暨“枫桥经验”	江苏南通“大调解”机制	河北“三位一体”模式	四川眉山“大调解”工作体系
特点	1. 新形势下化解人民内部矛盾纠纷的创新举措 2. 乡镇政府推动	1. 司法机关起决定性作用,政法委牵头调动多方资源进行综合治理 2. 强化调解的预防功能,40年来坚持矛盾就地解决 3. 注重调解与诉讼衔接,把矛盾化解在萌芽状态,创造“捕人少、治安好”的经验	1. 突破以往人民调解由司法行政部门归口管理的体制局限 2. 党委政府统一领导、政法综治牵头协调、调处中心具体负责、司法行政部门业务指导、职能部门共同参与,社会各方整体联动的社会矛盾纠纷“大调解”工作新格局	1. 以有机结合人民调解和司法调解为基础 2. 注重三大调解的衔接机制建设	1. 人民调解、行政调解、司法调解既充分发挥作用又相互衔接配合 2. 城乡每一个社区、村(组)和各部门、各行业全覆盖
优点与不足	1. 地方性和随意性较大 2. 存在调解协议性质不明等法律争议以及调解合法原则的质疑等 3. 应用范围较小	1. 强化司法调解与人民调解的衔接,取得“大调解”工作新突破 2. 纠纷解决效果和效益良好	1. 有机结合人民调解、基层司法调解和行政调解 2. 有效推动“大调解”的实体化建设 3. 调解具有合法性、权威性、说理性和灵活性	得到中央综治和苏州会议充分肯定	1. 及时把社会矛盾纠纷化解在基层和萌芽状态 2. 有力地维护了全省社会和谐稳定

二是范围广。四川“大调解”工作体系超越了表1中其他任何一种模式，其组织机构和调解网络自上而下，纵向到底，覆盖全省每一个市州、每一个区县、每一个乡镇；横向到边，覆盖各行业系统、各社会领域，全省基本实现了调解组织覆盖所有群众，调解工作覆盖所有纠纷。

三是模式化。全省各级各部门均建立矛盾纠纷预防、排查、化解、诉调衔接、层级管理、考评考核等一整套规范化、常态化工作机制。2009年眉山市政

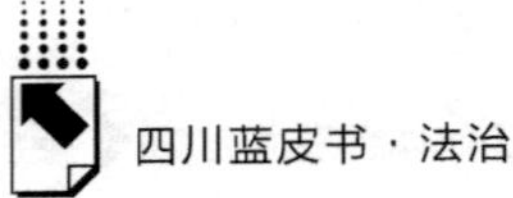

府出台的《眉山市行政调解工作暂行规定》得到了国务院法制办的高度评价，被认为“填补了行政调解无规范的空白”，带动了全省行政调解整体突破，改变了行政调解一直处于短板的局面，三大调解真正实现齐头并进和无缝衔接。

四是效果好。全省“大调解”工作体系构建迅速完成，大量矛盾纠纷被有效预防化解在基层，消除在萌芽状态，全省群体性事件由2007年的1376件下降为现在每年数十件，信访总量持续下降，进京非访连续多年排在全国第26位以后，社会更加和谐稳定。

五　眉山市“大调解”实践的启示

（一）回顾：对创新社会治理的积极意义

相较于传统的单一调解模式，各地“大调解”的发展实践时间虽然不过10余年，但具有重要的积极意义。“大调解”的调解观念更现代，调解方式更主动，调解方法更丰富，调解范围更宽泛，调解机制更健全，顺应替代性纠纷解决机制的世界潮流，契合了我国传统文化以及新时期矛盾纠纷的特点和规律，因而在各地创新社会治理的广泛实践中展现出强大生机与活力，多种效应凸显。通过实践，“大调解”已成为各级党委、政府维护社会稳定的“安全阀”、促进经济发展的“助推器”、夯实执政根基的“加固件”、密切党群干群关系的“连心桥”，其积极意义不言而喻。

从四川省眉山市来看，“大调解”对创新社会治理产生的积极意义具体体现在四个方面。

一是成为基层社会综合治理的重要抓手。基层社会综合治理千头万绪，矛盾纠纷化解又是其重中之重。全覆盖的“大调解”工作网络作为基层社会治理的前端触角，触点多，机制活，反应灵，为基层加强和创新社会治理找到了良策。眉山市因为“大调解”工作体系的成功构建而被中央综治委表彰为2009～2012年度全国社会管理综合治理优秀城市。

二是构筑维护社会稳定的重要防线。“大调解”工作常态化的预防、排查和化解功能，从源头上削减了社会不稳定因素，防止了矛盾纠纷恶化升级，担负起维护社会稳定的“第一防线”重大职能。2007年以来，全市通过“大调解”工作体系，有效防止民转刑案件828起，预防和化解各类不稳定群体性隐患589起，连续六年信访总量排名全省靠后，没有发生一起在全省有影响的群体性事件。

三是畅通了群众表达诉求的重要渠道。全覆盖的调解网络和调解人员直接面对最广泛的人民群众，直接面对随时随地发生的矛盾纠纷，降低了群众表达诉求的社会成本，架起了党委政府与群众之间的连心桥。在群众路线教育实践活动中，眉山“大调解”工作经验被四川省委群教办列为直接联系和服务群众的典型做法之一。

四是成为经济社会跨越发展的重要保障。矛盾伴随发展，发展的热点、难点领域必然是“大调解”的重心所在，眉山“大调解”工作不断完善“调解跟着项目走”、“调解跟着发展走”等相关制度机制，为推进新型工业化、新型城镇化、农业现代化营造了良好社会环境。2007～2013年，眉山市GDP平均增速保持在14%左右，连续四年招商引资位居全省第二，成为除成都外引进世界500强企业最多的市。

（二）检讨：对“大调解”实践的反思

在广泛实践、多点突破的强力推动下，“大调解”已发挥了重大作用并产生了重大影响，但由于全国缺乏自上而下的系统规划和整体设计，到底哪一种发展模式更科学、更具生命力、更有实践价值，都还有待于在实践中充分检验与论证。但不论哪种模式，都不同程度存在因为调解工作人员的政策法律素养达不到要求、工作机制还不够完善等，而难以真正做到运用法治思维和方式依法调解、科学调解，出现了一些偏差和不容忽视的现象，引发了社会各界对“大调解”发展实践的一些质疑或困惑。如何面对这些质疑或困惑，并在实践中加以廓清和解决，从而推动“大调解”工作的健康、规范、常态和科学发展，已是当务之急。当前，对“大调解”产生的质疑与困惑，主要体现在以下三个方面。

一是功能偏离的问题。人民调解是“大调解”产生与实践的基础，其核心功能就是化解纠纷。“大调解”是在我国进入社会转型期与构建和谐社会的大背景下，为解决纷繁复杂的社会矛盾纠纷而创立的一种应急性机制，其功能普遍定位于预防化解矛盾纠纷、实现社会治安综合治理、维护社会稳定和促进经济社会和谐发展。从这一点上讲，“大调解”兼顾了解决纠纷与政治两大功能，解决纠纷是根本，与政治功能并重，二者并行不悖。维护社会稳定就是其政治功能。“维稳”是新时代的政治话语，表现为通过调解纠纷实现对社会正常秩序的有效控制。正是因为“大调解”具有这一系列功能，为地方各级党委、政府找到了一条既利于当前又利于长远的社会综合治理新路子，所以才能获得地方党委、政府的更多关注和更大支持，也才会在全国各地广泛实践。缺乏科学的功能定位，将会导致“大调解”的解决纠纷与政治功能两大功能失衡，将不利于全社会形成多元化的治理思维，更会给崇尚法律的社会风气造成冲击。在现实实践中，一些地方职能部门和调解人员片面地将具体矛盾纠纷简单认定为“破坏社会稳定”，过度强调“大调解”的“维稳”功能，对调解双方当事人的权利有所忽视，为了追求“维稳”的最大效果，而对矛盾纠纷进行诱导或压制，表现为“强行调解”、“不平等调解”、“和稀泥”等现象。这些现象，偏离了“大调解”最本真的功能，那就是预防化解纠纷，促进公平正义，实现群众自治、社会自治，促进社会和谐。要改变这一现状，就必须在治本上下更大功夫，即依靠经济社会的持续发展、科学发展，依靠各级政府对民生的更多重视、更大投入，依靠全面、长效、高效推进的法治建设，依靠全方位构建平和的社会心理，健全和完善社会保障机制等来堵截和化解社会不稳定因素的源头风险，从根本上减少矛盾纠纷的产生和积累。只有通过标本兼治的共同努力，才可以从根本上防止“大调解”的功能在实践中被异化和扭曲，也才能有效推动“大调解”的和谐发展、健康发展、科学发展。

二是法理无据的问题。职权法定，是法治国家的最基本特征。人民调解、行政调解、司法调解作为“大调解”工作体系的三大支柱，都存在是否有明确的法律依据的问题。人民调解经过几十年的实践，在2002年司法部出台《人民调解工作若干规定》后，直到2010年正式出台《人民调解法》，对调解机构的设置、调解的范围、程序、效力都有了明确规定后，人民调解才真正实现了有法可依。司法调解的法律规定早见于1991年出台的《民事诉讼法》第九条。2004年8月，最高人民法院出台了《关于人民法院民事调解工作若干规定》。2013年1月1日起施行的新《民事诉讼法》同样在第九条规定了人民法院民事调解不成的，应当及时判决。这些法律和司法解释使得司法调解有法可依。但就行政调解而言，赋予行政调解权的法律文书虽然种类较多，但缺乏统一性，且过于粗疏，难以操作。值得一提的是，2002年最高人民法院发布的《关于审理涉及人民调解协议的民事案件的若干规定》和其他规范性文件都未对行政机关主持的民事调解协议问题予以明确，一度被社会误读为行政调解没有法律效力，甚至低于人民调解协议。2009年，最高人民法院印发《关于建立健全诉讼与非诉讼相衔接的矛盾纠纷解决机制的若干意见》，明确指出：“经行政机关、人民调解组织、商事调解组织、行业调解组织或者其他具有调解职能的组织调解达成的具有民事合同性质的协议，经调解组织和调解员签字盖章后，当事人可以申请有管辖权的人民法院确认其效力。”最高人民法院的新规定虽然支撑了行政调解的地方实践，但仍没有从根本上解决行政调解的统一性立法问题。

现实中，三大调解各自的法理依据并不能替代“大调解”而成为法理依据。“大调解”的纠纷受理范围，调解协议的法律地位，调解工作的社会公信力，以及许多制度和程序定位，都亟须在法律和制度层面予以解决。实际上，“大调解”从诞生到发展到兴起，各地都在为寻求法理支撑而努力。2005年，厦门人大常委会通过的《关于完善多元化纠纷解决机制的决定》，成为全国首例规范纠纷解决机制的地方立法。同年，江苏省高级人民法院、省司法厅、省社会矛盾纠纷调解工作联席会议办公室联合出台《关于进一步加强诉讼调解与社会矛盾纠纷大调解机制衔接工作若干问题的意见》。2009年，四川省委、省政府印发《关于构建“大调解”工作体系有效化解社会矛盾纠纷的意见》，省政府办公厅、省法院、省司法厅随后分别出台了加强行政调解、司法调解和人民调解的意见。这些努力引起了国家高度肯定与重视，但与真正实现“大调解”立法还有距离。立法问题若不能得到及时解决，极有可能影响各地推进“大调解”工作的积极性。

三是机制各异的问题。从全国各地的实践来看，“大调解”工作体系的构建模式各不相同，工作机制、工作平台、工作保障也各不相同，缺乏一个相对统一、规范的工作模式，影响和阻碍了“大调解”的广泛发展。

首先，称谓和机构名称不统一，“‘大调解’工作机制”、“‘大调解’体系”、“‘大调解’工作体系”等称谓并用；相关机构设置较乱，有矛盾纠纷“大调解”协调中心、司法调解中心、调处中心、调访办等各不相同；组成单位混乱，或多或少包括司法、公安、综治、法院、信访、民政、农业、房管、税务、劳动、监察等单位；基层调解机构设置不同，有分别设在乡镇街道政府、乡镇街道司法所、派出所等不同情形；隶属关系混乱，党委政府、政法部门、综合治理部门都有可能是其领导机构。此外，调解机构单设与合并办公情况并存，各显其能，各行其是，极不统一。

其次，衔接机制不顺畅。“大调解”工作的综合机制缺乏一套顶层设计和整体规划，导致行之有效的规范制度缺失，因而亟待完善。人民调解与行政调解之间怎样更好地衔接互动，人民调解与司法调解之间怎样更好地衔接互动，司法调解与行政调解之间怎样更好地衔接互动等，都还没有形成一系列具可操作性的规范的制度机制。

再次，保障方面的问题。就全国而言，各地“大调解”工作力度不同，有的地方仅仅是一般性倡导，没有提出硬性要求和设置奖惩措施，没有形成常态化保障，致使一些部门的工作责任意识不够，参与意识不强，整体效果不好。

“大调解”的创新实践，虽然在不同程度上削减或规避这些不足与现实问题，但短时期内仍难以根本解决，须引起社会各界高度重视，并在务实推进中加以改进和完善。

（三）展望：“大调解”发展的国家决策与方略

1.“大调解”的国家导向

从各地实践来看，“大调解”虽较长时间都由地方在主导推进，但地方实践与中央的决策引导，互相影响、上下互动。也正因为如此，“大调解”工作实践才能不断取得突破。通过一些时间节点，我们可以看见实践背后这一条清晰的国家导向脉络。

最高人民法院2002年发布的《关于审理涉及人民调解协议的民事案件的若干规定》和中共中央、国务院联合转发《最高人民法院、司法部关于进一步加强新时期人民调解工作的意见》，共同开启了诉调对接的新篇章。在这个节点前后，山东陵县、浙江诸暨、江苏南通等地的“大调解”实践取得较好成效。2005年10月，中共中央转发《中央政法委员会、中央社会治安综合治理委员会关于深入开展平安建设的意见》，明确提出“将人民调解、行政调解和司法调解有机结合起来，把各类矛盾纠纷解决在当地、解决在基层、解决在萌芽状态”，首次提出了三大调解的有机结合。2006年11月，中共中央政治局常委罗干在全国政法工作会上指出，“注重发挥调解手段化解社会矛盾纠纷的作用，着力构建在党委领导下，以人民调解为基础，加强行政调解和司法调解，三种调解手段相互衔接配合的大调解工作体系”，这是中央领导层面首次公开确认“大调解”这一提法。在这两个节点，河北石家庄、上海长宁、北京怀柔等地的“大调解”实践取得突破和显著成效。2009 年底，中共中央办公厅、国务院办公厅转发的《关于深入推进社会矛盾化解、社会管理创新、公正廉洁执法的意见》提出，“地方党委、政府充分发挥政治优势，政法、综治、维稳、信访部门综合协调，有关部门、单位各司其职，社会各界广泛参与，人民调解、行政调解、司法调解既能充分发挥作用又相互协调配合的‘大调解’工作体系”，这被理论界和实务界认为是对“大调解”工作最全面、最权威的定义性表述。2012 年 11 月，“大调解”被正式写入党的十八大报告，上升为国家意志，成为治国方略的重要举措。

2. “大调解”的“四化”发展

新形势下“大调解”工作的发展方向，除了针对现实问题和不足加以创新改进，还必须系统把握国家决策脉络，深刻理解中共中央于 2013 年 11 月出台的《关于全面深化改革若干重大问题的决定》的最新要求，从而准确把握“大调解”工作的改革方向和发展重点，推动“大调解”工作实践向系统化、法治化、专业化、科学化方向发展。

一是“坚持系统治理，加强党委领导，发挥政府主导作用，鼓励和支持社会各方面参与，实现政府治理和社会自我调节、居民自治良性互动。”① 其要义在于推动“大调解”工作向系统化方向发展。

国家治理是一个系统工程，社会治理更是如此。新形势下，导致矛盾纠纷发生的多种因素相互交织，矛盾纠纷化解的主体也表现为条块各异，工作效果更是千差万别，必须改变过去那种“头痛医头、脚痛医脚”或集中突击式的传统治理方式，注重系统性、整体性和协同性，以系统思维和系统方式提升矛盾纠纷化解的整体成效。推动矛盾纠纷化解系统发展，党委领导和政府主导是关键，社会各方面共同参与是保障，二者不可偏颇。只有在党委、政府的主导

① 参见《中共中央关于全面深化改革若干重大问题的决定》（2013 年 11 月 12 日中国共产党第十八届中央委员会第三次全体会议通过）。

下，改变各部门和各种调解方式“各自为政、各弹各调”的旧思维、旧格局，才能充分整合行政资源和社会资源，才能实现统筹各方，形成矛盾纠纷化解的整体合力。

四川省眉山市的“大调解”工作体系，无论是工作决策、安排部署，还是体系构建、机构人员配置、经费保障、考评考核、干部培训等方面，都贯穿着党政主导这根主线，发挥着党委总揽全局、协调各方的领导核心作用，在化解社会矛盾纠纷中显现出强大作用力。同时，坚持社会各方共同参与，突出调解工作的社会性，防止调解工作的过度政治化倾向，有效保持各类调解组织的相对独立，使各大调解组织能够独立自主、客观公正地进行调解。

二是“坚持依法治理，加强法治保障，运用法治思维和法治方式化解社会矛盾”。[①] 其要义在于推动“大调解”工作向法治化方向发展。

法为国之重器。习近平总书记在纪念宪法公布施行30周年大会上指出，依法治国是党领导人民治理国家的基本方略，法治是治国理政的基本方式，要更加注重发挥法治在国家治理和社会管理中的重要作用，形成办事依法、遇事找法、解决问题用法、化解矛盾靠法的良好法治环境，在法治轨道上推动各项工作。从近年来矛盾纠纷解决的实践来看，一味强调运用行政手段或是司法力量解决纠纷，不仅会背离矛盾纠纷就近、快速、及时解决的基本原则，还会影响行政功能和司法力量的发挥，最终损害法治的权威和尊严。同时，为追求暂时调和与稳定而采取的强制式调解、“和稀泥”式调解、偏离法治轨道的调解，看似“问题摆平”、矛盾解决，实则回避矛盾、积累矛盾，越调越不顺，最终导致陷入“信访不信法”的困局。运用法治思维和法治方式化解矛盾，就是要厘清调解与法治的关系。实践证明，调解与法治并不相悖，相反还成为我国法治实践的最佳路径之一。

具体实践中，要进一步强化各级领导干部的法治意识，提升各级各类调解人员的法治能力和水平，促进依法调解。坚持以公平正义和法律为底线，兼顾法、理、情、德、利，让群众在每一次矛盾纠纷化解中感受到公平正义和法治力量。加强法治保障，既植根于我国现行的法律框架体系，也期待着加快推进

---

① 参见《中共中央关于全面深化改革若干重大问题的决定》（2013年11月12日中国共产党第十八届中央委员会第三次全体会议通过）。

行政调解和"大调解"工作的立法规范进程，尽快解决"大调解"工作长期"摸着石头过河"、于法理无据的现实问题。

三是"创新有效预防和化解社会矛盾体制，建立畅通有序的诉求表达、心理干预、矛盾调处、权益保障机制，使群众问题能反映、矛盾能化解、权益有保障"。[①] 其要义在于推动"大调解"工作向专业化方向发展。

体制是党委、政府针对一种趋势性的问题或现象而建立某种组织系统或制度体系。体制创新就是对现有的、传统的体制进行创新。传统形式的矛盾纠纷表现为小而多，立足"快"、"早"、"情"三字方针就能较好化解；新形势下多发高发的矛盾纠纷已由邻里纠纷、家庭纠纷、财产纠纷等转向热点重点行业领域，例如，征地拆迁、房产开发、环境污染纠纷等，这些矛盾纠纷涉及面广，行业特征明显，专业性强。专业化调解的发展方向主要在于四个方面，即"诉求表达、心理干预、矛盾调处、权益保障"。第一，畅通诉求表达渠道，就是要进一步延伸调解触角，拓展调解网络，使群众的诉求信息能迅速传导，并得到及时解决。第二，强化心理干预，就是要依托各级调解组织，强化心理辅导和情绪疏导，防止"小事拖大，大事拖炸"。第三，强化矛盾调处就是要加大调解组织和调解队伍的建设力度，努力实现矛盾纠纷解决"全覆盖"。第四，强化权益保障，就是要依法化解矛盾，依法保障当事人双方合法权益。除突出"专业化"外，对各级党委、政府的要求还有要强化顶层设计，自上而下进行整体规划，在强化各大调解组织自身功能的同时，依靠体制创新实现行政资源、调解资源和社会资源的合纵连横，促进矛盾纠纷的合力化解，从而实现社会和谐稳定。这个整体规划，应该包括统一机构名称，统一职能和人员设置，统一领导管辖，统一工作流程，统一工作制度等。

从四川眉山实践来看，"大调解"工作体系实现了上下左右融会贯通，成为群众表达诉求、化解矛盾、保障权益的绿色通道。眉山市还在各级法院司法调解中心设立诉讼辅导站，信访局设立信访群众疏导调解中心，从心理上进行辅导和干预。

四是"完善人民调解、行政调解、司法调解联动工作体系，建立调处化

---

① 参见《中共中央关于全面深化改革若干重大问题的决定》（2013 年 11 月 12 日中国共产党第十八届中央委员会第三次全体会议通过）。

解矛盾纠纷综合机制”。[①] 其要义在于推动“大调解”工作向科学化方向发展。

完善的前提是构建。就全国而言，江苏、河北、上海、四川等地的“大调解”工作体系构建较为成功，取得明显实效。建立完善联动的调解工作体系，重点是要全面构建整体联动的组织领导体系、政策制度体系、网络平台体系、保障体系、考评体系等，形成有机闭合的科学体系。“大调解”的工作机制在全国各地实践中体现出较大的差异性和地方性，需要自上而下予以梳理、规范和完善，使各调解主体、调解组织之间的衔接运行更紧密高效。

从实践操作来看，眉山“大调解”工作体系较具模式化推广的样本意义，全省全国各地近年来到眉山考察“大调解”工作的党政代表团已达400余批次。

六　结语：构建和完善“大调解”工作体系

创新无止境。构建和完善“大调解”工作体系，是关涉社会稳定和长治久安的战略之举，是一个不断演进和完善的改革实践过程。眉山及全国各地的生动实践给我们提供了可供参考的基层样本，其唯一的终极目标在于不断深化和完善“大调解”工作体系，推进“大调解”工作体系良性、科学发展，为有效预防和化解矛盾纠纷、维护社会和谐稳定、保障经济跨越发展发挥更加重大的作用。我们可以期待，在新形势下，全国各地的“大调解”实践能迎来新一轮大发展、大创新，为实现中华民族伟大复兴中国梦营造更加和谐稳定的社会环境，为推进国家治理体系和治理能力现代化做出更大贡献。

---

① 参见《中共中央关于全面深化改革若干重大问题的决定》（2013年11月12日中国共产党第十八届中央委员会第三次全体会议通过）。

B.13

乐山涉诉信访法治化实践

徐秉晖*

摘　要：近年来，涉诉信访数量居高不下，信访的形式也层出不穷，从个体访到集体访，从地方访到越级进省进京访，从言词访到静坐访再到暴力访，涉诉信访大有愈演愈烈之势。社会形成“大闹大解决，小闹小解决，不闹不解决”的错误认识，信“访”不信“法”的风气也到了非刹住不可的地步。2014年初中央政法工作会议提出“维权是维稳的基础，维稳的实质是维权”，信访考核也从党政领导、地方政府考评指标里剔除出来，国家各机关不再“花钱买稳定”，而是对信访工作进行基层化改革：加强基层信访工作队伍建设和资源投入，建立有序有效的工作体系，拓宽群众诉求表达渠道，领导干部下基层亲自接访，把矛盾化解在基层。乐山市在涉诉信访法治化实践中积累了丰富的经验，创设“百姓讲堂”，由群众讲身边事、身边法，干部听问题、听难题，大家解纠纷、化矛盾，基层群众自我治理能力得到显著提高。“百姓讲堂”成为党委政府联系群众的新桥梁，倾听民声的新课堂，服务群众、宣传法制的新平台。乐山市通过从基层着力成功地将信访工作引导上了法治的轨道。

关键词：涉诉信访　基层　百姓讲堂　法治化

* 徐秉晖，四川省社会科学院法学研究所助理研究员，法学博士。

2014 年，四川信访工作取得一定进展，信访总量从历史峰值的 78 万件次下降到 25 万件次。省市区县各级信访部门积极响应和贯彻党的十八大关于“完善信访制度”的政策精神，其中乐山市在推动信访工作下基层、化解涉诉信访工作方面建立了较为完善的工作体系，形成领导接访、干部下基层、动态全程督导的工作方式，完善了“信、访、网、电”四位一体的群众诉求表达机制，创设百姓课堂、落实百姓自治、加强普法守法，涉诉信访得到有效化解并成功实现了信访和诉讼并轨运行。

一　乐山市信“访”不信“法”现象分析

十余年来，涉诉信访数量居高不下，有些地区、领域的信访总量逐年攀升。信访的类型也不断翻新，从个体访到集体访，从地方访到越级进省进京访，从言词访到静坐访再到暴力访。信访的事项也从针对已审结、执结案件的信访，向边诉边访转变，不少当事人在遇到纠纷矛盾时，向法院提起诉讼的同时开始信访，整个诉讼过程都伴随着信访；甚至有的人干脆直接选择信访，本属于法院主管的纠纷也采取信访的方式解决。2008 ~ 2012 年 5 年时间里仅乐山市中级人民法院信访总量即达到 4398 件次，其中，来访 2316 人次，来信数量 2082 封。个别信访人在多次信访后成为有经验的上访老户，他们为了谋求额外利益，开始有目的地向初次信访人传授经验，唆使初次信访人不断、反复进行信访。信访人之间从陌生到熟悉，开始交流信访信息和经验，有的甚至形成一个团体，对信访进行分工，对信访利益进行分享。涉诉信访数量长期高位运行，有的是由于法院审判执行工作的效率或公正有瑕疵，少数案件处理时存在程序错误或法律适用错误，造成不良社会影响，案结事未了，致使当事人不得不采取各种方式、手段维护其权益；有的由于法官工作方式简单粗暴，对当事人态度冷漠生硬，使得当事人对审判结果、执行结果不满，进而采取信访进行反映。更主要的原因是各级政府、各个机关对涉诉信访的治理模式存在很大弊端。绝大部分国家机关在面临信访时，奉行“稳定压倒一切”的治理理念，再加上维稳目标考核对于党政领导有着一票否决的效果。因此，各级领导都不惜花钱买稳定，只要信访人能息访，不惜在法外予以补偿，或做出无原则的妥协，或无底限地满足经济诉求，或给予超额的经济补偿。正由于对信访采取在法律外的处理方式，促使信访人不断缠访和闹访，在整个社会形成“大闹大解决，小闹小解决，不闹不解决”的错误风气。信访的法外运行进一步损害了法制权威，对依法治国带来巨大的负面影响。

党的十八大提出要“完善信访制度”，习近平总书记在2014年1月中央政法工作会议上指出：维权是维稳的基础，维稳的实质是维权。在此基本原则的指导下，各地涉诉信访的治理开始被纳入法治轨道，对当事人的信访诉求进行分类处理。凡是应通过法律途径救济的，依法办理，不再纵容不合法的诉求，只对合法的诉求给予救济和保护。涉诉信访的化解有赖于信访工作的改革，在法治化理念的指引下，治理信访的模式开始发生质的转变，信访工作的重心也转移到基层，越级访逐步得以消除，力争把信访反映的矛盾化解在基层，避免矛盾的激化和纠纷的升级。乐山市在信访工作下基层、涉诉信访法治化方面进行了有益探索和尝试，信访工作取得良性发展。

二　以基层为着力点构建信访工作体系

新时期信访工作面临着许多新变化，仅靠信访部门力量难以解决问题，必须形成全党全民参与的合力。乐山市在市、县（市、区）、乡镇（街道）、村（社区）、村（居）民小组五级建立群众工作机构，并在市、县两级部分职能部门设立信访科（股）室。在市、县两级司法、法制、法院建立人民调解中心、行政调解中心和司法调解中心，在村（社区）和相关单位建立调解室，基本形成覆盖各区域、各行业及社会管理各方面的“大调解”组织网络。这种横向纵向配合的立体工作网络形成群策群力，有效避免因一些基层干部政策法规知识欠缺，对群众工作认识上的误区、理解上的偏差而难以实效解释沟通的问题。这种工作体系的形成，明显增强了信访工作的整体合力，全市各级各部门的工作思路进一步厘清，工作切入点也更为清晰。“大治理”行动使信访工作实现由行政推动向依法治访转变。

（一）排查矛盾纠纷，增强预防和治理实效

当前群众反映突出的征地拆迁、劳动保障、企业改制、土地承包、林权纠纷等问题都是最直接、最现实的利益问题。群众对政策的理解有一定的局

限性，绝大多数信访群众的心理期待在于利益诉求得到解决。这些问题多发生在基层，又常因未能在萌芽状态有效化解而引发越级访和集体访。为此，抓好信访工作的关键在于响应群众期待，加强源头治理，对各类矛盾纠纷早排查、早发现、早研判、早调处，切实维护群众合理利益。乐山市建立健全矛盾纠纷排查化解机制，实行市、县两级每月、乡镇（街道）每旬、村（社区）每周、村（居）民小组每日排查化解制度，迫使基层干部及时了解并重视群众诉求。

针对信访工作中，有些基层干部宗旨意识不强，轻视群众诉求；主动下基层意愿不强，联系发动群众能力不高，做深做细做实群众工作意识不强，不愿不善不会做群众工作，造成基层干群对立，甚至出现侵害群众权益，引起群众不满的问题。乐山市采取“包片联系责任”，按照“包发展、包服务、包教育、包帮扶”要求，实行市、县、乡三级领导包片联系，市、县职能部门驻点联系制度，做到群众和信访工作包片和驻点联系全覆盖，责任片区困难群众联系全覆盖。包片联系领导定期深入联系片区，调研、指导群众信访工作，督办疑难案件；驻点职能部门主动深入联系点，开展政策法规宣传，搞好发展规划帮扶，协调解决民生问题，抓好困难群众救助，协助排查化解不稳定因素。在此基础上，制定落实信访稳定风险评估实施细则、问责办法等机制，在重大决策出台、重大事项决定、重大项目推进前组织开展信访稳定风险评估，广泛征集群众意见建议，促进科学决策、民主决策。

（二）多元表达，确保信访渠道进一步畅通

整合职能部门进驻市、县两级群众来访接待中心开展联合接访，各工作团集中时间、集中力量，在乡镇、村（社区）、“两新”组织等单位召开座谈会，与基层“两代表一委员”、村（社区）负责人等谈心。与乡村、社区干部和农民群众一起座谈讨论。开通人民来信“绿色邮政”，设立市（县）长热线和信访热线电话，设立征求意见箱、书记信箱、市（县）长信箱等网上信访平台，基本构建起信、访、网、电一体化的诉求平台。建立意见台账，认真分析民心所向，接纳群众意见建议。网上信访作为方便快捷、成本低廉的群众诉求表达渠道，承载着传递党和政府声音、回应社情民意的光荣任务。探索建立点、线、面相结合的党群干群“大沟通”机制，畅通基层民意表达，提高了防患

矛盾纠纷的针对性。

针对一些地方对信访工作重安排、轻落实，工作存在盲点误区，工作理念存在偏差，习惯采用堵防管控手段，缺乏用群众工作统揽信访工作的现象，各工作团坚持工作重心下移，深入各基层组织，进村入户，与乡村干部谈新农村建设，与企业主摆生产经营，与农民唠科技致富，与党员论先锋模范作用发挥，与教师话办好人民满意教育，与医生议构建新型医患和谐关系，工作团认真听取各方面、各阶层的意见和建议，切实做到广开言路、从谏如流。

（三）领导接访，强化信访工作实效

制定落实领导干部阅批来信、定期接访、包案处理、带案下访等制度。首先，全面开展联动接访，每月确定一天为“全市大接访日”，开展三级联动接访，由市、县、乡三级领导分别到联系的县、乡、村坐班接访。其次，探索建立视频接访。引入信息化技术手段，在市、县、乡信访机构设置视频接访室，实现三级异地共同接访。再次，细化量化带案下访，采用带案下访、重点约访、专题接访、上门回访等方式，集中攻坚，限时化解、限期完成。领导带头，将疑难信访案件纳入领导干部下访案件，各级各部门把重点信访案件化解纳入“走基层”活动同安排、同部署、同考评，带案深入实地分析研究问题，督促责任部门及时解决，同时完善督查反馈机制，加强跟踪回访落实，对领导带案下访案件解决情况做好考核，以化解信访积案的成效来检验“走基层”活动开展的实效。目前，“一件案件、一名领导、一套班子、一个方案、一包到底”已成为“硬杠杠”。

以往曾出现如下不良现象：一些单位作风漂浮，对群众诉求敷衍搪塞，对上级或领导批交办信访事项推诿扯皮、拖而不办，或故意把矛盾上交、致信访上行。乐山市在加强领导接访，由领导率先垂范、以身作则的同时，加大信访工作过程管理，落实逐级负责制、部门责任制，坚持“谁主管、谁负责”、“属地管理、分级负责”的原则，该归哪一级的问题，就由哪一级来解决，压实责任抓化解。健全完善目标考核、督查通报、责任追究等制度，切实将信访工作责任落实到工作的每个环节，发挥好基层基础作用，推动基层积极主动解决好群众诉求。

（四）督查指导，提高基层信访工作效能

首先，充分调动基层信访工作人员的积极性，则需要多重视、多指导并辅之以激励机制和奖惩制度。乐山市积极加强基层业务工作指导，各级联席会议主动深入基层一线，有针对性地加强业务工作指导，提高基层化解社会矛盾、维护社会稳定的能力。其次，强化基层执行力督办。改进督查督办方法，综合运用电文催办、会议商办、现场查办、调查协办、跟踪督办等方式，加大对基层信访工作执行力的督办，确保工作安排部署落实到位、案件协调化解到位。再次，抓好基层信访工作通报。调整信访工作通报重点，突出工作绩效通报，重点通报处置情况、老案化解率和息诉息访率，并直接通报到基层责任单位，引导基层将工作重心由堵防管控转变为切实解决问题。最后，搞好基层“三无”创建引导。组织开展“无进京赴省到市非正常上访、无群体性事件和集体上访、无重复访和信访积案”的“三无”乡镇（街道）、村（社区）创建活动，定期进行表彰奖励。

（五）充实队伍，提高基层信访工作化解能力

信访工作要从基层抓起，做实基础工作。一是充实基层信访工作力量。按人口总数一定比例配备县级信访部门人员，将信访工作网络向企业延伸，设立企业信访工作室（站）。二是狠抓基层信访干部培训。科学制定培训规划，每年对全市信访部门领导班子轮训一遍，每两年对全市信访干部轮训一遍，做到分级分类和全员培训。三是强化信访岗位锻炼。有计划地从基层一线和综合职能部门选派后备干部、优秀中青年干部和专业型人才到信访部门挂职锻炼，提高解决复杂问题的能力。四是加大信访干部交流使用力度。对在信访岗位上工作一定年限的干部，有计划地进行交流；对优秀信访干部，予以提拔重用；对在信访岗位同一职级任职满一定年限的干部，解决上一职级非领导职务。

三　创设“百姓讲堂”，提高基层群众自我治理

乐山市五通桥区为进一步夯实信访工作的成效，进一步探索基层群众自治

工作，把信访矛盾消灭在萌芽阶段，特创设了以“堂上群众讲课、堂下干群获益”为宗旨的“百姓讲堂”。

（一）双向教育，以群众讲为主，干群关系有效改善

“百姓讲堂”创设的基础是群众，第一要务是“服务群众”，保障群众享有充分的自主权和表达权，让广大群众在讲堂中取得真经、获得实惠，让领导干部在讲堂中捕捉民生、搜集民意，搭建起党委政府与群众互动的信息新平台。“讲课”群众上台谈对党和国家大政方针的个人理解，“听课”干群加深对政策规划的理解程度，提高践行自觉性；“讲课”群众上台谈改革开放以来身边的变化，“听课”干群加深对政府服务群众、加快发展信念的认同，提高感恩自觉性；“讲课”群众上台谈身边实实在在的法制案例，“听课”干群加深对依法治国的认识程度，提高守法自觉性。从而，实现上台讲课群众与台下听课干群的双向教育。“百姓讲堂”用“身边人说身边事”的方式，让干群在“你讲我听、我讲你听”互动中产生共鸣和理解。越来越多的普通群众由最初的淡漠观望发展到积极主动上台，主体作用得到充分发挥；领导干部则能够深入听取民声，进一步用群众观点思考群众问题，站在群众角度解决群众诉求，让坚持党的群众路线成为自觉自愿行动。

（二）自我解题，内容体现针对性，为民办实事

百姓讲堂既在于解决矛盾纠纷，更旨在化解难题、交流经验。群众上台讲矛盾纠纷化解方法和案例，号召人们支持发展，做到矛盾纠纷就地化解；讲自我克服生产生活困难的方法和案例，引导群众遇到困难不等、不靠、不要，遇到困难努力自行破解；讲问题和需求，群策群力商量解决途径，实现群众需求共商求解。同时，邀请致富能人、业务行家讲授种植、养殖技术，搭建互学互用平台，提高群众致富本领。总体而言，“百姓讲堂”的主要内容均是针对生产生活实际，关涉时事政治、历史教育、传统文化、政策法规、知识技能、民生热点、矛盾纠纷、致富经验等。讲课形式丰富多样，包括座谈会、茶话会、微型党课等。为民办事，干部威信更高。领导干部积极参与“百姓讲堂”，对群众反映的问题，能现场答复的当即答复，不能现场答复的及时报请党委政府专题研究解决，暂不能解决的耐心做好解释工作，让群众反映的问题件件有回

音。同时，致富能手、创业能人关于种植养殖技术的传授，优惠扶持政策的宣讲，切切实实为民解难题，办实事。

（三）自觉服务，管理实现规范性

为切实办好“百姓讲堂”，乡镇（街道）党委成立领导小组，村（社区）成立相应领导机构，吸纳大学生村官参与其中，负责“百姓讲堂”的开展和建设工作。课前，先征求群众意见和建议，确定主题，公示主题并采取群众自荐或联名推荐的方式确定主讲人；课后，由专人负责“百姓讲堂”活动记录、信息上报和视频影像等档案资料的整理归档工作，及时办理和反馈群众课上提出的意见和建议。同时，建立人才发现制度。以群众自讲的形式为普通群众尤其是年轻人提供展现自我的平台，及时发现观点新、头脑活、综合素质较高、热衷村级事务的年轻人，并将其纳入后备人才储备。新鲜血液的注入有助于推进管理创新，从“替群众解决问题”转变为“和群众一起解决问题”，最大限度调动群众建言献策的积极性和主动性，熔群众工作和民生工作于一炉，实现了从“管理管控”到“寓管理于服务”的积极转变。群众积极参与村级事务，社会管理热情进一步提高，民主意识进一步增强，基层更具活力。

（四）广纳民意，注重活动实效性

乡镇（街道）成立督查小组，深入村（社区）实地指导“百姓讲堂”开展和建设工作，掌握第一手资料，并作为对村（社区）党建工作年终目标考核和评优评先依据，形成一级抓一级、层层抓落实的工作格局，确保“百姓讲堂”不走过场、取得实效。“百姓讲堂”以群众讲课、干部受益为出发点，借助此平台，党委政府能及时获取群众需求信息，进一步明确工作方向；职能部门能广泛搜集群众建议，进一步调整工作思路；领导干部认真倾听群众期盼，进一步明确工作重点。通过开展“百姓讲堂”，党委政府积极做出角色转变，充分引导和调动群众力量，让群众教育群众、群众号召群众、群众组织群众，找准工作着力点和力量源泉，督促自身不断完善政策、改进作风、提升效能，赢得群众的认可和支持。

“百姓讲堂”搭建起党委政府联系群众的新桥梁、倾听民声的新课堂、服务群众的新平台。在城乡治理中为实现群众自我管理、自我服务、自我教育、自我监督提供新路子，在丰富基层群众生活、强化制度法规宣传、推进社会管理创新、维护社会和谐稳定等方面取得显著成效。

乐山市各级党委、政府高度重视信访工作，定期召开市委常委会、市政府常务会，研究部署党的群众路线教育实践活动中的信访工作。市、县（区）党委、政府分管领导亲自联系指导信访部门的群众路线教育实践活动，协调解决工作中的具体问题。各级领导带头接访、带头包案，将排查出来的重点案件交市领导带案下访，收到了较好的成效，充分发挥了示范引领作用。乐山市开展“百姓讲堂”，收集社情民意，收到了显著成效，受到群众的普遍欢迎和好评。在“走基层”活动中切实做好了“大下访、大化解、大治理”三大行动。

B.14

邛崃市检察院创新预防职务犯罪培训方式

四川创新预防职务犯罪培训方式研究课题组*

摘　要：邛崃市检察院与北京师范大学心理学院合作，开展“组织廉政文化构建中的自我成长与心理干预”预防创新项目，探索利用多学科知识开展预防职务犯罪培训，编撰《科学认知贿赂犯罪》预防培训教程，整合刑法学、心理学、社会学、经济学等学科知识，将预防职务犯罪培训知识集成为八个模块，采用问题引导，互动教学的方式讲授，同时把重要的知识要点制作成情景剧，使预防职务犯罪培训在知识体系上集成化、模块化和情景化，提高了培训的科学性、针对性和有效性，革除了传统廉政预防培训知识结构简单、形式单一的弊端，丰富了预防职务犯罪教育的内容和形式，对当前反腐倡廉工作提供了有益的经验和借鉴。

关键词：预防职务犯罪　培训方式　创新

惩治和预防腐败体系是一项系统工程，“标本兼治、综合治理、惩防并举、注重预防”的方针体现了党中央以人为本、教育为先的廉政预防思路，深刻地说明了预防教育工作的重要性。在“教育、制度、监督”并重的惩防

---

* 课题组成员：赵峰，邛崃市人民检察院检察长；郑泰安，四川省社会科学院副院长，研究员，博士后合作导师；熊晖，邛崃市人民检察院副检察长；唐军，四川省社会科学院法学所副研究员；罗强，邛崃市人民检察院研究室主任。

腐败体系中，教育处于重要的基础地位，是制度和监督有效性的重要前提。这一体系所规定的教育目的是启迪、调动预防教育受众的自主性、自觉性，以正确的价值取向，保证公权运行和公职履行的规范、准确。因此教育不仅是保持公职人员思想不腐败的重要防线，也是有效遏制非制度性腐败行为、保护公职人员安全的重要防线。

反腐败实践证明，任何一种腐败，都是制度环境与个体欲望冲突时产生张力作用的结果，这种张力是腐败的原始心理起点。从预防的角度讲，反腐败斗争所要达到的最好境界就是通过教育来引导和教化，使人不想犯罪。正如贝卡里亚所说："预防职务犯罪的最可靠也是最艰难的措施是：完善教育。"教育作为对人具有潜移默化内在功能的手段是预防职务犯罪最基本，也是最广泛采用的措施，是预防职务犯罪的基础防线。开展教育预防的前提是，教育者必须深刻研究职务犯罪的深层次原因、受教育者的心理状况和心理变化，毫无针对性、泛泛而谈的教育没有任何实质性效果。教育预防的核心是一种说服技术（包括论证、修辞、暗示、引导以及场景展示、情景体验等），目的是让受众对职务犯罪有更加清醒的认识，在其内心真正与教育者所期盼的效果达到共情、共鸣，使受众在面对类似环境或类似诱惑时，自动放弃尝试职务犯罪的企图。因此，对于开展教育预防工作而言，用何种方式达到上述目标，才是问题之核心。

一　当前预防职务犯罪培训方式存在的问题

当前，传统的预防职务犯罪教育所采取的培训方式主要存在以下问题。

（一）责任机制不健全，"大宣教"格局难形成

一些地方党委政府对于预防职务犯罪教育工作没有刚性的目标要求，没有明确的责任考核指标，没有建立完善的教育制度体系，导致教育缺乏长效性，大部分预防教育只注重设定短期目标，如一年开展多少次教育培训、对多少人次开展教育培训，"一阵风"预防教育的现象较为突出，"润物细无声"的经常性预防教育坚持得不好，缺乏长远规划和统筹安排。同时，有些单位忽视预防职务犯罪教育工作的重要性，使这项重要工作"虚化"；有的个别干部觉得

开展预防职务犯罪教育是搞花架子、走过场、图形式，对预防培训工作的热情不高，没有真正认清预防培训对廉洁从政的必要性。

综上所述，关于预防职务犯罪教育工作，在各级行政机关、企事业单位不同程度地存在着“说起来重要，干起来次要，忙起来不要”的现象，要真正建立“大宣教”格局，还任重而道远。

（二）方式方法缺乏创新性，教育工作效果不佳

当前传统的预防职务犯罪教育的主要方式有：一是灌输式教育，即“一人讲众人听”，开大会、讲案例、发材料，照本宣科，教育内容枯燥、乏味、雷同，互动性差。二是观赏式教育。集中观看一些廉政教育片或到监狱、廉政基地参观，由于缺乏适时恰当的有效引导，其形式是蜻蜓点水、走马观花，结果是过眼即忘，难以起到应有的教育作用。三是典型教育。在现实中，树立正面典型都是“高、大、全”的形象，反面典型都是集各种负面效应于一身，容易使受教育者感觉不真实，缺乏可信性，使典型教育起不到应有的作用。

现代人的价值观、是非标准日益多元化，枯燥、单一、保守的教育内容和方式方法，使教育者和被教育者之间缺乏有效的交流和沟通，教育的感染力不强，不能赢得受众的共鸣、共情，导致在教育实践中出现“教育年年搞、年年老一套”的局面，使教育工作难以真正有效地深入开展。

（三）内容针对性不强，教育工作研究不深

首先，预防职务犯罪教育重点不突出，层次不分明。在实践中，一方面，一些党员领导干部的言行不一已经成为干部群众反映强烈的一大顽症；另一方面，对很多腐败现象，不少干部群众已经见怪不怪，习以为常。而一般的廉政说教没有针对这种现象去剖析隐藏在后面的腐败逻辑和心理路径，教育就会显得苍白无力、难以服众。同时，教育不分对象，有时把对领导干部的教育和对一般干部职工的教育混为一谈，没有突出预防职务犯罪教育的层次性。

其次，有针对性的分类教育、专题教育少。有的检察院预防职务犯罪部门的一篇讲稿、几个案例用了几年也不更新；有的不分部门、不分领域、不分机关与镇乡，千篇一律，缺乏个性化的教育。另外，未能充分利用现代传媒优势开展教育，缺少形象生动、丰富多彩的教育形式，这些都致使预防教育的吸引

力、感染力、渗透力不强，没有做到因人施教、对症下药，预防教育收效平平。

再次，教育培训理论研究匮乏。目前，国内对于预防教育模式的理论研究相对较少，尤其是对构建什么样的教育培训模式才能更好地达到预防教育所期望的效果的理论研究和实务论证基本处于空白。由于缺乏对于如何从预防教育培训模式入手，建立有效的预防培训方法的系统性、科学性、可操作性的探索研究，导致预防培训实践没有科学指导，其效果自然大打折扣。

二　邛崃市检察院创新预防职务犯罪培训方式的探索

（一）加强问题调研，转变预防思路，创新心理预防模式

针对某些行政部门和领域干部"前腐后继"预防效果不佳的问题，邛崃市检察院进行调研后发现，组织亚文化系统是否健康与腐败活动水平之间具有高度的关联性。如果用心理干预手段和技术将廉政文化因子引入到组织亚文化系统中，为该组织构建一个健康、稳定、持续、廉洁的价值观影响源，就可以在该组织内部营造一个良好的亚文化氛围，使组织成员的价值取向和行为选择发生变化。为此，2011 年该院与北京师范大学心理学院合作，以邛崃市国土、电力部门为研究对象，开展了"组织廉政文化构建中的自我成长与心理干预"预防项目，项目组聘请了北京师范大学心理学院金盛华教授为首席专家，探索利用心理干预技术开展职务犯罪预防，指导预防对象算清政治账、经济账、家庭账的同时更要算好自身心理账，自觉抵御"腐败心魔"。

（二）检校紧密合作，对象积极参与，心理预防取得效果

2011 年 3 月以来，"组织廉政文化构建中的自我成长与心理干预"项目组深入参与单位，从干部（员工）的满意度、认可度、认同感、归属感、荣誉感、公平感和廉洁认知水平等维度，开展调研、访谈、问卷调查，了解参与单位的组织生存状态，寻找组织存在的问题，并制定了有针对性的组织文化提升方案。按照该方案，开展了以"价值取向与自我定位"、"自我追求与人生之本"、"心理绑架与心理枯竭"、"贿赂犯罪——个人选择的结果"为主题的 4

期培训活动、10次廉政文化论坛活动、6次焦点问题讨论活动和2次干部家属恳谈活动等。这一系列心理干预活动把廉政建设与单位文化、单位管理紧密联系起来，重点关注预防对象廉洁之心的培养，使参与单位的干部能够自主调整心理状态，自觉抵制腐败诱惑。为验证参与单位的组织文化发生变化，特别是廉洁认知水平发生变化，项目组就上述七个维度的问题再次对参与单位进行组织生存状态诊断，结果表明，参与单位干部（员工）的满意度、认可度、认同感、归属感、荣誉感、公平感和对廉洁的认知水平较以前有积极改变。其中，廉洁认知水平改变明显。项目运行产生了积极的效果。国电邛崃公司被成都市纪委、组织部、宣传部、总工会联合授予成都市“廉政文化进企业示范单位”。邛崃市国土局近半数中层干部被邛崃市委提拔交流使用。项目组还被邀请到成都市电业局，为该局中层以上领导干部开展预防职务犯罪培训。

（三）开发预防教材，创新培训方式，积极开展预防培训

面对传统预防职务犯罪教育培训的种种不足，为更加科学有效地开展预防职务犯罪工作，邛崃市检察院研究总结过去开展查办和预防职务犯罪工作的经验和教训，改变过去不区分腐败类型，用“单一的刑法知识讲笼统的腐败”的做法，从当前腐败多发的贿赂犯罪入手，创新培训内容和培训方式。一方面，该院对近年来暴露出的贿赂案件进行梳理，发现部分党员领导干部价值取向消极、自我定位模糊，信仰缺失，加之缺乏对贿赂行为的科学认知是导致其腐败堕落，走上犯罪道路的重要原因，而传统的“用单一的学科知识笼统地预防职务犯罪”的教育方法对贿赂犯罪难以起到有效的预防作用。对此，该院在“组织廉政文化构建中的自我成长与心理干预”预防研究项目取得成果的基础上，针对当前反腐败斗争中贿赂犯罪的实际情况，编撰了《科学认知贿赂犯罪》的培训教材。教材在内容上整合了刑法学、心理学、社会学、经济学等学科的相关知识，从一些看似平常的社会现象入手，以独到的视角深入解读这些现象背后的逻辑本质，把预防贿赂犯罪的知识最大限度地集成到一部教材中，实现知识集成化。另一方面，在预防培训的形式上，摒弃了上大课、说教的传统方式，把集成的知识按内在逻辑组合成八个模块，每个模块的知识围绕贿赂犯罪自成体系，实现了知识模块化，同时将这八个模块的知识，用八个问题进行引导，形成问题引导培训的教学方法，即在培训中，引入强调互

动、激发思考和注重体验的“问题引导”培训方式，采用每次培训不超过15个预防对象的座谈讨论的形式，由主持人以8个焦点问题开展层层引导，配合PPT多媒体课件的演示，让预防对象在培训的过程中自我思考、积极表达、相互交流，从而更好地帮助预防对象科学认知贿赂犯罪的逻辑结构和心理演变轨迹，了解贿赂犯罪的成本和风险，提升对贿赂犯罪的认知水平。为了提升培训效果，该院把科学认知贿赂犯罪中最重要的两个知识模块，结合查办腐败案件的真实案例，聘请专业编剧、导演、演员制作成情景短片。每部情景剧都是一个知识模块，都有自身的内在逻辑。通过把逻辑情景化的方法让知识变得更贴近生活，大大提高了知识普及的生动性。

通过多学科知识对贿赂犯罪知识进行集成化、模块化和情景化，邛崃市检察院构建了“问题引导”加“情景体验”的预防贿赂犯罪培训方法，这种培训方法能充分调动预防教育受众情绪、引起其对所接受的预防教育信息进行深度加工，从而产生共情、共鸣，为塑造培训对象的廉洁行为模式奠定了良好的基础。近期，该院对一年前参加过《科学认知贿赂犯罪》培训的学员，采用线索引导的方式进行问卷调查，据调查的初步结果表明，90%以上的学员能够在线索引导下回忆起培训的主要内容，有30%的学员表示在培训后有拒绝贿赂的行为，有50%的学员表示将培训中学到的知识在朋友、亲属和同事中进行过转述。上述数据表明，“问题引导”加“情景体验”在长期记忆、行为塑造、知识传播等方面，具有比传统廉政培训方式更好的效果。

（四）建立教研基地，巩固培训成果，不断强化心理预防

为持续发挥心理学知识对预防职务犯罪的作用，巩固预防课题研究和培训成果，建立起长效的心理预防培训方式，邛崃市检察院与邛崃市纪委、北京师范大学心理学院进一步合作，于2012年4月，建立了“北京师范大学心理学院邛崃廉政文化教研实践基地”，形成“基地引进专家，专家引入课题，课题带动培训，培训推动论坛，论坛巩固成果”的廉政文化建设长效机制。这种机制从组织和个体两个方面介入，重点关注干部在组织文化、组织公平、组织承诺、个人工作压力、工作满意度等5个维度上的成长与发展，并逐步营造从上至下、由心理到行为、组织文化切合个体价值、组织与个体共同发展的良好廉政文化氛围。2012年8月，该基地下设的“邛崃检察廉政文化中心”和

“廉政文化长廊”建成并开展职务犯罪预防培训工作，对相关部门党员干部开展廉政文化及理论培训，帮助相关部门构建内部廉政文化组织，为其单位内部廉政文化创建提供长期的、稳定的、持续的支持，形成有邛崃特色的廉政文化建设模式。

（五）引入新兴媒体，升级培训方式，开展预防课题研究

在培训中，邛崃检察院注重收集反馈信息，每次培训均发放培训需求调查问卷，及时获取预防对象对预防培训的意见和建议。通过对培训情况的总结，该院进一步优化升级培训方式，引入新兴媒体，制作微电影情景剧，将情景体验学习方法融入问题引导学习方法中，创新研发出“问题引导 + 情景体验”的预防培训方式，进一步增强预防培训中预防对象的感受。2014 年，该院制作了首部预防职务犯罪微电影情景剧《改了就是好孩子》，先后获得全省检察机关首届“三微”创作活动和全省检察机关“预防职务犯罪微电影”评选活动两个二等奖。

三　邛崃市检察院创新预防职务犯罪培训方式存在的问题

（一）预防培训方式的效果需要时间验证

“问题引导 + 情景体验”预防教育方式针对传统教育的不足，重点关注廉政教育信息的传递、加工的过程，通过焦点问题引导、注重情景体验的方式，使预防教育的受众对所传递的廉政知识产生共情、共鸣，并转化为长期记忆，影响深远甚至改变其行为方式，降低其不廉洁行为发生率。为了验证该方式的有效性，需要在实践培训研究中制定相应的调查表，对参与该模式培训的受众开展长期跟踪调查，看该预防教育方式中传达出的廉政信息是否进入受众的长期记忆，有多少进入了长期记忆；受众的行为是否受到影响或发生改变，1 年、2 年、5 年甚至是 10 年时间内，其受众发生职务犯罪的概率与传统教育预防模式下受众职务犯罪发生率是否存在较大差异。而要得出科学结论，不是一朝一夕之功，需要长期坚持不懈的实践努力。

（二）预防培训相关人才的培养滞后

“问题引导+情景体验”预防教育培训方式不同于传统预防培训方式的地方，除了内容的针对性、科学性更强，形式的新颖性、体验性更明显以外，还在于实施该预防培训的工作人员要求有复合的知识结构。现状是，各地检察机关对预防培训工作的重视程度不一，有的检察机关预防部门人员素质参差不齐，有的检察机关甚至根本没有设置单独的预防部门，有的检察机关即使重视预防工作，也可能因为案多人少等原因，无法配齐配强预防工作人员。该项预防培训需要依托具备刑法学、经济学、社会心理学、普通心理学、积极心理学、社会学等多学科知识的专业预防培训人员来开展。因此，预防培训人才的培养，将是该项培训广泛推广的重要因素。

（三）经费制约不利于该项预防培训的深化和推广

“问题引导+情景体验”预防教育培训方式作为一项创新工作，从最初开展到效果呈现再到推广实施，需投入大量的人力物力财力。邛崃市检察院在开展该项工作中，积极争取到了邛崃市委、市政府的大力支持，对“邛崃廉政文化教育实践基地”建设和配套的预防培训给予了专项资金保障，有力推动了预防培训的提档升级。然而，对于大多数检察机关而言，要在单一的预防工作中争取到如此多的经费还是比较困难的。该项预防培训如果要推广到其他地市，其检察机关必须结合当地的具体特点对教材、课件等内容进行符合自身情况的优化，这势必涉及经费的问题，怎样才能将这些经费纳入当地党委政府的预算，建立科学化、制度化的预防经费保障，是值得研究的重要课题。

四　预防职务犯罪培训方式的创新发展

当前反腐倡廉之道是综合治理、标本兼治、教育为基，教育以其多元的价值功能，构筑人们健康的心理和道德防线、提高公职人员的政治素质和道德水平，改善道德环境和社会风尚，从而为预防职务犯罪筑牢自律防线，健全他律防线，成为职务犯罪预防中的重要基础和中心环节。邛崃市检察院创新预防职务犯罪培训方式的工作，是从职务犯罪教育预防的方式及其效果验证入手，分

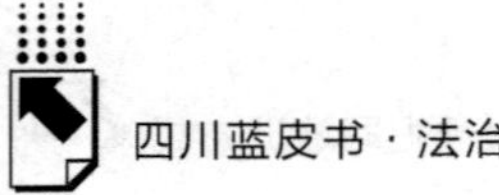

析我国职务犯罪教育预防模式的现状以及存在的问题，在此基础上，通过对“问题引导+情景体验”教育预防模式的实践，为达到教育预防的目的提供了新的方法。

但是，如何让预防教育所传递的廉政知识信息被受众真正吸纳，引起受众共鸣，并形成长期记忆从而对廉洁行为产生持续影响，以及如何有效开展廉政预防教育培训等问题，仍是预防职务犯罪培训方式创新发展的重点。

B.15
盐边县综合执法试点改革

盐边县综合执法试点改革课题组*

摘　要：行政执法具有系统性和综合性。行政执法严格公正，直接体现着各级政府依法行政的水平和程度，而行政执法及时高效，则直接影响各级政府治理能力的发挥和社会治理的效果。权责交叉、多头执法、多层执法不仅损害了执法的统一性，也降低了行政执法的效率，增加执法成本。攀枝花市盐边县“综合执法试点”工作以基层执法为重心，通过建立由多个部门组成的综合执法机构实现执法权的统一行使，有助于避免执法重叠和执法空缺，建立高效、权威和权责统一的行政执法体制，提高执法人员的执法水平，规范行政执法行为。实践证明，该“试点”工作显著提高了执法效率和执法质量，减少社会矛盾，激发了乡镇推动经济社会发展的动力和活力，有效促进全县依法行政工作的有序开展。

关键词：行政执法　综合执法　改革　试点

徒法不足以自行，法律的生命力在于实施，法律的权威也在于实施。行政执法是行政体制的重要组成部分，是推进依法治国的关键环节，我国绝大部分的法律、地方性法规和行政法规均需依托行政机关的执法行为才能实施。因此，行政执法是涉及面广、社会化程度高、综合性强的系统性工程，公正高效

* 课题组成员：李红军，四川省社会科学院法学研究所助理研究员，法学博士；刘芳均，中共攀枝花市盐边县委宣传部；钟凯，四川省社会科学院法学研究所助理研究员，经济学博士。

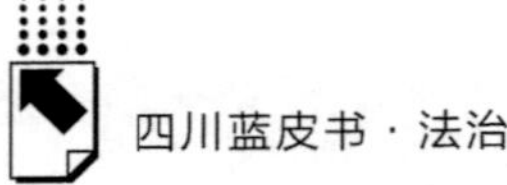

的行政执法体制是全面正确实施法律法规、有效维护经济社会秩序、切实保障人民群众合法权益、切实实践依法行政的根本保障。

改革开放以来，国家对社会和经济的管理逐步实现了法制化，法律法规数量日益增加，而且为执行这些法规设置了多支执法队伍，导致执法队伍膨胀、职权交叉重复、执法效率低下等问题逐渐暴露出来。为此，在《中华人民共和国行政处罚法》于1996年10月1日实施后，“相对集中行政处罚权”工作，综合执法试点工作正式启动。国务院办公厅在2002年10月11日转发中央编办《关于清理整顿行政执法队伍实行综合行政执法试点工作的意见》第三条提出“调整合并行政执法机构，实行综合行政执法。要改变多头执法的状况，组建相对独立、集中统一的行政执法机构”，随后，综合执法试点在广东省、重庆市正式开展，涉及的领域包括城市管理、资源环境管理、文化市场管理、农业管理、交通运输管理等，试点的目标在于解决饱受诟病的多头执法、重复执法等困扰行政执法的老大难问题。

自2002年以来，经过十多年的努力，我国行政执法状况总体有了很大改善，取得明显进步。然而执法队伍膨胀、职权交叉重复、多头执法、执法效率低下等问题仍未获得根本解决。更由于执法权分散，执法人员数量膨胀，致使部分执法人员专业化程度较低，法治意识淡薄，乱执法、不文明执法、不作为、不重视程序甚至违反程序的现象时有发生。

与此同时，经济和社会的快速发展使社会、市场和政府的边界模糊，这对市场调控和社会治理的方式方法与能力提出更高的要求，以部门分割和层级分配为基础的行政执法权配置体制已经难以应对此种挑战。合理集中执法权是解决行政执法中权责交叉、多头执法问题的关键，也是行政体制发展的必然要求。

为此，中国共产党十八届三中全会审议通过的《中共中央关于全面深化改革若干重大问题的决定》（以下简称十八届三中全会《决定》）提出“相对集中执法权，推进综合执法”，为进一步深化行政执法体制改革做出了顶层设计，将“相对集中行政执法权、推进综合行政执法改革”，作为深化行政体制改革和行政执法体制改革的重要任务，提出要“整合执法主体，相对集中执法权，推进综合执法，着力解决权责交叉、多头执法问题，建立权责统一、权威高效的行政执法体制。减少行政执法层级，加强食品药品、安全生产、环境保护、劳动保障、海域海岛等重点领域基层执法力量。理顺城管执法体制，提高执法和服务水平”。2014 年 10 月，中国共产党十八届四中全会审议通过的《中共中央关于全面推进依法治国若干重大问题的决定》（以下简称十八届四中全会《决定》）进一步立足于推进依法治国的高度，将“创新执法体制，完善执法程序，推进综合执法，严格执法责任，建立权责统一、权威高效的依法行政体制”作为加快建设法治政府的基本路径，明确提出要“根据不同层级政府的事权和职能，按照减少层次、整合队伍、提高效率的原则，合理配置执法力量”，“整合执法主体，相对集中执法权，推进综合执法，着力解决权责交叉、多头执法问题，建立权责统一、权威高效的行政执法体制”。

在全面推进依法治国，建设社会主义法治国家的宏大时代背景下，作为承担主要执法任务的基层执法部门如何根据中央十八届三中全会《决定》、十八届四中全会《决定》以及国务院《关于深化行政管理体制改革的意见》和《关于地方政府机构改革的意见》精神并结合地方具体情况和执法环境，在既有约束条件下推进综合执法改革实践，提高执法水平是不可回避且亟待解决的关键问题。2013 年以来，攀枝花市盐边县本着“先行先试”的原则，突破现行体制、机制的约束，为建立行之有效的乡镇综合行政执法管理机制进行了一系列探索，取得不俗的成绩，四川省人民政府依法行政领导小组更将盐边县红格镇人民政府评为“四川省依法行政先进乡（镇）”，这是攀西地区唯一获此殊荣的单位。

一　攀枝花市盐边县开展“综合执法试点”工作的基本背景

自中共中央十八届三中全会《决定》提出要“整合执法主体，相对集中执法权，推进综合执法，着力解决权责交叉、多头执法问题，建立权责统一、权威高效的行政执法体制”的要求以来，攀枝花市党委和政府根据该《决定》精神，为进一步理顺执法体制，提升城市精细化管理水平，把开展“综合执法试点”工作作为 2014 年重点推进的议题。为此，攀枝花市党委和政府高度重视，先后成立了由相关主管领导牵头的调研组，分赴攀枝花市三区两县、重点乡镇（街道）和市级有关执法部门，深入开展调查研究，提出对策建议。

经过反复研究论证，决定以四川省“依法行政示范县乡评选活动”为契机，积极探索符合实际的乡镇行政管理新体制、新机制，适时提出“深化扩权强镇改革试点、打造全省依法行政示范镇”计划，率先选择在盐边县红格镇开展“综合执法试点”工作。

攀枝花市盐边县红格镇位于盐边县东南部，镇域面积160.23平方公里，有1个居委会和4个行政村，15000余人。2013年，全镇国内生产总值完成76204万元，农民人均纯收入9783元。红格镇作为盐边县“两化互动、统筹城乡”示范区和县工业发展的后勤保障和生活基地，既是统筹城乡发展的主战场，也是实现“五个盐边”和全面建成小康社会的重要载体。按照红格总体规划要求，2012年盐边县政府把原红格主街改造成红格旅游小镇。2013年，红格镇被列为《四川省“十二五”重点小城镇发展规划》中的31个旅游型重点小城镇、全省多点多极支撑发展战略“百镇建设试点行动”首批21个重点镇之一。随着红格城镇规模的不断扩大和城镇化程度的不断提高，土地、房屋的商业价值不断增加，公共利益和个人利益之间的矛盾日益凸显，城市管理问题已成为红格在城镇化过程中必须面对的问题。一方面由于历史和规划原因，近10年来红格镇中心区域居民申请建房基本未审批，而中心区域部分居民的房屋大多建于20世纪70～80年代，加之“8·30地震”后有部分成为危房。村民申请危房改建、旧房翻新、分户新建等改善居住条件的需求十分迫切。另一方面，因申请建房的程序复杂，等待审批的时间较长，群众不愿办手续而造成违规建房。而对违法建房者的查处打击，由于种种原因不及时有效，受利益驱动，给其他观望等待建房者提供了参照，违法建设行为时有发生。

红格镇通过多年建设，已经从一个农村乡（镇）集市转变为城镇，几千村民形式上已经转化为城镇居民，但户籍上、意识上还是农村村民，公共意识、秩序意识、法制意识还比较淡薄。主街经营户多是半商半农的村民，对占用人行道经营加工、车辆乱停，油烟、废弃物乱排乱倒，房屋乱搭乱建、市场脏乱差等现象习以为常，对污染环境影响城市形象熟视无睹。如何运用法制、道德等有效手段，管理好发展中的红格，解决好发展过程中存在的“重建设，轻管理”的实际问题，调动群众参与红格城市建设管理的积极性，保障红格小城镇建设健康有序发展，成为摆在县委、县政府面前的一道难题。

二　攀枝花市盐边县“综合执法试点”工作的探索实践

（一）整合执法主体

以解决权责交叉、多头执法问题为重点的行政执法体制改革，在执法权的配置上涉及两个方面：首先是厘清执法机关职责权限，相对集中执法权和执法资源，以推进综合执法，在横向上实现执法机构的精简和统一；其次是根据执法部门不同的层级和执法工作量，合理配置执法资源，推进执法重心和执法资源向基层下移，充实基层执法力量，夯实执法基础，特别是在食品安全、安全生产、环境保护、劳动保障等与人民群众生命财产安全密切相关的重点领域强化基层执法力量，在纵向上实现行政执法层级的整合和执法重心下移。

盐边县按照攀枝花市委、市政府的工作部署和安排，为解决综合执法主体问题，突破现行体制、机制的约束，将综合行政执法试点的主体机构设在县住建局（城市管理局）。在此基础上，从纵向和横向上整合执法资源，组建权责统一的跨部门、跨层级综合行政执法主体。从县政府法制办、住建局、环保局、工商局、食品药品监督局、公安局、国土局、交通局、水务局抽调合格执法人员与红格镇工作人员共同组建红格镇综合行政执法大队，综合执法大队下设城镇管理、违建巡查两个组，由红格镇镇长兼任综合行政执法队队长，该执法队作为县城市管理局的派出机构派驻红格镇开展相关行政执法工作，由红格镇直接管理。

这一综合执法队在横向上实现了住建局、环保局、工商局、食品药品监督局、公安局、国土局、交通局、水务局等多个部门的整合，在纵向上实现了县级执法部门与镇人民政府的统一，执法力量充沛，执法资源充足，具备较强的协调能力。

（二）集中执法权

由于我国行政执法体制历经较长时间的渐进发展，在不同时期、基于不同的法律依据，不少行政部门都根据需要成立各自的执法队伍，甚至在一个执法领域存在两支或多支执法队伍，不同程度地存在多层执法、多头执法、重复执法、推诿执法的现象，不仅牺牲了行政执法应有的公正和效率，干扰了正常的社会经济秩序，更损害了人民群众的利益和政府的形象，而导致这种现象的根本原因正是执法权的分散或分割。

攀枝花市盐边县在推进“综合执法试点”过程中，打破行政执法权条块配置的模式，按照管理权、处罚权、监督权分离的模式，将执法领域相近或者重叠的行政执法权集中起来，采取委托执法的方式集中到新成立的综合执法部门行使，有效避免制度层面上的职责交叉弊病，探索解决联合执法行为主体缺失、责任不明的法律路径。经过委托，综合执法部门集中行使的执法权清单如表1所示。

表1 执法权清单

类别	执法权内容
人力资源和社会保障执法	1. 在辖区内有用人单位拖欠农民工工资的,可依法责令其支付农民工工资 2. 辖区内用人单位有非法用工行为的,可依法责令其纠正
住房和城乡规划建设管理执法	1. 行使辖区内市容环境卫生管理方面的法律、法规、规章规定的行政执法权 2. 行使城市绿化管理方面法律、法规、规章规定的行政执法权 3. 行使法律、法规、规章规定的对违法设置户外广告的行政执法权 4. 行使建筑市场管理、燃气管理、施工现场管理、城市停车洗车管理方面法律、法规、规章规定的行政执法权 5. 行使市政设施、公用事业管理方面法律、法规、规章规定的行政执法权 6. 行使城乡建设行为方面法律、法规、规章规定的部分行政执法权 7. 行使《四川省城乡环境综合治理条例》中涉及的其他执法权
食品药品安全监管执法	1. 负责本辖区内餐饮服务许可的初审及餐饮服务单位的日常监督管理 2. 对本辖区内餐饮环节食品安全的投诉举报进行检查核实,并根据职责权限进行监督管理
文化体育广播影视新闻出版执法	1. 受委托审批的相关经营业务的行政执法 2. 对文化娱乐、电子游戏、互联网上网服务、新闻出版等经营违规行为,予以警告及按简易程序给予500元以下罚款的行政执法
安全生产监管执法	1. 行使安全生产检查权以及有现实危险的重特大事故隐患紧急处置权 2. 对安全生产违法行为予以纠正或者责令整改权 3. 按简易程序实施的安全生产行政处罚权
林业执法	1. 依法查处辖区内盗伐林木3立方米(不含3立方米)或幼树100株(不含100株珍贵树种)以下;滥伐森林10立方米(不含10立方米)或幼树500株(不含500株珍贵树种)以下;非法运输木材3立方米(不含3立方米)以下 2. 依法查处辖区内非法占用林地3亩(不含3亩)以下;查处《森林防火条例》第48、49、50、52条规定的行政处罚案件 3. 依法查处由盐边县林业局指定行政管辖区域内的其他林业行政案件

续表

类别	执法权内容
环保执法	1. 环境噪声污染包括建筑施工噪声、交通运输噪声和社会生活噪声的行政执法 2. 工业企业以外的单位和个人未采取有效污染防治措施,向大气排放粉尘、恶臭气体或者其他含有有毒物质气体的行政执法 3. 未采取密闭措施或者其他防护措施,运输、装卸或者贮存能够散发有毒有害气体或者粉尘物质的行政执法 4. 城市饮食服务业的经营者未采取有效污染防治措施,致使排放的油烟对附近居民的居住环境造成污染的行政执法 5. 对在人口集中地区和其他依法需要特殊保护的区域内,焚烧沥青、油毡、橡胶、塑料、皮革、垃圾以及其他产生有毒有害烟尘和恶臭气体物质的行政执法 6. 在人口集中地区、交通干线附近以及当地人民政府划定的区域内露天焚烧秸秆、落叶等产生烟尘污染物质的行政执法 7. 在城市市区进行建设施工或者从事其他产生扬尘污染的活动,未采取有效扬尘防治措施,致使大气环境受到污染的行政执法 8. 向水体排放、倾倒工业废渣、城镇垃圾或者其他废弃物,或者在江河、湖泊、运河、渠道、水库最高水位线以下的滩地、岸坡堆放、存贮固体废弃物或者其他污染物的行政执法 9. 从事畜禽规模养殖未按照国家有关规定收集、贮存、处置畜禽粪便,造成环境污染的行政执法 10. 工程施工单位不及时清运施工过程中产生的固体废弃物,造成环境污染的行政执法 11. 工程施工单位不按照环境卫生行政主管部门的规定对施工过程中产生的固体废弃物进行利用或者处置的行政执法
国土执法	1. 非法占有土地行为的行政执法 2. 辖区内违反土地管理方面规定的部分行政处罚权 3. 集体土地使用的前置审查
民政执法	1. 按《四川省殡葬管理条例》和《攀枝花市殡葬管理规定》,将违反殡葬管理规定的相关行政处罚事项,委托乡(镇)人民政府进行处罚
农牧管理执法	1. 负责本辖区内农业投入品经营企业(个人)的日常监督管理 2. 对本辖区内农业投入品生产经营环节和农产品质量安全的投诉、举报进行检查核实,并根据职责权限进行监督管理 3. 对本辖区内农业投入品经营户与用户之间的购销及使用纠纷进行田间(现场)调查,并提出初步调解仲裁意见,报县农牧局备案 4. 对本辖区内经营个人 50 元以下,经营企业 1000 元以下罚款适用简易程序实施处罚的农业投入品违法案件行使行政处罚权(备注:处罚人员必须持有行政执法证,否则不能实施行政处罚),并报县农牧局农业行政综合执法大队备案

如表1所示，盐边县红格镇综合执法队受委托行使市容环境卫生管理、城市绿化管理、市政设施管理、建筑市场管理、燃气管理、城市施工现场管理、城市停车洗车管理方面法律、法规、规章规定的全部行政执法权；受委托行使城乡规划管理、环境保护管理、水务管理、公安交通管理、土地管理、食品药品监督管理等方面法律、法规、规章规定的部分行政执法权；按职责权限办理呈报的违法违章案件。这一做法基本解决了城市管理领域执法主体众多，部门与部门之间处罚管理权交叉，长期存在的多头执法，行政审批与行政处罚无法有机衔接，不能达到事前介入，事中事后监管的执法问题；有效整合了分散在多个部门的执法权，集中执法力量，提高执法效能。

（三）创新工作方法

综合执法涉及面广、系统性强，具有高度综合性和机动性，并非简单的“发现违法行为—实施行政处罚”的模式，而是更多地体现出现代社会治理所要求的协同参与、共治共享等特征。因此，在组建统一执法机构和集中执法权的基础上，盐边县在试点过程中创新工作思路、改进工作方法，采取了丰富多样的举措获得群众的理解与支持，改进行政执法的社会效益。

第一，做好调查摸底和宣传发动，调动群众参与红格管理的积极性。对镇区管理范围内的市容市貌、规划建设、占道经营、乱搭乱建、市场脏乱差、建筑垃圾和弃土乱倒等情况进行摸底排查，将发现的问题和亟须解决的事项进行了收集梳理，并研究形成相关宣传方案和管理制度。为让群众对综合行政执法工作支持、理解、配合，执法队组织群众代表多次就如何建设和管理红格召开座谈会，将草拟的宣传资料及管理制度内容逐条向群众进行解读，并广泛征求与会群众的意见。

第二，建立制度，规范管理。找准管理上的难点和着力点，针对市容市貌的管理制发了《红格镇文明宣传告知书》、《红格镇交通管制宣传告知书》、《红格镇门前“双五包”责任书》、《红格镇卫生有偿服务费用收取方案》、《红格镇生态停车场管理办法》、《红格镇农贸市场经营管理方案》等；针对房屋建设的管理制发了《红格镇房屋建设宣传资料》、《房屋建设审批流程及代办服务指南》、《违法建设行为查处流程》等。

第三，通过对部分行政审批项目的前置审查，探索解决城市管理领域执法主体众多、执法难度较大，审批与行政处罚无法有机衔接的问题，达到事前介入，事后监管的执法目的。

第四，设立文明劝导员，为城管执法创造良好环境。组织发动群众，在主街群众中推选了3名有一定社会影响力、公道正直、遵纪守法、道德素质好的人员作为文明劝导员，配合执法队开展工作。文明劝导员的设立，极大地缓解了城镇管理领域的执法矛盾，不但将许多不规范行为及时遏止，还解决了目前城镇管理方面法律政策上的盲点问题。

第五，严格管理，树威立信。根据红格镇管理的难点、热点问题，结合管理实际，一是对镇中心区域的经营户按“门前双五包”责任书，实行动态积分制管理（即每年每户12分，根据日常监督检查情况进行评分，分值扣满8分者，责令停业整顿；一年内12分扣完者，停业整顿，次年相关证照不予年检年审；情节严重者，报请相关部门吊销证照）。二是在工商部门的支持下，凡红格镇内的个体工商户（不含运输）、经营性企业需要办理营业执照和验照的，需由执法队对其经营场所的合法性，以及经营行为是否规范进行前置审查后才予以办理、验照。三是在主干道两侧凡需设置户外广告、指示牌、遮阳棚等设施的，在符合风貌控制规划和相关设置规范的前提下，由执法队审核同意，才能实施。四是镇中心区建筑垃圾、工程渣土的清运，必须向执法队申报，按照规定的时间、线路清运倾倒到指定的地点，任何单位、个人不得自行清运。五是加大交通管制和车辆乱停乱放的查处力度，凡载重2吨以上车辆严禁驶入镇中心区域，对禁止停放区域严格执法，坚决查处。六是在国土局、住建局的支持下，创新工作方式和方法，提供代办服务，简化审批流程，提供便捷快速高质量的执法服务，采取疏堵结合的方式，切实解决村民建房矛盾。七是加大对违法建设行为的查处力度，通过对红格镇历史遗留问题的处理，逐步纠正群众违法不究或追究不了的错误认识，并对新发生的违法建设，发现一起打击一起。八是为使红格农贸市场的环境秩序与旅游小镇相匹配，创新市场管理方式，将红格农贸市场的经营管理纳入市场化运作。九是针对项目用地征用后未利用完的土地被村民强行占用的现状，将闲置土地进行标号打围统一管理。

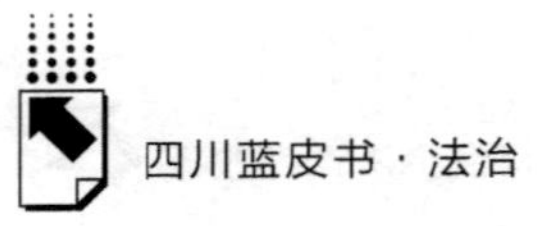

三　攀枝花市盐边县“综合执法试点”的成效与不足

经过一年多的实践，攀枝花市盐边县“综合执法试点”获得了上级党委和政府的充分肯定，也获得当地群众的认同与支持，取得了预期效果。然而，该试点毕竟是在既有法律和政策框架下，在局部范围内进行的实验，受制于既有约束条件，不可避免地存在诸多局限。

（一）“综合执法试点”的成效

第一，一定程度上实现了行政执法权在横向和纵向两个维度上，在执法职能重新配置的基础上将散在多个部门的执法权有序整合，努力形成新的体系与制度（联合审批与执法检查），基本解决了城市管理领域执法主体众多，部门与部门之间处罚管理权交叉，长期存在的多头执法，行政审批与行政处罚无法有机衔接，不能达到事前介入、事中事后监管的执法问题；有效整合了分散在多个部门的执法权，集中执法力量，提高执法效能。

第二，通过开展综合执法工作，完善红格旅游小镇建设管理制度和措施，提高群众法治意识，规范红格集镇管理。将探索出的管理机制进行推广运用，提高乡镇依法行政的管理水平和执法服务质量，减少社会矛盾。

经过近一年的实践，红格镇的市容市貌、规划建设、占道经营、废弃物乱排乱倒、市场脏乱差等情况得到根本好转，规划控制区的违法建设现象得到有效遏制。各类执法活动的有效开展，使红格镇依法行政水平得到明显提升，执法效率和执法质量得到显著提高，群众的法治意识明显增强。政府在群众中的公信力增强了，树立了综合执法的威信。群众融入和参与红格城市建设与管理的积极性明显提高，促进了红格小城镇建设规范有序、快速推进。

（二）“综合执法试点”的局限

1. 执法主体资格瑕疵

按照现行法律法规，红格镇综合行政执法队并不具备行政主体资格。在我国行政管理体制中，乡镇处于政府层级最底层，法律层面上，并没有赋予其行政管理职权。红格综合行政执法队的机构挂靠在县城市管理局，作为县城市管理局的派出机构驻扎在红格镇开展相关行政执法工作。按照现行法律和行政体制，行政主体及职权的设置必须依据法律规定，尽管《中华人民共和国行政处罚法》第十六条明确规定，国务院或者经国务院授权的省、自治区、直辖市人民政府可以决定一个行政机关行使除限制人身自由以外的行政处罚权，但对城市管理局除行政处罚之外的其他职能的行使及其机构的设立和运行并无统一的法律规定。盐边县城市管理局作为该县住房和城乡规划建设管理局内设机构（二级局），由该城市管理局机构设立综合执法大队作为派出机构缺乏相应的法律依据。

2. 执法程序不够规范

按法律规定，开展行政执法活动时，必须保证两名或两名以上执法人员在场，且亮证执法。而红格综合执法人员是由多个部门抽调人员组成的，持有的证件是原单位的执法证件，除一个部门有两名执法人员外，其余部门只有一名甚至没有执法人员，开展行政执法活动时存在程序瑕疵。

四　推进综合执法、严格依法行政——攀枝花市盐边县“综合执法试点”工作的启示

行政执法是法律实施体制的关键环节，行政执法体制是行政体制的重要组成部分，因此，深化行政执法体制改革与全面正确实施法律法规、切实保障人民群众合法权益、有效维护经济社会秩序密切相关。实践证明，实施相对集中行政执法权、推进综合行政执法改革，是深化行政执法体制改革和行政体制改革的基本内容和重要任务，也是推动经济和社会各项事业持续、健康、稳定发展的迫切需要。攀枝花市盐边县的“综合执法试点”工作在探索综合行政执法权、改进行政权力配置方式、提高执法效率等方面进行了有益探索，其经验和不足均值得进一步借鉴和总结。

（一）因地制宜，推进综合行政执法改革

盐边县红格镇的“综合执法试点”工作实践效果证实，以基层执法为中心，相对集中执法权，推进综合执法，是深化行政执法体制改革的有效途径，

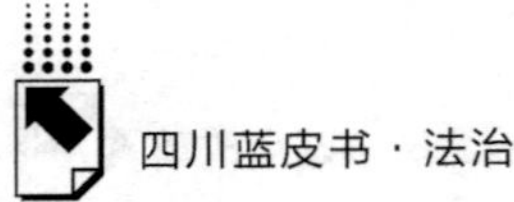

能够有效解决行政执法中权责交叉、多头执法和推诿执法等长期困扰我国法务界的老大难问题。

长期以来，由于社会经济发展的阶段性、渐进性等诸多方面的原因，我国行政执法权的配置大致按照横向的部门分割和纵向的层级分配来进行，这种模式不可避免地造成对统一执法权的损害，形成多层执法、多头执法、重复执法、执法推诿等不正常的现象，不仅降低执法效率，也损害了法律的公正性和统一性。因此，应根据各地实际情况，组建相对独立、综合统一的行政执法机构，集中执法资源和执法力量，推进综合执法。与此同时，应对综合性执法机构实行属地管理，减少行政执法机构的层级甚至探索组建跨行政层级的扁平化执法专业队伍，因应基层执法需要适当下移执法重心。只有这样，才能避免不同执法权的交叉重叠或执法权缺位，更好地维护社会稳定、规范市场秩序、保护人民群众的合法权益。

（二）遵循执法规律，改进执法权配置

我国现有行政执法权的配置基本上与行政权一致，按照不同的部门和不同的行政层级，分别配置不同的行政执法权力，这种将行政权力配置与行政执法权配置混同的模式，与行政执法本身的规律并不吻合，甚至有相互矛盾和抵牾之处。从行政执法权的性质来看，行政执法权包括行政审批权、管理权、处罚权、监督权等。相应地，行政主体也分为审批主体、管理主体、处罚主体和监督主体等，各司其职，各尽其责。盐边县红格镇的“综合执法”试点工作在探索按照管理权、处罚权、监督权分离的原则配置执法权的道路上进行了有益尝试，从该试点工作的既有实践来看，遵循行政执法规律进行执法权配置，压缩行政层级，可以从根本上解决多头执法和多层执法的问题，并充分集中执法资源和力量，提高执法效率和效益。

（三）充实执法资源，提高执法水平

盐边县的“综合执法试点”工作以乡镇执法为重点，通过考核从各部门抽调具有较高执法水平和较丰富执法经验的人员组建综合执法大队，作为统一的执法主体。将分散于住建局、环保局、工商局、食品药品监督局、公安局、国土局、交通局和水务局等八个部门的执法资源集中起来统一使用，实现执法

力量从“五个指头”握成“一个拳头”的转化，消除了交叉执法、推诿执法等现象，提高了执法效率，有力地提升了盐边县的乡（镇）管理能力，为推动红格镇“两化互动、统筹城乡”示范区和工业发展的后勤保障和生活基地的建设奠定了法治基础。

盐边县推进综合执法改革实践证明，行政执法是高度专业化、高度技术化的法律操作行为，直接影响经济社会的稳定发展和人民群众的切身利益。执法主体的专业化水平和充分的执法资源保障是取得预期执法效果的前提条件。依据行政职能部门及行政层级各自组建执法队伍，按部门分工和行政级别分头执法，将有限的执法人员、执法经费、执法设备化整为零固然是好事，但不可避免地造成执法人员专业化水平差异，执法人员编制或执法经费分配不均，进而出现执法不统一、执法不文明等不利于法律正确、严格实施的现象。推进综合行政执法，能够充分整合分散在各级各部门的执法资源，确保执法编制、执法经费的统一调度，优化机构设置和执法装备条件，加强执法人员岗位专业培训和日常制度化管理，切实增强执法人员的专业化，为推进严格执法、公平执法、文明执法奠定人力和物质基础。

法治创新篇

Innovation of Rule of Law

B.16
法律七进：树立全民法治意识

四川“法律七进”调研课题组*

摘　要：《四川省依法治省纲要》确立了普法教育在推进依法治省中的基础地位，并将“法律七进”列为普法教育的重要形式和载体纳入依法治省系统工程。在推进“法律七进”过程中，四川省根据省情实际，突出“法律进寺庙”在普法教育中的重要作用；制定《四川省“法律七进”三年行动纲要（2014～2016年）》，为“法律七进”绘制时间表和路线图，形成可持续的普法领导机制和工作机制；四川省各地各部门立足工作实际，创新“法律七进”工作思路和方法，积累了丰富的普法经验。

关键词：普法　法律七进　超越

* 课题组成员：李红军，四川省社会科学院法学研究所助理研究员，法学博士；徐秉晖，四川省社会科学院法学研究所助理研究员，法学博士；钟凯，四川省社会科学院法学研究所助理研究员，经济学博士。

《四川省依法治省纲要》提出，要在2020年，全面落实依法治国基本方略，使法治精神深入人心，各级领导干部学习法律、敬畏法律、尊重法律、崇尚法治，运用法治思维和法治方式的自觉性显著提高。人民群众相信法律、维护法治，自觉学法、尊法、守法、用法，法治观念明显增强。全社会办事依法、遇事找法、解决问题用法、化解矛盾靠法，形成良好法治环境。欲实现该目标，必须确立普法教育在推进依法治省中的基础地位，在全省各地区、各部门、各领域全面实施普法规划，广泛开展形式多样、丰富多彩的法治宣传普及教育工作，提高全社会法治意识和法治素养，教育引导全社会增强法治观念、养成守法习惯、善于依法维权。

一 “法律七进”与全面推进法治国家建设

法治是社会建设和管理的基础和保障，是社会活动的基本准则，离开法治的保障，社会稳定没有根基，改革发展难以推进。党的十八大报告明确提出："法治是治国理政的基本方式"，习近平总书记指出，“法治是国家治理体系和治理能力的重要依托”，“是治国理政的基本方式，也是实现国家治理体系和治理能力现代化的必由之路”。然而法治国家的建立，必须以知法、懂法和守法的现代公民作为先决条件，而这一条件的形成，离不开系统化、长期化的法治宣传教育。因此，普法不仅是建设社会主义法治国家系统工程的重要组成部分，也是建设社会主义法治国家的必要条件。

党和国家领导人长期以来高度重视普法工作的重要意义，邓小平同志深刻指出，“要讲法制，真正使人人懂得法律，使越来越多的人不仅不犯法，而且能积极维护法律”①。1982年12月4日颁布实施的《中华人民共和国宪法》（以下简称《宪法》）第二十四条以国家基本法的形式明确规定：“国家通过普及理想教育、道德教育、文化教育、纪律和法制教育，通过在城乡不同范围的群众中制定和执行各种守则、公约，加强社会主义精神文明的建设”，正式确立了法制教育在我国社会生活和政治生活中的重要地位。1986年，全国人大常委会通过的《关于在公民中基本普及法律常识的决议》，把开展普法教育、

① 《邓小平文选》（第二卷），人民出版社，1994，第218页。

提高全民法治意识作为社会主义法治建设的一项重要的基础性工程，并正式启动普法教育五年计划，至今已开始执行第六个五年普法计划。

2006 年 7 月 26 日，中共中央宣传部、司法部、全国普法办为贯彻落实第六次全国法制宣传教育工作会议精神，推动法制宣传教育工作进一步贴近基层、贴近群众，在《关于开展“法律六进”活动的通知》（司发通〔2006〕48 号）中以“弘扬法治精神，普及法律知识，共建和谐社会”为主题，决定在全国范围广泛开展“法律六进”活动（开展法律进机关、进乡村、进社区、进学校、进企业、进单位活动），目的在于以邓小平理论和“三个代表”重要思想为指导，全面落实科学发展观，落实“五五”普法规划和人大常委会决议，为实施依法治国基本方略、建设有中国特色的社会主义法治国家、全面建设小康社会奠定良好的法治基础。

“法律六进”与其他普法方式的最大区别在于，强调普法教育应根据普法领域和对象的不同，在普法内容和普法方式方法上有所侧重和差别，改变普法教育的平面化和呆板化影响。“法律六进”的提出和推行，标志着我国普法工作进入立体化和系统化的新阶段。基于《关于开展“法律六进”活动的通知》（以下简称《通知》）的精神、安排和部署，全国各地迅速掀起了新一轮普法热潮。

四川地处中国西南，是全国唯一的羌族聚居区、最大的彝族聚居区和全国第二大藏区，省内共有彝族、藏族、羌族、苗族、回族、蒙古族、土家族、傈僳族、满族、纳西族、布依族、白族、壮族、傣族等十余个少数民族世居，其中彝族主要分布在凉山州、乐山市、攀枝花市；藏族主要分布在甘孜州、阿坝州和凉山州的木里自治县；羌族主要分布在阿坝州的汶川县、理县、茂县和绵阳市的北川、盐亭、平武县；苗族主要分布在泸州市、宜宾市、凉山州；回族主要散居在广元市的青川、苍溪县，广安市的武胜县，南充市的阆中市，成都市的新都区、崇州市，宜宾市，凉山州的西昌市、德昌、会理县，阿坝州的松潘、阿坝县以及绵阳、内江、泸州、自贡等地；蒙古族主要散居在凉山州的盐源、木里县及成都市等地；傈僳族主要散居在凉山州和攀枝花市；满族主要聚居在成都市；纳西族主要分布在凉山州的盐源、木里县和攀枝花市的盐边县；土家族主要散居在各市、州；白族主要分布在凉山州和攀枝花市；布依族主要分布在凉山州；傣族主要分布在凉山州的会理县和攀枝花市；壮族主要分布在凉山州的宁南、木里、会东等县。

相对复杂的民族分布状况对四川实践《通知》的要求和部署构成较大的困难和挑战。结合长期以来普法教育的经验，四川省委经过反复调查研究，决定根据省情实际，在《通知》提出的“法律六进”的基础上，创造性地增加“法律进寺庙”活动，并从贯彻落实党的十八届三中全会精神全面深化改革的决定和全面推进依法治省的高度出发，将“法律七进”活动作为践行依法治省、创新社会治理的重要抓手和有效载体，确立普法教育在推进依法治省中的基础地位。

四川省委高度重视“法律七进”工作，省委主要领导多次对“法律七进”工作进行安排部署，省委书记王东明两次对“法律七进”工作做出重要批示，并说“把‘法律七进’抓好抓实了，普法工作才能真正落到实处”，省长魏宏、省委副书记柯尊平、省委宣传部长吴靖平、省委组织部长范锐平、省政法委书记刘玉顺等省委常委也先后对“法律七进”工作做出批示并明确提出，要深入持久开展“法律七进”工作，不断取得新的成效；要求各地各部门必须从战略和全局的高度深刻认识开展“法律七进”活动的重大意义，切实把思想和行动统一到省委的决策部署上来。

二　四川“法律七进”工作的几大突破

（一）推进“法律进寺庙”

“法律进寺庙”工作以僧侣和信教群众为普法对象，通过对僧侣和信教群众进行法制宣传教育，提高宗教教职人员公民意识、依法办事意识、依法履行公民义务意识，让广大民族地区群众依法共享改革开放成果，使广大僧侣和信教群众能够正确理解《宪法》规定的宗教信仰权利与遵守宪法和法律、国家统一和全国各民族团结的义务之间的关系，使广大僧侣和信教群众明白宗教活动必须在《宪法》和法律规定与保护的范围内开展，国法大于佛法。2014年，在四川省委及相关部门的领导下，四川省“法律进寺庙”工作持续推进，并形成长效机制，为提高民族地区僧侣和信众的法律意识，保障社会稳定发挥了重大作用。

四川省司法厅组织四川省律师协会与省佛教协会签订协议，选派100名优秀党员律师为藏区重点寺庙义务开展法制宣传，同时还组织了州、县法律服务小分队与“同心律师服务团”三级联动，在藏区寺庙巡回开展入寺宣讲活动。

阿坝藏族羌族自治州把“法律进寺庙”作为“六五”普法工作和推进依法治理的重点，建立由统战部、宗教局牵头负责，民委、佛协、司法局、公安局等部门协同参与、齐抓共管的寺庙法制宣传教育工作机制。针对州内羌藏民族聚居的特点，按照通俗易懂、易于接受的原则，采用民族文化、民族元素、民族符号等图案，制作藏汉双语法制宣传挂历 8000 册、年历 30000 张在全州寺庙、牧区发放；建立完善寺庙固定藏汉双语法制宣传专栏 246 个；编译并发放藏汉双语单行法律法规书籍 122000 余册充实寺庙书屋中“法律图书角”。与此同时，阿坝州还组建“藏汉双语联合宣讲团”定期到重点寺院就国家相关法律法规、民族宗教政策等内容用群众听得懂的语言进行宣讲，在僧侣、群众中引起了极大的反响，2014 年 1 ~ 5 月，全州已开展法律进寺庙活动 142 次，面向僧尼宣讲人数达 8500 余人次，取得较好的教育效果。值得特别关注的是，马尔康县逐步吸纳藏传佛教寺庙中爱国爱教、持戒守法，在僧众中有较高威信的宗教教职人员，组成 30 余人的“高僧大德宣讲团”定期到全县寺庙开展巡回法制宣讲，向寺庙里的僧人讲解民族宗教政策和相关法律法规。

甘孜藏族自治州在“送法进寺庙”工作中，有序开展分级分层梯次推进“送法进寺庙”、“同心同向”和“结对认亲”等形式多样的普法活动。2014 年州司法局组织参与州级藏传佛教寺庙各类主要教职人员重要培训工作专题法制讲座 18 场，选派双语骨干参与藏区影响较大的寺庙法律宣讲 8 场；州县两级司法行政机关累计开展或参与寺庙法治宣传教育活动 510 余场次，受教育僧尼达 2.66 万余人、寺管会干部 620 人。与此同时，甘孜州司法局、雅江司法局、康定司法局分别与“同心同向”联系寺庙签订了《法律顾问协议》，指派律师帮助寺庙开展依法治寺工作，引导僧尼守法持戒。全系统 355 名干部职工与 532 名僧尼或僧尼家属结为“亲戚”，通过帮助僧尼解决具体困难，架起了“干僧”交流感情的桥梁，进一步增进了“干僧”情谊，取得寺庙僧尼的理解信任，建立起双向互动的联系纽带。

甘孜州丹巴县则结合本县实际开展形式多样、内容丰富的普法活动，首先由县法治甘孜办和县法建办牵头，县委统战部、司法局、民宗局、国土局、食品药品监督局、卫生局、州委党校、州佛教协会等单位和团体抽调人员共同组成联合宣讲组，深入各寺庙，通过集中宣讲、召开座谈会、发放宣传资料等多样化形式开展宣讲工作，向寺管会成员、宗教教职人员发放藏汉双语版普法宣传资料 200 余册。坚持分层次宣讲的原则，牢牢把握敏感节点，分重点人员、年轻宗教人员、宗教界人士、信教群众四个层次，有针对性地向广大僧侣开展法制宣传教育工作，使学法覆盖每一个寺院、每一名僧侣。其次，对寺管会成员、宗教教职人员和基层干部等进行法治集中培训。最后，该县还在重点寺院建立了学法制度，制定年度学法计划，确定法制宣传员，设立法制宣传栏，使宗教教职人员学法工作逐渐规范进行。

凉山彝族自治州德昌县、木里藏族自治县根据本地区宗教活动的特点和规律，由司法局牵头联合统战、民宗等部门组建寺庙法制宣讲队，深入解结寺等重点寺庙开展法律知识集中宣讲，为僧尼和信教群众带去党和政府在宗教事务方面的方针政策和法律法规，寺庙主要教职人员、僧尼和广大信教群众参加了活动，丰富多彩的法律宣讲活动使广大僧尼和信教群众知晓所有的宗教活动必须在法律范围内开展，在僧尼和信教群众中产生较大反响。西昌市司法局还会同市委统战部、市民宗局组成普法讲师团采取法律培训等方式，对教职人员和信众进行法律培训和法制宣传，使宗教人士懂得只有学法、懂法，才能够运用法律武器维护自身的合法权益，只有依法从事宗教活动，才能将宗教文化传承得更深远，积极引导宗教与社会主义社会相适应，通过宗教活动弘扬中华民族的传统美德，充分发挥宗教在促进社会和谐方面的积极作用。

四川省“法律七进”工作将普法教育扩展至寺院和僧侣，抓住了民族地区普法工作的要害和难点，具有深远的意义，有助于在僧侣和信教群众中树立“没有法外之寺”，“没有法外之僧”的法治观念，不断增强寺庙僧侣遵纪守法意识，让僧侣和信众明白在宗教信仰上追求升华的同时也要按法律办事，在法律框架内开展活动，使宗教活动合理合法。

（二）制定“法律七进”时间表和路线图

2014 年 5 月，为贯彻落实《四川省依法治省纲要》、四川省委十届四次全会审议通过的《关于贯彻落实党的十八届三中全会精神全面深化改革的决定》以及省委主要领导关于深入持久开展“法律七进”活动的重要指示精神，进一步增强法制宣传教育工作的针对性、实效性，省委宣传部、省司法厅制定了

《四川省“法律七进”三年行动纲要（2014～2016年）》（以下简称《三年行动纲要》），为未来三年四川省“法律七进”工作的稳步持续推进制定时间表和路线图。

《三年行动纲要》全文约9000字，分7个主要部分，从普法对象和年度两个维度，具体、详细地对“法律七进”工作做了安排和部署，整个安排突出《宪法》宣讲的重点，并根据普法对象的不同，安排不同的宣讲内容。

从对象上看，《三年行动纲要》重点突出了对《宪法》的宣传，“法律七进”的宣讲内容安排紧紧围绕着宪法展开，无论是进机关，还是进社区，抑或进企业，《宪法》始终是“七进”的重点。结合不同对象的认知特点，《三年行动纲要》对《宪法》及相关知识的普及各有侧重，例如2014年的“法律进学校”的《宪法》普及内容安排（见表1）。

表1　《宪法》普及内容

对象	主要内容
小学生	重点开展宪法常识宣传教育，引导小学生了解宪法是国家的根本大法，具有最高的法律效力。了解我国的国旗、国歌、国徽、首都等宪法常识，初步培养他们的国家意识和公民意识
中学生	重点开展宪法知识宣传教育，宣传我国的根本制度和根本任务、中国共产党的领导地位、我国的国体和政体、基本政治制度和基本经济制度，引导中学生了解国家机构的设置、公民的基本权利和义务等知识
大学生	重点开展宪法知识宣传教育，宣传我国的根本制度和根本任务、中国共产党的领导地位、我国的国体和政体、基本政治制度和基本经济制度、公民的基本权利和义务，了解选举制度和协商民主制度、国家机构及其功能，了解国家政治生活的基本原则

如表1所示，根据学校学生的不同阶段，《三年行动纲要》虽均突出对宪法常识宣传教育，但内容和目标侧重各有不同，小学阶段主要了解宪法效力、国旗、国歌、国徽、首都等常识，目标在于培养其国家意识和公民意识；中学阶段则涉及我国的根本制度和根本任务、中国共产党的领导地位、我国的国体和政体、基本政治制度和基本经济制度等重大宪法问题，目标在于引导中学生了解我国国家机构的设置、公民的基本权利和义务等知识。整个安排符合认知规律和传播学的基本原理，科学有序，目标明确，便于理解和操作。

从普法年度上看，《三年行动纲要》普法着重点层层深入，2014～2016年，逐年有序推进。例如对法律进社区的安排（见表2）。

表2　法律进社区的主要内容

年份	主要内容
2014	1. 宪法。重点学习宣传我国的根本制度和根本任务、中国共产党的领导地位、我国的国体和政体、基本政治制度和基本经济制度、公民的基本权利和义务 2. 社区群众人身财产安全法律法规。开展《刑法》、《治安管理处罚法》、《消防法》、《禁毒法》等法律法规的宣传教育，重点学习宣传社会治安综合治理、反恐防暴和防火、防盗、防抢、防骗等居民安全防范常识 3. 保障和改善民生法律法规。开展《社会保险法》、《消费者权益保护法》、《食品安全法》等法律法规的宣传教育，重点学习宣传基本养老、基本医疗、工伤、失业、生育保险制度以及消费者权益保护和食品卫生安全等法律制度 4. 纠纷处理程序法律法规。开展民事诉讼、刑事诉讼、行政诉讼等法律知识宣传教育。开展《人民调解法》、《信访条例》、《四川省法律援助条例》等法律法规的宣传教育
2015	1. 基层群众自治相关法律法规。开展《城市居民委员会组织法》等法律法规的宣传教育，重点学习宣传基层群众自治制度以及自我管理、自我教育、自我服务、自我监督和民主选举等法律制度 2. 社区群众人身财产安全法律法规。开展《物权法》、《合同法》、《侵权责任法》、《国有土地上房屋征收与补偿条例》、《四川省物业管理条例》等法律法规的宣传教育，重点学习宣传相邻关系、建筑物区分所有权、民间借贷、房屋征收与补偿、物业管理等法律制度 3. 婚姻家庭法律法规。开展《婚姻法》、《继承法》、《四川省人口和计划生育条例》等法律法规的宣传教育，重点学习宣传婚姻、继承、赡养、抚养、扶养、收养等法律制度 4. 保障和改善民生法律法规。开展《就业促进法》、《未成年人保护法》、《妇女权益保障法》、《老年人权益保障法》、《残疾人权益保障法》等法律法规的宣传教育，重点学习宣传对未成年人、妇女、老年人、残疾人权益保障等基本内容
2016	1. 城市管理法律法规。开展《道路交通安全法》、《城市房地产管理法》、《城市市容和环境卫生管理条例》等法律法规的宣传教育，重点学习宣传道路交通安全、城市房地产管理、城市环境卫生管理等法律制度 2. 保障和改善民生法律法规。开展《劳动法》、《劳动合同法》、《工伤保险条例》等法律法规的宣传教育，重点学习宣传劳动者和用人单位的权利义务等法律制度 3. 纠纷处理程序法律法规。开展《劳动争议调解仲裁法》、《人民调解法》、《行政复议法》、《信访条例》等法律法规的宣传教育，重点学习宣传调解、仲裁、诉讼等纠纷解决的法律途径和程序

从表2内容安排可见，《三年行动纲要》根据法律进社区的工作特点，尊重社区群众对法律的理解和需求，2014～2016年三年的时间内，围绕社区群

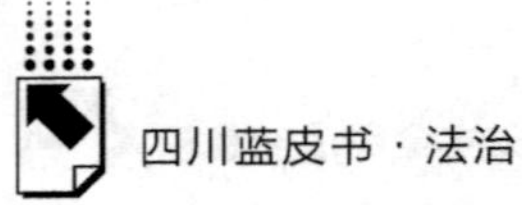

众日常生活和工作，围绕群众普遍关心的热点难点问题，有序、有重点地普及从宪法到居民自治、群众人身财产安全、婚姻家庭、城市管理、民生、纠纷调处等近十个方面的数十部法规，内容翔实丰富，生动实用。

（三）形成系统化普法长效机制

我国三十余年的普法历史经验表明，在中国这样一个发展中的人口大国，普法是一项系统性的社会自我教育工程，绝不可能一蹴而就，决不能做表面文章，而需要稳定的、持之以恒的领导和工作机制。四川省“法律七进”工作充分吸收历年来普法工作的经验，按照“法律七进”工作的类别，由相关部门牵头成立长期普法领导小组和工作机制。

例如在“法律进学校”方面，四川省依法治省领导小组出台了《关于深入推进“法律进学校”的实施意见》（以下简称《实施意见》）和深入推进“法律进小学”、“法律进中学”、“法律进高校”等三项实施方案，明确了“法律进学校”的指导思想、基本原则和主要内容，实现了从小学到大学全覆盖的普法教育制度，内容进度安排渐进、科学、合理，与此同时，《实施意见》还提出要结合学校、家庭、社会，形成法制教育社会网络。

在此基础上，四川省成立了由省委、省政府领导任组长，省级有关部门负责同志为成员的“深入推进法律进学校”工作领导小组，负责工作统筹推进。全省各市（州）、县（市、区）和各级各类学校按照省上统一要求，均成立了“深入推进法律进学校”工作领导小组，确保“组织、人员、经费、责任、工作”五到位，形成党委统筹总揽、部门各司其职、学校为主体的“法律进学校”系统工作机制。

充分突出学校在法制教育中的主体作用，各学校分别配备法制副校长、法制辅导员，全省100%城市中小学校，90%以上的农村中小学聘请了法制副校长或法制辅导员。“9＋3”免费教育计划实施，学校全部从一线政法工作者中选配法制辅导员。各级司法行政部门推荐选派8000多名优秀律师和基层司法所所长、法律服务工作者担任中小学法制副校长、法制辅导员，并建立完善相关工作制度和考核激励办法，明确岗位职责、落实工作举措、确保履职到位。省教育厅下发了《关于开展“法律进学校”培训工作的通知》，进一步健全法制课骨干教师和专任教师培训制度，对培训方式、培训内容等做了具体安排，对各地教育行政部门和各级各类学校提出了具体要求。

建立健全“法律进学校”考核评价体系和监督激励机制，以强化“法律进学校”工作的督促检查，四川省把学校法制宣传教育成效纳入学校领导班子和领导干部年度考核评价体系，纳入学校办学水平、教育质量的整体督导评价之中，纳入依法治校示范创建的重要内容，对思想上不重视、工作上不得力的，定期通报、限期整改。

（四）创新普法方式方法

“法律七进”的特征在于突出普法工作的差别性，强调根据不同的普法领域、不同的普法对象和不同的普法需求，有所侧重地选择不同的普法内容和普法方式。因此，四川在“法律七进”工作的推进过程中，充分尊重各地区各部门的创新精神，鼓励各地区各部门密切结合工作实际，制定不同的工作方案及实施计划，创新方式方法，积累了丰富经验，形成诸多创新之举。

1. 广安市“以五促七”普法

广安市认真贯彻习近平总书记对司法行政工作的重要指示和省委书记王东明对“法律七进”工作的重要指示，改进工作方案、工作方法和工作方式，创造性地出台五项措施促进“法律七进”活动开展，取得了丰硕的成果。

（1）出台一个纲要

按照省委“制菜单式普法大纲，明确具体的路线图和时间表”重要指示精神，进一步增强法制宣传教育的针对性和实效性，结合法治广安建设的新形势、新要求，广安市出台了《广安市“法律七进”三年行动纲要（2014～2016年）》，根据不同地域、不同行业、不同人群的差异化法律需求，逐年、逐项、逐条安排法律进机关、进学校、进乡村、进社区、进寺庙、进企业、进单位需要普及的重点法律知识，确定了“一年普及法律常识、两年培养法治意识、三年提升法律素质”的路线图和时间表。该《行动纲要》明确了每一“进”的牵头单位、责任单位和具体的推进措施，增强了普法工作的针对性、实效性，确保“法律七进”工作真正落地生根、开花结果。

（2）制定两项标准

一是制发《广安市“法律七进”工作指导标准》，在全面分析当前法制宣传教育工作面临的新形势新任务的基础上，进一步明确各地、各部门、各单位、各行业的普法工作职责，推进“法律七进”工作落地生根、开花结果。通过对机关、乡村、社区、学校、企业、单位、寺观教堂七类对象在组织领导、普法教育、依法治理、法治文化建设、保障措施等方面提出明确的工作要求，大大提高了工作的可行性和实效性。二是制发《广安市基层法治示范单位创建标准》，扎实开展法治细胞创建活动，深化“法律七进”工作，推进地方、行业、基层依法治理，有效增强了广安市“法律七进”活动的目标任务和时限要求，极大地促进各部门之间的沟通协调和资源统筹，形成各级各部门齐抓共管的有利工作格局，依法逐批解决群众反映强烈的突出问题，确保了“法律七进”活动的实效性和持久性，有效克服了运动式普法的消极局限。

（3）健全三项机制

健全工作统筹协调机制。强化各地、各部门、各单位、各行业的普法责任，健全“谁管理谁普法，谁执法谁普法，谁服务谁普法”的工作机制和属地管理的责任机制，强化组织、人员和经费保障，形成党委领导、人大监督、政府实施、政协支持、各部门协作配合、全社会共同参与的“法律七进”工作格局，充分调动各方力量，各负其责，各司其职，形成齐抓共管的整体合力。

健全督促检查机制。以三年普法纲要为抓手，认真执行“法律七进”工作标准，结合实际，分类制定实施意见和措施，组建市、县（市、区）、乡镇三级法律顾问团，成立“法律七进”工作督导小组，按照“明察与暗访相结合、定期督查与随机抽查相结合”的模式进行专项督导，确保“法律七进”工作真正“落地、生根、开花、结果”，有力地推动和促进工作开展。

健全考核评价机制。广安市坚持日常检查与年度考核相结合，建立完善普法工作考核体系和动态管理机制，与各市、县司法局层层签订《“法律七进”工作责任书》，落实责任，明确重点、理清思路，整合资源、借势借力，建立台账、完善资料，全力抓好“法律七进”工作，确保活动落地生根、快速推进、取得实效。实行责任分解和目标考核，将普法和“法律七进”工作纳入市委市政府绩效目标考核，把工作落实与考核评价有机结合，严格考核奖惩。

（4）注重四个结合

一是普法与人民调解相结合。借助人民调解“广安模式”建立的市、县、乡、村、组、劝调员六级调解网络，以“大调解”推动“大普法”，用群众身边事普法，开展交互式的法制宣传教育，做到调解一起纠纷，宣传一部法律，教育一方群众，增强普法实效。二是普法与社区矫正相结合。在对社区服刑人员进行传统法制教育的基础上，创新监管教育方式，开通社区矫正 QQ 群和微博，定期向社区服刑人员发送法律法规、名言警句、劝和箴言以及社区矫正相关规定等信息进行法律政策宣传，增强社区服刑人员遵纪守规意识，从思想上防范社区服刑人员重新违法犯罪。三是普法与法律服务相结合。引导法律服务人员从传统刑事民事商事案件服务向社会管理和公共服务领域拓展，树立法律服务就是法制宣传的理念，组织律师、公证、司法鉴定等法律服务人员积极参与政府信访沟通会、听证会以及因城市建设拆迁等引发的涉法涉诉案件和群体性事件的处理，参与市长、县（市、区）长接待日活动，为政府依法决策当好顾问和参谋。同时，法律服务人员和法律援助工作者在办理案件中，以案说法，以事析法，增强当事群众学法的认知感性和接受效果，提升群众法制意识。四是普法与群众路线教育活动相结合。将普法工作与党的群众路线教育实践活动紧密结合，把“法律七进”全面融入教育实践活动各个环节，以群众路线教育活动促进普法工作，用具体普法活动丰富群众路线教育活动，实现两促进、两发展。

（5）开展五大活动

广安市广泛用群众喜闻乐见的形式并充分利用现代传播媒介开展法治宣传教育，引导群众开展形式多样的法治文化活动：一是开展法制宣传进万家活动。组织普法讲师团和法律服务小分队深入城市社区、乡村院落，广泛开展法律咨询、法制讲座、法治文艺演出等送法到千家万户活动。同时，大力培育法治文化，将法治文化与城市文化、民俗文化相结合，积极打造法治公园、法治广场、法治长廊、法治小区等特色亮点工程，把枯燥的法律知识艺术地融入群众休闲生活之中，让广大群众在休闲娱乐中接受潜移默化的法治教育，使法治精神深入人心。二是开展法律顾问进万村活动。组织法律服务机构与行政村自愿结对，选派律师、公证员等法律服务人员担任村（居）法律顾问，当好法律知识宣传员、法律事务指导员、矛盾纠纷调解员、法律援助特派员、社情民意信息员，积极为农村经济发展、基层和谐稳定、民主法治建设提供优质高效的法律服务。三是开展志愿普法专项活动。组织政法干警、法学院校大学生等法制宣传志愿者深入机关、乡村、社区、学校、企业、单位、寺观教堂等，通过发放法律宣传资料、法治文艺演出、法律服务等不同形式普及法律知识、传播法治理念、弘扬法治文化、引导法治行为。四是举办大型法制讲座活动。依托党校、行政学院，把法律知识培训列入各级领导干部培训规划。2014 年 9 月底前，市、县（市、区）分别举办一期领导干部法制专题讲座活动，切实提高领导干部的法治意识。五是抓住乡镇赶集日群众大量集中的时机开展普法教育，播放流动法治电影，大力宣传与群众生产生活息息相关的法律法规，满足人民群众的法律需求。

2. 江安县“订单式”、“互动式”普法

江安县在推进“法律七进”工作中，结合本县实际，积极探索普法工作新路子，创新普法工作新办法，用心在普法的针对性和实效性上下功夫，变“撒网普法”为“订单普法”。具体做法是：在开展“法律七进”特别是在进乡村、进社区前，深入了解所进村、社区群众普遍关心的涉法问题，再由法制宣传员针对这些法律问题进行备课、准备宣传资料，向群众进行宣讲；依托村、社区法律顾问，公布村、社区预约法律服务联系电话，随时收集群众对各类法律知识的需求，为居民定期提供预约法制宣传和法律服务；对群众有急需或者专业性较强的法律知识，由法制宣传员或者村、社区法律顾问上门开展宣传，解答咨询。这种“订单式”普法，有效地解决了“法律七进”工作怎么“进”，“进”什么的问题，并将法制宣传和法律服务有效地结合起来，变被动的灌输性普法为群众主动要求学法，极大地激发了基层群众学法热情。

与此同时，江安县还在“法律七进”工作中，变“单位独唱”为“联合搭台”，提升普法教育的互动性。转变过去法律宣传由各单位“独唱”的惯性思维，把社会力量、民间团体等作为全民普法的重要力量。一方面，借助网格化管理员、依法治县专题网站、街头宣传等有效载体，积极搭建政府普法平台；另一方面，引导民间团体、社会个人以坝坝舞、“普法三字经”、“法律讲堂”等群众喜闻乐见的形式，把生涩的法律文字转变为简单的大众“语言”，鼓励普法创作，让群众在潜移默化中学到法律知识。

3. 创建“法治校园”活动

四川省在开展法律进学校的过程中，各学校坚持尊重规律、分类指导，针对青少年学生不同年龄阶段的特征开展法制教育，全方位创建“法治校园”活动。按照学生不同的生理、心理特点，接受能力和法律需求，确定不同年龄阶段学生法制教育的主要目标和重点内容。使学生逐步树立正确的法治观念、法律意识、权利义务意识，提高法律实践能力和服务社会能力。

坚持以课堂为主、突出重点，深入开展法制宣传教育进课堂活动。在小学抓好《品德与生活》、《品德与社会》等骨干学科的法制教育教学，使小学生初步了解法律，学习运用法律手段保护自己、规范自身行为。在普通中学和中职学校，依托《思想品德》、《思想政治》、《法律基础知识》等骨干学科，推动学校法制教育系统化、科学化。在高等院校进一步加强“思想道德修养和法律基础”课堂建设，充分运用课堂讨论、社会调查、电视录像等手段，增强课堂教学的针对性和实效性。大力加强高校非法律专业法制教育课程建设，将法律法规纳入法律公选课教学内容，将法制教育纳入高校形势政策课教育教学，增强学生对民主法治、自由平等、公平正义理念的认识。

坚持形式多样、注重实效，积极开展“以案说法”等法制宣传教育第二课堂。省司法厅根据《四川省依法治省纲要》和《四川省“法律七进”三年行动纲要》，组织编写了针对大中小学生的“以案说法”普法读物。各级司法行政部门结合本地实际和青少年不同学龄段的接受认知能力，分门别类组织编写发放130多万册通俗易懂、生动形象的“以案说法”普法读物。“知名律师以案说法·法律大讲堂进高校”活动在四川大学启动，省内各高校每年至少组织一次知名律师“以案说法”讲座，运用互动交流、情景模拟、案情剖析等手段，以发生在身边的典型案例为载体进行“以案说法”，深入浅出地讲解法律知识，培养法律意识，提高法律素养。根据《四川省依法治省纲要》明确要求，各地依托当地监狱（未成年犯管教所）、强制隔离戒毒所、人民法庭等建立青少年法制教育基地283个，接待学生84万人次。

坚持丰富载体、拓展阵地，大力推进校园法制文化建设。全省各级各类学校充分利用墙报板报、橱窗展板、法治教育宣传栏、校园网络、校报校刊、广播电视等校园宣传平台，开展法治手抄报、学生带法回家、致家长信等活动，广泛组织以法制宣传教育为主题的辩论赛、演讲赛、征文比赛、知识竞赛、诗歌朗诵、文艺演出等青少年喜闻乐见的校园文化活动。充分发挥政务微博、手机报、微信、互联网等新兴媒体优势，开发法治微电影、动漫及创意作品等法治文化产品，加强青少年对法制教育的参与和互动。截至目前，全省各级各类学校开展形式多样的法制文化活动 3.1 万多次，推动在中小学校设立法律图书室（角）1.5 万多个、开辟法制专栏 1.8 万个。

三　四川省“法律七进”对既有普法模式的超越

自 1982 年启动第一个五年普法计划以来，我国连续开展了六个五年全民普法运动计划，尽管基于不同的观察立场，对于这场持续将近三十年的全民普法运动的意义及其效果存在多样评价①，然而毫无疑问的是，这场全民法律知识普及运动极大地丰富了国民的法律知识，降低了民众与法律的疏离感，并在一定程度上强化了民众对法律的认同感，从而逐步将国家治理建立在法律秩序的基础之上。在充分认识近三十年来全民普法运动取得的重大进步和成绩的同时，也需要客观地看到，由于我国社会发展的长期性、复杂性，不仅有相当数量的群众对法治建设的重要性认识不足，甚至在相当数量的党员和干部中，有法不依、执法不严的现象仍然不同程度地存在，有法不依、执法不严的现象也时有发生。因此既往的普法教育不可避免地以“努力使每个公民都知法守法”为直接目标，党的十二大报告即明确指出：“要在全体人民中间反复进行法制的宣传教育，从小学起各级学校都要设置有关法制教育课程，努力使每个公民知法守法。”在这种普法思路下，普法教育是以“知法”为手段，达到“守法”的目标，普法教育也在一定程度上被简单化理解为“普法—知法—守法”的模式。

尽管由于社会发展的渐进性，达成“守法”目标的普法教育具有充分的合理性，但从全面推进依法治国、建设社会主义法治国家的新时代背景来看，这种以“知法”为手段实现“守法”目标的法制宣传教育仍有进一步提升和改进的空间和必要。四川省正在实施的《“法律七进”三年行动纲要》及各地

① 相关评价可参见许章润：《普法运动》，《读书》2008 年第 1 期；汪太贤：《从“受体”的立场与视角看“普法”的限度》，《探索》2006 年第 1 期；凌斌：《普法、法盲与法治》，《法制与社会发展》2004 年第 2 期；张明新：《对当代普法活动的认识与评价》，《江海学刊》2010 年第 4 期。

广泛开展的“法律七进”活动可以认为是突破“普法—知法—守法”模式的有益探索，并在以下方面丰富了普法的内涵，取得了阶段性成果。

（一）改进普法目标，培养法治意识和法律素养

首先，《三年行动纲要》开宗明义，在“总体要求”部分，明确提出，“法律七进”要“高举中国特色社会主义伟大旗帜，以马克思列宁主义、毛泽东思想、邓小平理论、‘三个代表’重要思想、科学发展观为指导”，“广泛宣传国家基本法律，大力弘扬法治精神，不断提高全社会法治意识和法律素养”。这个要求的设定，标志着四川“法律七进”工作已经不再满足于普法、知法的目标，而在于通过对《宪法》、国家法律和法治理念的宣传、学习和教育，提高全体公民的法治意识和法律素养。

法治意识、法律素养与法律知识不同，法律知识仅仅是对法律及其意义的认识，法律知识的多少直接影响个体的法律行为选择，个体知晓相应的法律知识，能够对何种行为是可以做的，何种行为是不可以做的、禁止做的做出判断，从而知晓从事这些行为的意义和法律后果，并进而根据法律的规定调整自己的行为。法律观念是守法的思想基础和精神条件，是守法品质的核心。因此要依法治国，建设社会主义法治国家，必须培养人们良好的法律素质，树立依法治国的观念，树立对法律的信仰。

法治意识、法律素养则是指人们对法律的性质、地位、作用等问题的认识和看法，法治意识的实质是指法律至上、以法治国的理念、意识与精神，是人们在参与法律实践过程中将自己的经验和法律知识逐渐内化与积淀的结果。因此，法治意识与法律知识相比，是一种认知上的升华与内化，体现为对法律精神的内在认同和对法律的自觉遵从与信仰。

尽管法律知识和法治意识均可能导致个体在外观上根据法律规定调整自己的行为，但两者体现了个体对待法律规则的两种不同态度。基于法律知识的守法，行为人的内心并未认同法律规则所蕴含的价值，而只是以自身利益作为立场观察法律规则，行为人往往将法律规则特别是法律责任视为一种基于国家强制力的外在强迫，基于“我不得不这样做”，“如果……我可能将为此而遭受惩罚”等理由，行为人进行守法与违法的算计，在这种守法模式下，行为人仅仅在守法收益高于违法成本的情况下，才会做出守法的行为判断。基于法治

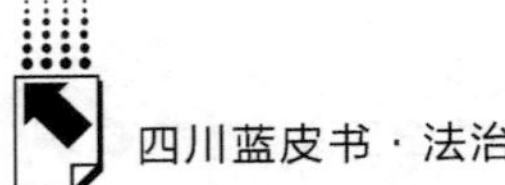

意识的守法，则是行为人在对法律规则所蕴含的理念和价值精神予以认同的前提下，自觉调整自己的行为选择以符合法律规则的要求，这种守法行为虽然不是法律强制的结果，但是可以大幅度降低法律运行的成本，从而在自觉的基础上形成自我约束、自我责任和自我管理的社会秩序。

“法律必须被信仰，否则它将形同虚设”，“法律既不是铭刻在大理石上，也不是铭刻在铜表上，而是铭刻在公民的心里”，只有基于内在自律、自治的守法，才符合守法的本意。而四川省“法律七进”工作旨在提高全社会法治意识，既是对近三十年全面普法运动的升华，也是对四川省依法治省法治图景的充分自信，具有深远的意义。

其次，《三年行动纲要》以培养国家意识、公民意识为目标，表明四川省普法教育已经超越“普法—知法—守法”的路径，且是从培养现代公民和国家意识的高度认识普法工作的价值和意义。“普法”的终极目标在于对建立在法律基础上的国家共同体的认同，这种认同从国家立场看是国家意识，从个体的立场看即是公民意识，而透过“法律七进”等普法运动培养国家意识和公民意识的过程，其本质就是将蕴含在法律规则中的“社会意识形态”转化为“个体自觉认同”的过程，经过这个转化过程，各个体基于对法律价值的认同而有机组合成为由主流意识形态所统领的“社会共同体”，表明社会基本价值和主流意识的法律获得个体的内在认同，形成对“法律—国家”一体化共同体的内在认同，以及对公民意识与公民责任义务的内在认知。在这种认同和认知之下，爱国和守法、国家和公民是不可分割的共同组成部分，公民基于对公民权利、责任与义务的高度认同而将遵守法律和热爱国家视为一种内在的道德义务，良好的社会秩序得以低成本地运行。正基于此，四川省“法律七进”将“法律进学校”、“法律进寺庙”作为“法律七进”的重中之重，强调通过“法律进学校”、“法律进寺庙”培养学生和僧侣的国家意识和公民意识。

（二）尊重传播规律，增强普法的互动性

法律意识的形成和培养是一个互动沟通的过程，在这个过程中，并无严格意义上的信息发出者和接收者，而是参与者之间信息的互动和对话，并通过对话达成共识，形成内在认知。在这种模式下，普法教育活动并不存在教育者与被教育者的身份差异，而是共同参与者通过交流和对话形成自我教育、自我

规训。

四川的“法律七进”活动尽管基于各地的实践，形式多样，但多数地区已经摆脱单纯的“对群众进行教育”的模式，而是立足于群众的立场和利益，从群众视角，强调群众的参与和互动。这种转变不仅有助于拉近“法律七进”工作者与群众之间的距离，更有助于形成群众在普法中的主体意识和参与意识，让全体参与者均基于共同教育、共同参与的目的而进行自我学习和交流。

例如，资阳市在推进“法律进社区”的过程中，司法局与市委宣传部、依法治市办联合启动“依法治市宣传月”活动，带动各级各部门深入开展社区群众喜闻乐见的普法活动。先后开展了“妇女儿童维权宣传周”“消费者权益保护宣传周”“世界水日中国水周”“粮食安全宣传周”等集中送法进社区活动，开展法制情景剧巡演 30 场，赠送法律读本 5 万本，发放宣传资料 8 万份，提供法律咨询服务 5000 余人次。市、县分别组建了普法维权、婚姻家庭、民生改善、征地拆迁、安全生产、水土保持、环境保护、科技推广、应急处置、深化改革 10 类、50 支法律服务小分队，深入社区开展法制宣传互动 116 场次，帮助群众解决婚姻家庭、征地拆迁、城市建设等方面 26 个问题。会同市直机关工委结合“党员义工日”活动，组织机关党员深入“双报到”社区开展“送法律、送温暖、送健康”等志愿服务活动，重点面向城市流动人员、下岗失业人员、拆迁户等人群，加强以改善民生、依法维权为重点的法律法规宣传服务，收到了良好的社会效果。

又如，阿坝羌族藏族自治州在推进“法律进寺庙”的过程中，由全县 10 座寺庙高僧大德组成宣讲团，并由县佛教协会会长、江宫寺活佛琼查·勒周江木措带队在全县 10 座藏传佛教寺院开展了高僧大德宣讲活动，同时征求广大僧人对寺庙管理的意见建议。宣讲团围绕团结文明和谐寺庙创建，宣讲了党的民族宗教政策、宗教法律法规，进行爱国爱教和持戒守法主题教育、新旧对比和感恩奋进同心教育、全面小康和美好生活目标教育“三项教育”，宣传各教派教规戒律、“护国利民、慈济众生”先进典型事迹等，调查了解广大僧人的所思所盼，取得了良好效果。

这些强调互动和参与性的普法活动，凸显了参与者的平等性和对话性，增加了交流和互动的可能，从而在参与者之间形成充分的共识，为参与者对法律的认知、内化起到积极作用。

（三）将“法律七进”纳入依法治省的系统工程

《四川省依法治省纲要》确立了普法教育在推进依法治省中的基础地位，强调扎实开展“法律七进”活动和“12·4”全国法制宣传日活动，教育引导各界群众增强法治观念、培养守法习惯。这一认识从推进依法治省的高度出发，将依法治省视为一项包含多个有机组成部分的系统工程，而以“法律七进”为中心的普法教育则处于基础教育地位，这种定位充分尊重了法治建设的客观规律，有助于实现普法教育与依法行政、公正司法等项目的相互配合与衔接。

正是基于这种系统性的统筹思维，四川省司法厅在《关于进一步完善“谁执法、谁普法”工作机制的实施意见》（川司法发〔2014〕33号）中明确将“法律七进”为中心的普法工作与严格执法等法治项目相结合，正式建立“谁执法、谁普法”工作机制，要求“以党的十八大和十八届三中全会精神为指导，按照《四川省依法治省纲要》确定的目标要求，深入开展普法教育，强化部门普法工作责任，健全完善‘谁执法、谁普法’工作机制，进一步形成部门分工负责、各司其职、齐抓共管的普法工作格局，全面推动‘法律七进’工作深入持久开展。”该《纲要》基于法治工作的系统性，坚持执法办案和普法宣传相结合、日常宣传和集中宣传相结合、上下联动和属地管理相结合的原则。坚持省、市、县、乡四级联动普法，将普法宣传教育渗透到执法办案的全过程，利用以案说法、以案普法、以案学法等方式普及法律常识，通过文明执法促进深度普法，通过广泛普法促进文明执法。并在日常广泛开展法制宣传的同时，根据自身职能，结合特殊时段和节点，开展各类重点突出、针对性强的集中法制宣传活动，切实增强工作的实效性。

将“法律七进”为中心的普法工作纳为依法治省系统工程的有机组成部分，反映出四川省委和政府对普法工作重要性、综合性和系统性的认识达到了一个新的高度，从而摆脱了将普法工作局限于司法行政部门的狭隘观点，必将促进全面普法运动的持续深入。

四　四川省“法律七进”的未来展望

按《三年行动纲要》的安排和部署，四川省“法律七进”工作在2014～

2016年各有侧重——“一年普及法律常识、两年培养法律意识、三年提升法律素养”[①]，因此，2014年仅仅是四川省“法律七进”工作的开局之年，在未来进一步落实《三年行动纲要》的工作过程中，更加侧重于普法工作的实效，探讨建立一套科学合理的以群众参与为中心的“法律七进”绩效考评指标体系，以量化评估“法律七进”工作的绩效，发现工作不足，从而改进工作计划和方法，强化普法工作的责任意识，增强普法工作的内在动力，从而激励相关工作人员积极按照省委和省政府的部署全面推进普法工作。

与此同时，未来的“法律七进”工作应进一步着眼于提高“法律七进”工作的互动性，强化普通民众与普法工作者之间的“良性互动”机制。进一步根除普法教育中“用法维权”或“送法下乡”的习惯性思维，强调普法工作者对人民群众生活经验、乡规民约和民族习惯的充分理解和尊重，进一步改变“法律知识”单向“下达”的习惯性做法，切实落实“谁执法、谁普法”工作机制，实现立法者、司法者、政府、民众间法律信息的沟通与反馈，在社会各成员之间建立起相互对话、交流并能达成共识的机制，实现法律意识的内化和培养，强化国家意识与公民意识。

最后，未来的“法律七进”工作应进一步增强普法的持续性，在2014年四川“法律七进”工作的推进过程中，有关部门已经注意到如何确保普法工作的长效性和可持续性的问题，并成立了专门的领导小组，形成工作机制。但在调研过程中，将“普法教育”简化为“普法活动”的现象仍然不同程度地存在，究其原委，乃在于“普法活动”易于举办，而“普法教育”则需要“润物细无声”式的长期投入和持续跟进，短期内难以看到成效。因此，未来的“法律七进”应进一步在如何增强普法的可持续性上下功夫，探索行之有效的长期法治教育方式方法，切实将“法律七进”长期、持久地推行下去，为建设法治四川奠定坚实基础。

---

① 四川省司法厅副厅长史红平在“法治四川行”座谈会上的谈话，参见中国新闻网《四川深入推进“法律进寺庙”建设法治四川》，http://www.chinanews.com/fz/2014/08-05/6462191.shtml。最后访问日期：2014年12月4日。

B.17

简政放权　深化行政审批改革

四川行政审批改革研究课题组 *

摘　要：《四川省依法治省纲要》提出行政审批改革目标，相对细化改革指标。2014年，四川继续推进、承接国务院行政审批改革政策，大力发展网络政务，加快网络行政审批信息化、科学化、服务化建设，专项推进改革新举措，争取“一窗进出”审批服务全程化，并鼓励试点投资项目“全生命周期服务流程再造”。尽管省内各地试点经验、新招频发，审批法治制度红利凸显，但为持续获取法治红利，还需在审批项目设置责、权、利方面再下功夫，深化行政审批前置条件改革，行政审批网络化、信息化、一站式全覆盖，直至乡镇。

关键词：管制　自由　行政审批

新一届政府大力推行建设法治政府，实行简政放权，行政审批改革是开展工作的“抓手”之一。四川在2013～2014年连续进行行政审批制度改革，减少行政审批事项，下放审批权力，规范行政审批行为。

一　大力建设政务网络　提高行政审批质效

四川省政务服务窗口集中，并承担了大部分省级部门行政审批事项。政务网络信息发布、行政审批及公共服务事项受理，实体窗口办证与网络平台同步

* 课题组成员：黄泽勇，四川省社会科学院法学研究所副研究员，硕士生导师；肖强、刘玉佩，四川省社会科学院法学研究所硕士研究生。

运行。四川政务网络行政审批推进有序，发挥多种功效。2001 年，《四川省人民政府办公厅关于建立四川省人民政府政务服务中心的通知》发布，四川省开始着手建设政府服务中心。明确四川省政务中心实体编制，建设“四川省电子政务大厅”，四川省和成都市政府服务中心合址办公，四川省政务中心网站直接覆盖、链接全省各个市县政务网站。2013 年 12 月，“四川省电子政务大厅”更名为“四川省政务服务大厅”。

（一）努力推进便民高效网络政务

截至 2014 年中期，四川省的省级政务服务大厅全面建成并上网运行，有 55 个职能部门在政务服务大厅里开设了审批专栏，还有一个省并联审批窗口。其中除了省人防办暂无审批事项外，其他 54 个职能部门以及省并联审批窗口都有对应的审批事项。截至 2014 年 3 月 25 日，省政务窗口有各职能部门纳入政务服务大厅的审批事项 498 项，其中归属于各职能部门的有 496 项（属于课题组自行统计，与政府行政审批事项统计口径有异），省上并联审批窗口有 2 项。政务大厅的访问人数已达到 2700 多万人次。四川省下辖 21 个市（州），183 个县（县级市、区），省市县三级政府部门的网络政务参差不齐。政务网站建设情况可以划分为四个基本层次（课题组从四川省政务中心网站查询得到的信息自行统计的结果）。四川政务网站建设的基本情况如下。

第一，网络政务比较完善、运行平稳的网站有 41 个。这些地方基本上把行政审批事项纳入政府大厅审批，基本实现了窗口化、透明化和高效化。绵阳市的 9 个县（市、区）级政府都建立起了相对完善的政务服务大厅，服务内容相对统一、规范。

第二，建立网页且能打开网页但内容比较简单的有 65 家。

第三，建立网页但不能打开网页显示信息的有 71 家。

第四，没有建设政务服务大厅的有 27 个县：马尔康、壤塘、红原、黑水、小金、金川、松潘、茂县、理县、理塘、巴塘、稻城、得荣、白玉、新龙等，即阿坝州除九寨沟县外的所有县和甘孜州除康定、九龙、乡城外的所有县。

（二）网络行政审批已经铺开且发展空间巨大

四川省行政审批网络政务发展快速且蓬勃。

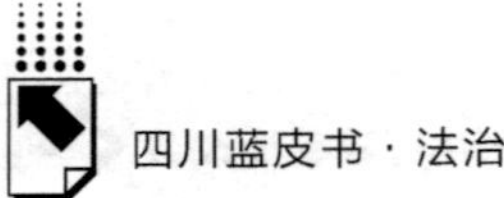

第一，地方行政审批政务速度快。网络传递信息速度快、范围广、信息量大，可以推动包括行政审批在内的行政权力快速拓展空间。204 家行政主体中，有 106 家建立并逐渐完善网络政务，超过一半。政务网络保持信息时间比较长，传递迅捷。

第二，各地发展参差不齐、信息发展差异大。四川 204 家行政政务中心中，政务网站建立完善并运行良好的占比 20.1%，主要是成都市、绵阳市及部分地级市，政务网络发达与经济发达、地方行政主体权力推动有直接关联。还有近一半没有运用网络政务，占比 48.0%。建设完善的行政审批网络，使其发挥更大的功效，还有非常巨大的网络政务市场需要培育，各级政府要下大力气推广、拓展。没有建立网络政务的行政机关，占比达到 13.2%，亟须突破。

第三，行政审批改革空间、进步空间很大。网络行政会增加行政主体的压力，还会增加行政的建设、维护成本。全面推进包括行政审批在内的网络政务任重道远。

（三）网络审批政务蓬勃发展　持续推进

四川省政务中心网络行政审批事项众多，内容庞杂，行政审批事项管制程度差异甚大。以行政机构划分，四川省网络政府服务中心链接的 54 个政府部门，包括 491 个行政审批项目，平均每个政府部门有 9 个审批项目；最多的是食品药品监督管理局，有 44 个项目；人防办没有行政审批事项；四川省数字证书认证管理中心有 1 项。网络政务是线下政务的延伸，单一化行政管理体制之下，社会事务越多、越复杂，增设的条（部门）就越多，部门不断膨胀，行政审批权力不断增多。行政审批权力、事项增加，网络政务随之发展迅速。

2014 年 8 月，四川省试点探索多级联合行政审批，在部分省、市、县政务服务平台试点推行，联结、融合各级各类政务服务平台，形成“层级清晰、信息互通、资源共享、高效便捷”的政务新模式。网络政务是一级政府一个部门一个窗口对外，各级政府“一站式”服务。窗口主导，服务标准化，省、市、县三级联动服务，联网运行，“一窗进出”。达州市安监局推进网上行政审批服务工作，设立审批 QQ 群，温馨提示和解答相关问题。10 月，四川省文化部门减少和规范文化行政审批事项，组建四川省民营文化企业协会。网络问政，信息共享，网上实时监控，政务效果显著。

二　持续推进审批改革　优化行政行为

行政审批改革全国铺开，四川更是先行发展。近年来，四川省及各地政府和部门强力推进行政审批改革，成绩显著，精彩纷呈。

（一）先行确定行政审批改革长远目标

2013 年 6 月 5 日，四川省政府确定行政审批改革目标：四川省成为行政审批项目最少、程序最简、办理最快、费用最低、服务最优的省份。主要措施是清理审核行政审批项目，分批研究提出四川省取消和下放行政审批项目的意见；按照“成熟一批、审查一批、公告一批”原则，向社会分批公告省级行政审批职权目录、项目目录，且动态调整，网上公开；严格控制新设行政许可、非许可事项，资质资格认定事项；规范中介服务；改革审批方式，加快并联审批，优化和再造行政审批流程，打造电子化大厅；完善服务体系等。

2014 年 8 月，四川省清理行政审批事项，没有法律法规依据的一律取消审批；清理审批前置条件、前置服务项目，全面取消非行政许可审批事项；行政权力依法规范公开运行，严格规范中介服务；省市县审批服务三级联动；完善五级政务服务体系。编制中介服务事项和中介机构目录，并建立行政审批中介机构数据库等。规范行政审批前置服务收费，建立行政审批机构数据库等。清理各级政府及其所属部门发布的含有市场准入、经营行为规范的政府规章及其他规范性文件，如规定、会议纪要等，使其不得有地区封锁、有违公平竞争的规定；涉及市场准入、经营行为规范的进入“目录清单”。法外不得对外地产品或者服务设定歧视性准入条件及收费项目、规定歧视性价格及购买指定的产品、服务和实行优惠招商等，纠正和调整违反国家税收法律法规的区域性税收优惠政策。

（二）专项推进行政审批项目建设

行政审批改革是四川法治建设年的主要抓手，在 2014 年进行多项工作，做出了巨大成绩。

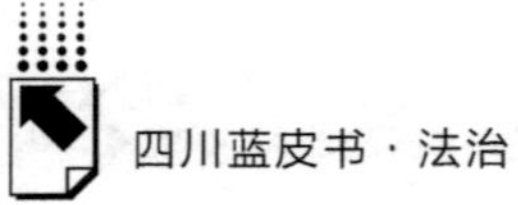

1. 开展行政审批项目精简工作

2013 年 1 月 11 日，四川省人民政府部署开展清理省级行政审批项目工作；6 月 6 日，四川省人民政府决定第一批取消、调整 136 项行政审批项目（其中取消 26 项，下放管理层级 18 项，转为服务事项 85 项，不再列入省本级项目 7 项）；8 月 26 日，第二批取消、调整非行政许可审批项目 38 项（其中取消 8 项，下放管理层级 9 项，转为服务事项 9 项，初审报国家审批 12 项）；12 月 27 日，第三批取消、调整 100 项行政审批项目（其中取消 22 项，下放管理层级 19 项，转变管理方式 9 项）；暂停审批 44 项（暂停后有申请的，按规定程序审批）。2014 年 9 月，再次承接国务院取消和调整行政审批项目等事项，决定取消和下放 45 项行政审批项目（取消 11 项职业资格许可和认定事项，将 31 项工商登记前置审批事项改为后置审批）。

2. 专项试点推进工商登记制度改革工作

2014 年 8 月，四川省在成都、泸州、遂宁、甘孜 4 个市（州）启动“先照后证”试点，工商登记前置许可项由原来的 130 项大幅缩减为 13 项。工商注册制度便利化，减少前置审批，逐步推开“先照后证”。探索工商营业执照、组织机构代码证和税务登记证“三证合一”；清理控制资格许可和认定、评比达标表彰、评估、收费等行政行为；处理违规开展的和超出审批内容的评比达标表彰活动；实施《药品经营许可证》和《药品质量管理认证规范》审批“两证合一”。

3. 改革、清理行政审批前置服务等

全面清理现有行政审批前置环节的技术审查、评估、咨询等有偿中介服务，能取消则取消，能减掉则减掉。

4. 承接下放审批权力

2014 年 9 月，承接国务院下放四川省行政审批项目 10 项。通用机场规划审批项目下放后，10 月下旬，四川立即着手制定省内通用机场的整体规划。已启用规划审批 3 家，进行前期工作的也有 3 家。

5. 研究推行负面清单制度

放宽市场准入，明确列出四川省禁止和限制投资经营的行业、领域和业务等，清单以外的，各类主体均可依法平等进入。清单中与国家不一致的报国务院批准。

三　地方政府改革各显身手　大放异彩

行政审批改革综合性强，根据国务院的指示和安排，四川有条不紊地严格实施相关行政审批改革规定，同时，亦自主创新，鼓励地方和部门因地制宜，先行试点，深化改革。

（一）成都市行政审批改革继续领先

2014 年 2 月，成都市政府政务服务中心联合成都市质监局推进组织机构代码证年检方式改革，跨部门共享数据，年检 51.76 万家社会主体各类组织机构代码证。3 月，政务中心联合市工商局推行工商注册资本登记制度改革，效果显著，当月共新登记各类市场主体 14602 户，新增注册资本合计 199.16 亿元，同比增长 10.02% 和 12.91%。全面梳理市级建设项目审批环节流程，由原有 7 个优化整合为 5 个审批环节。

综合和全面推进“简政放权”。2014 年 7 月 31 日，成都市行政权力精简、下放；规范行政审批行为，加强中介机构管理；创新行政审批方式，再造审批流程；放权放活，加强事中事后监管。除法律、法规明确规定外，行政机关和事业单位不得强制要求培训，不得指定培训机构，不得将参加培训、加入协会或缴纳费用等作为审批前置条件。

成都市投资项目“全生命周期服务流程”构造。2014 年 8 月，压缩从立项到开工的审批周期。符合报建要求的项目，窗口当场受理；报建方案存在问题的，当场一次性告知报建单位。试点以服务事项设窗口。例如，开办网吧的行政审批流程，工商注册、税务登记、法人登记、刻公章、消防治安等部门联合办公，申请者只需把申请要件递交专设服务窗口，政务中心受理后进行内部流转审批，办结完后原窗口交付申请人，即“全生命周期服务流程”。对公民（法人）从出生到死亡，整个过程中需要政府部门提供的服务事项或者审批事项全部再清理一遍，在网上固化和公开。初步建成公民信息系统，市民到房管局去办房产过户的手续，只需提供身份证原件即可。成都市卫生局大幅压缩审批时限，至少提速 50%。例如，外国医师来华短期行医许可由法定 30 个工作日改为即时办件审批；医疗机构执业设置许可时限由 30 个工作日减少为 15 个工作日。

2014 年 9 月，四川还推出工商登记制度改革“五大新政”：一址多照、一照多址；先照后证；放宽名称登记限制；小额经营备案；信用黑名单制度。

（二）广安市推行“一窗进出”

2014 年 9 月，广安市要求服务窗口前移。承接落实下放的行政审批项目，直接下放到区县为原则，能放则放。对市发展改革委等部门 30 个不能下放的行政审批项目，前移服务窗口、下移服务重心。推进市县虚拟政务服务平台标准化建设，市县两级所有审批环节网上运行，市县两级联动和联网运行。服务窗口事项，统一规范措施、办理流程、项目名称、办事指南、申报材料、办理时限、收费标准等，基本实现“一窗进出”，提升办证效率。

（三）眉山“创温馨政务环境”

2014 年 9 月，眉山市创新软硬政务环境。政务软环境建设包括清理行政审批前置条件，简政放权、真改革、真落实。中介服务信息发布平台统一纳入备案管理；畅通投诉渠道，建立第三方测评机制，对审批前置中介服务进行效度测评，次年初公布测评结果；表彰先进，惩罚违规违纪和失信企业；政务服务中心实行指纹考勤、脸谱考勤，纪检监察常态化；每月评选服务明星；严格问题整改。注重硬件建设营造温馨环境，中心大厅布置体现眉山特色，外墙有生动浮雕，展现眉山东坡文化底蕴。

（四）宜宾打造“国内一流的政务服务平台”

2014 年 9 月，宜宾清理行政审批，着重整治前置条件。切实解决“门难进、脸难看、事难办”“不作为、慢作为、乱作为”等问题。控制各类年检、年审和注册，减少行政事业性收费，规范中介服务行为，推进并完善并联审批，“一窗进出”。实施行政审批标准化，对于特定的非行政许可审批项目、公共服务事项，行政机关所出具的与行政审批相关的规划确认书、审查意见、批准文件等前置审批资料，直接进入政务服务中心规范办理。

（五）自贡“一表制”“秀”改革

2014 年 9 月，自贡市创新优化项目管理，提速审批。编制涉及两个及两个以上部门行政审批事项目录和流程，清理规范25个审批（服务）事项。企业设立登记“一表制”。注册登记改革中，工商部门编制企业设立登记、变更、注销“一表制”示范文本，示范企业设立、变更、注销5个材料清单及内资企业、外资企业设立登记“一表制”流程图。办理时限提速70%。实施月分析制度，每月选择1~2个具有代表性的项目，针对新情况新问题，逐一分析，提出解决办法。

（六）各级政府及部门改革“各显身手”

瘦身提速，做好减法。四川省住房和城乡建设厅规定，只要企业具备施工总承包资质，就可以直接申请与其总承包资质覆盖范围内所有专业承包对应的业务。德阳市住房和城乡规划建设局围绕“三定方案”、新增职能、法定事项和工作实际，先后5次对原有的行政权力和公共服务进行全面清理，共清理出有行政权力事项的科室和单位12个，建筑工程施工许可、燃气设施改动审批等行政权力事项488项。精简材料，优化环节，减少前置条件，缩短时限，行政审批、公共服务事项总承诺办理从时限330个工作日缩短为281个工作日，平均提速14%以上。攀枝花市探索建立民生工程审批“挂号”，对项目逐一备案，集中“挂号”，统一分流，助推民生项目。绵阳公安“阳光政务”，市局保留的行政审批及公共服务事项由22项减少为14项，1项为公共服务事项。总工作日从287个减少为86个，全面提速70%以上。

四　行政审批改革深化探索无止境

行政审批改革已经拉开帷幕，需要快刀斩乱麻，大刀阔斧地推进。对行政审批项目设置及责任制度构建、行政审批条件等方面深化改革。

（一）行政审批设置权主体要有权有责

行政审批项目设置权，需要人大及国务院更加谨慎地行使。例如，人大享有多项法定职权，只是行使得比较粗糙，或者没有完全尽责尽职。其组成人员兼职的多，“代表性的”比较多，甚至身份代表、形式代表的比较多，部分履职不到位。对此，笔者认为，代表们可以组成专门的团队，花费一定的工作时间，专门就各个行政审批项目进行评估，也可以邀请、吸收社会力量参与，对拟设置项目进行研究、探讨，还可以组成各种会议，采取多种方式、多种渠道，倾听拟行政审批相对人的意见和建议。各个行使法定职权的人大代表，对拟设置的行政审批项目，公开表明态度，以便让人民及被代表者关注和监督。

人大代表行使行政审批立项表决权是其履职的一个体现。需要专业性、专职性的人大代表履职。首先，人大代表本身是各个行业的精英，精通各个行业的实务，是行业、社会管理、政府服务质量监督的权威代表。至少各个专门的委员会组织，应该加强行政审批权设置的知识传播和提供相对全面的信息，以资代表们采信、使用。其次，为代表提供行使权力的制度保障，如时间、调研、信息支持、工资待遇、差旅补贴、工作要求等。代表们应该有专门的时间、财力资源等支持其搜集各种行政审批项目相关信息，了解实践需求、知晓国外发达市场经济体的相关管制规范等。最后，代表们对行使的审批权设置有法定责任。立法设置行政审批项目，代表们一旦表决通过，就是一项社会管制项目，要涉及大量社会主体的行为，给予其一定的履职义务。如果随意表决，不认真负责，甚至是“随大流”应声附和，根据自身或者其代表的利益需求设置，就应该承担相应的法律责任，不被信任、失去被代表者支持，乃至接受社会主体、公众、行政相对人的质疑。各项行政审批项目实施后，在一定期间，要进行后评估，如果有比较大的偏差或者失误，就应该调整代表团体，也可以设置一定的法定义务，促使代表和代表团体谨慎行使代表权力，自我负责，对权力负责，对被代表者负责，对社会负责。

（二）全省全面全力推行“一站式”服务机制

第一，行政审批对外服务应纳入政务服务窗口。政务窗口是一个地方政府对外政务的基本活动场所，是行政审批权力行使的主要场所，所有行政审批项目，纳入政务窗口管理的是原则，没有纳入政务窗口管理的是例外。一级政府、一个行政职能部门的对外行政管理事项，特别是行政审批事项，都应该纳入政务窗口管理，特殊情形需要报批，且经常接受权力主体、上级行政机关、社会主体的质疑、问询。

第二，提高权力行使透明度。明晰行政审批事项的解读、认定，减少由于政策规定模糊而导致的部门任意解读。进行审批流程再造，减少行政相对人在多个部门之间来回奔波的次数，减少同一审批事项在部门和层级间“公文旅行”。对整个审批的过程加强实施电子监察，使审批流程更加精简和透明。审批业务的标准化建设，使审批的标准更加明晰、流程更加规范，减少行政审批部门自由裁量空间。引入电子网络系统，随时抽查审批中的不合法、不合理行为，减少审批部门和个人的随意性和滥用权力空间。

第三，给予政务窗口充分的规范管理的权力。政务窗口及其人员真实发挥行政审批职能，督促各个职能部门大力进行内部职能调整，对政务窗口充分赋权，人员、编制、牵头协调职能配备充足。

第四，县级、乡镇是“一站式”服务重点。大都市，信息来源快，行政改革力度大，人、事、权集中，“一站式”建设、覆盖快。目前，最迫切地把此项改革红利制度全面推行、全面覆盖，特别是县（区）、乡（政）级政府，各级政府有且只有一个政务服务中心、服务网络，必须全面铺开，严格执行。

（三）分类审批　精简项目

项目分类，即有自由裁量权的审批项目、竞争性获得项目、无自由裁量权的审批项目、备案项目、注册项目，分类形成档次，构成行政审批链条。

第一，分类管理。四川省政务窗口显示省政府及部门保留了500多项行政审批事项，国务院保留了1031项行政审批事项。对这些清理后保留的行政审批事项还要逐一考察、分辨、清理。根据社会事项行政权力管制的必要性、管制的程度、管制指标设置要求等，对应于审批、许可、登记、认定、认证、备案等行政管控类型，根据行政审批的法定原则、公正原则、效率原则，对号入座。

第二，精简项目。整合后的项目不能是“膨化饼干”、“压缩饼干”，几个前置条件捆在一起，压缩了项目，但并没有压缩审批事项，实质没有变。

精简行政审批主要采用“留、改、减、管”四字方针。

留：精简、保留、归并。法律明文规定的行政审批事项，保留；法律没有明文规定的，分辨必要性，最终列明为哪一项审批项目。既保留必要的行政审批项目，也保留必要的行政审批要件。对行政审批项目和审批项目的申请要件都进行完全的清理，根据公共利益涉及程度、管制必要性、市场是否可以直接调节等指标，区分管制方式。最大限度地减轻管制，减少报备资料，减少前置要件，保留最必要的审批事项和审批事项的报备材料。

改：减少审批项目，增加备案、认定、注册等项目。减少审批项目，不能一味地直接废除不管，减轻管制也是一个非常有效的方式。逐渐减轻管制，减少管制项目，对各个具体项目，全部规范。备案、认定、注册、登记等内容不能等同于行政审批，不能搞变相审批。几个行政审批方式要明确区分，在行政审批事项设置时，通过采用冲淡管制色彩的方式，改变行政行为性质，减少社会主体报备的压力，增强社会活力。

减：取消部分审批项目。具体行政审批项目到底采用哪一种行政管控的方式，各个项目管控方式要形式化，备案、登记、认证不能同等对待，更不能等同于行政审批。部分审批项目划分不能过细。例如，“报关执业管理”一项，就被划分为“报关员注册、变更、注销、延续”四个子项目，分别审批，其实注册、变更、延续三个项目是可以合并的。在现代科技条件下，注册后，其他行为可以在一定条件下发生，减少报关员的麻烦。特别是注销一项，可以规定满十年等比较长的时间不年检、注册，就自动失效，不需要再专门注销。非由于直接报关管理需要的行为，都可以减少、合并、取消。减少审批项目前置条件，不滥设非直接限制条件。行政审批项目的各个要件不得随意设置，且要精简。过度设置要件，会增加行政相对人的负担。减少相对人负担，精兵简政，轻装前行，重在造福社会，减少形式约束。

管：管理、控制行政权。通过控权、加强行政主体责任等方式减少权力寻租等在行政权力行使过程中所出现的问题，同时让权力在阳光下和笼子里运行，增强社会主体的互信，廉洁权力，廉洁心灵。每一个行政审批事项，需要专门试验、审议、认可。与时俱进，一定时间内要反复斟酌、检验、估算利弊得失，衡量成本、效益损益，确定审批事项的立、改、废。

（四）配套改革　合力推进

网络审批方兴未艾，网络政务开发、建设、推行、改革、优化等尤须加强。网络推行政务公开，事半功倍，适应网络时代要求。网络行政审批便捷，提高了行政效率，极大地减少或降低行政执法成本。网络行政也方便监管，减少行政各方自行接触，压缩腐败空间。网络行政是无纸化运行，减少行政各方的奔波。网络行政可以催生网络法治，提升网络行政质量，增强政府执政合法性。

人是追逐利益的，行政部门的公务员也是如此，追逐利益的方式有显性和隐性的。显性的追求利益的方式，在科层制体制之下，显性经济利益体现为金字塔的上层，经济利益最大。人事、机构衔接。各个机构设置、部门管理在一一对应之下，人浮于事，机构重叠，在所难免。如果对部门设置适当地进行法定化归并，完全可以减少一庙一和尚的格局。很多中间环节，完全没有必要设置“权力中转站”，直接规定县区级行政部门主管某一事项，中间省、市传递权力的环节可以大大压缩，精简机构，也节约资源，减少中间环节的人为“找事”。

行政审批是一项主要的公共权力，为平衡公共利益和公民及社会主体权利，设置一定的事项进行审批控制，也是维护社会公共利益所需。对行政审批需要继续简政放权，通过建章立制、细化规则、程序控制、责任追究、行政行为透明等多种方式强化督促行政权力一心为公，全面服务于社会。

B.18
"诉非衔接"改革的实践与思考

"诉非衔接"改革研究课题组*

摘　要：诉调对接是"大调解"工作的灵魂。2012年5月，眉山市成为经中央批准的全国诉讼与非诉讼相衔接的矛盾纠纷解决机制改革试点42个地区之一。2014年8月21日，最高人民法院召开的全国部署会上，眉山"诉非衔接"经验和"大调解"成效受到最高法院肯定。本文介绍了"诉非衔接"机制诞生和发展的背景，总结了眉山市"诉非衔接"机制的产生、发展现状，通过具体的数据分析梳理了"诉非衔接"实践，对如何深化"诉非衔接"试点工作提出了建议。

关键词：眉山　诉非衔接

"诉非衔接"机制，亦可称非诉衔接，即诉讼与非诉讼的衔接配合，将多元化的纠纷解决方式予以衔接配合，将人民法院、企事业单位、社会组织以及其他相关各方面的力量予以结合发挥，将诉讼与非诉讼的纠纷解决渠道予以协调畅通，使各种纠纷解决方式为民所需、为民所用，从而促进纠纷解决方式的全面发展和社会的和谐发展。

"诉非衔接"机制的产生蕴含着深厚的动因。2009年7月，最高人民法院发布了《关于建立健全诉讼与非诉讼相衔接的矛盾纠纷解决机制的若干意见》，奠定了诉调对接主体及程序的制度基础。2010年8月29日，全国人大常委会审议

---

* 课题组成员：眉山市法学会；郑泰安，四川省社会科学院副院长、研究员、博士后合作导师；马利民，法制日报社四川记者站站长，法学硕士；赵方，四川省社会科学院法学研究所硕士研究生。

通过了《人民调解法》，开启了多元化纠纷解决机制建构的新起点。2011 年 4 月，中央综治委等 16 个部门联合下发了《关于深入推进矛盾纠纷大调解工作的指导意见》，指引了构建全国多渠道、多层次纠纷解决的"大调解"格局的政策方向。党的十八大提出要"完善人民调解、行政调解和司法调解联动的工作体系"，党的十八届三中全会关于深化改革的决定进一步提出要改进社会治理方式，明确指出要"实现政府治理和社会自我调节、居民自治良性互动"。这为新形势下建设"多元共治"纠纷解决格局提供了重要的政策依据。

眉山市自 2012 年 5 月成为全国"诉非衔接"改革试点以来，各级各部门设立试点工作小组，逐步推动"大调解"工作，坚持民主、公正原则，探索构建"喊得应"、"接得起"、"划得来"的"诉非衔接"眉山模式，形成非诉调解解决大量纠纷、司法调解解决少量纠纷、司法裁判解决极少量纠纷的级次分明、良性有序的梯次结构。

一 "诉非衔接"改革试点取得的主要成效

"诉非衔接"机制试点初期，眉山市针对机制前期的适用度和接受度进行了一次较大规模的问卷调查，主要对象有法官、社会公众（包括当事人和律师）、调解人员等。根据调查结果，不同主体对"诉非衔接"机制均有其内在需求，现具体分析如下。

法官卷：根据调查可知，法官们对于"诉非衔接"机制主要基于顺应司法改革的大方向，提高司法效率，半数以上的法官愿意运用"诉非衔接"机制解决纠纷（见图 1）。

当事人卷：根据问卷调查的结果，71% 的当事人愿意接受法院的案件分流措施，而 69% 的当事人愿意选择非诉讼纠纷解决机制的原因主要在于非诉讼纠纷解决机构收费低、效率高且有利于关系的恢复（见图 2）。

调解人员卷：矛盾纠纷当事人中 90% 以上的人对调解的接受度为满意，且大部分当事人在接受调解后较少反悔或另行起诉，说明调解制度正发挥实际作用（见图 3）。

律师卷：调查结果显示，相较于当事人 72% 愿意接受先选择诉讼外纠纷解决机制的高比例，只有 59% 的律师愿意接受。另外，对于是否愿意接受法

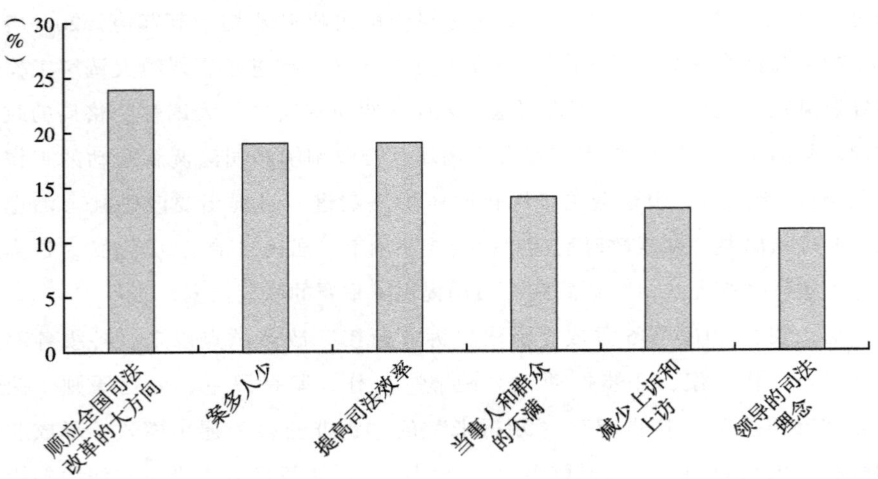

图1　法官认为眉山两级法院进行"诉非衔接"改革的动因

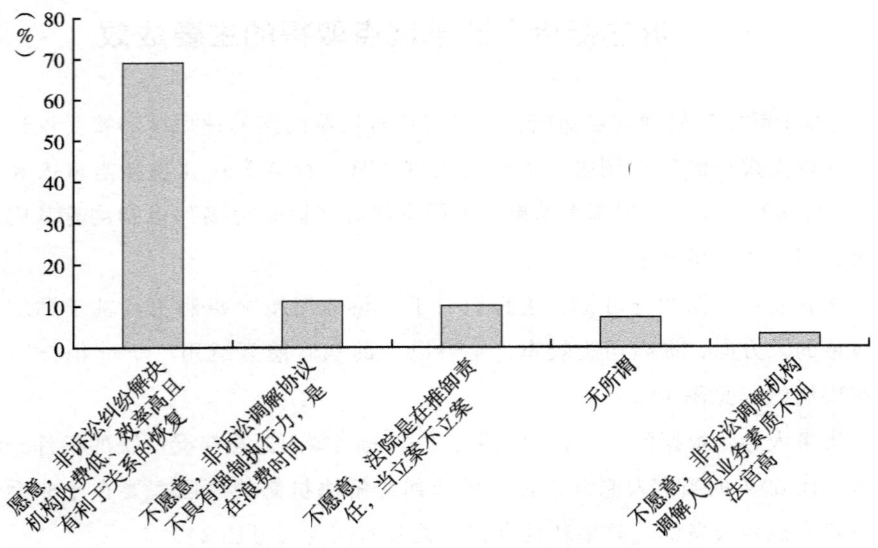

图2　当事人是否愿意先选择非诉讼纠纷解决机制

院的案件分流措施问题，71%的当事人表示愿意，而仅有57%的律师愿意接受，说明在律师和当事人方面，法院采取分流措施的难度不同。在对于眉山两级法院进行诉非衔接改革的效果评价上，律师对其评价并不高（见图4）。

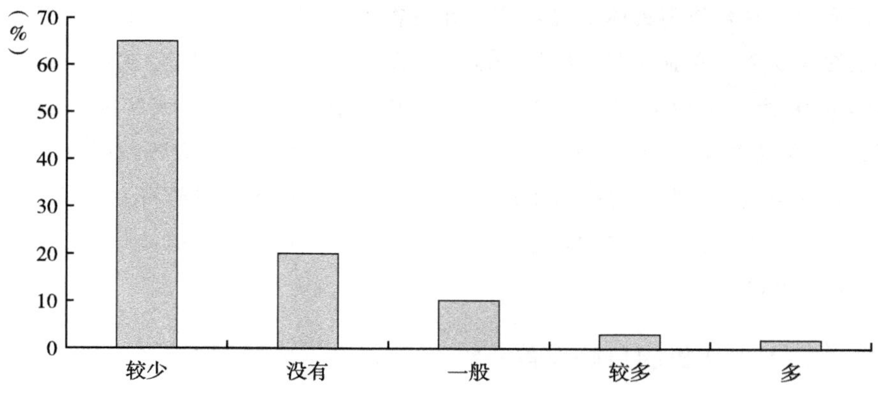

图3　当事人接受调解后反悔或另行起诉的情况

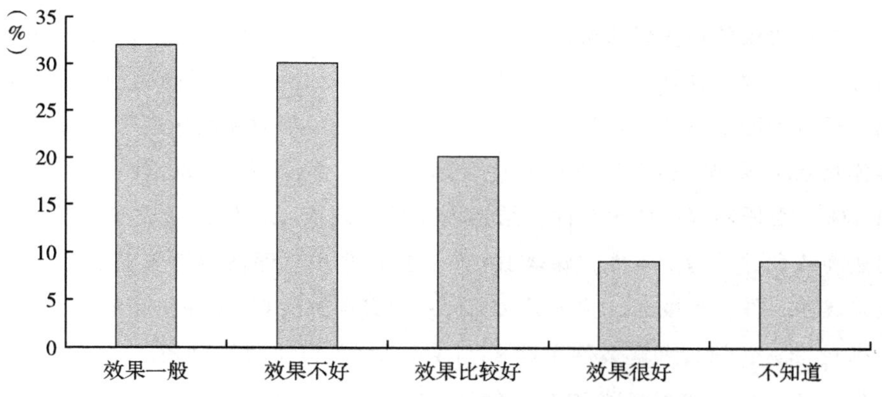

图4　律师对眉山两级法院进行诉非衔接改革的效果评价

根据问卷调查结果，不同主体对"诉非衔接"机制的需求度不同，对适用的评价亦不同。"诉非衔接"充分运用各种社会资源，通过多种途径化解社会矛盾，充分适应法院需求，节约司法资源。前期的问卷调查为中后期机制的适用提供了有益的参照，为机制适用所产生的成效做了铺垫。

（一）衔接平台全面建成

一是市和区县法院诉讼服务中心建设已全部完成并投入使用；二是市和区县法院均对院内人员进行了调整，充实了诉讼服务中心和诉调对接中心的人员力量；三是按最高人民法院要求的7个平台（10个评估要素）从形式上看已全部完成。平台使用具体情况：建立和完善人民调解组织 1947 个、企事业调解组织 450 个、专业性调解组织 563 个，设立了标准化调解室 2370 个、个人调解室 16 个、在册调解人员 2 万余名，基本形成镇（街）调解委员会、村（居）调解委员会、中心户调解组织等覆盖广大城乡的纵向到底的调解工作网络。各基层法院在册特邀调解组织 368 个，使用 819 次；在册特邀调解员 532 名，使用 833 次；法院专职调解员 87 名，使用 1470 次；在册律师调解员 162 名，使用 86 次。

（二）工作机制日趋完善

一是按最高人民法院要求的 9 项机制（12 个评估要素）各基层法院已全部建立和完善。眉山市比较常用的几种机制包括：赋予调解协议合同效力机制、调解协议的司法确认机制、无异议调解方案认可机制、无争议事实记载机制等。二是效果良好。例如，委托（派）、民商事案件中立评估、司法确认等机制运行中的个案效果良好，彰显试点工作机制的活力和适用性。机制运行的具体情况：委派调解案件 688 件，结案 611 件，调成 380 件，调成率为 62.2%；委托调解案件 585 件，结案 555 件，调成 490 件，调成率为 88.3%；司法确认案件受理 104 件，确认 100 件；民商事中立评估案件受理 2 件，洪雅法院成功 1 件、东坡区法院未成功 1 件；刑事和解受理 58 件，和解 55 件，和解率 94.8%；执行和解案件受理 2374 件，结案 2041 件，和解 1764 件，和解率 86.4%；行政和解受理 22 件，结案 17 件，和解 14 件，和解率 82.35%；受理调解协议合同效力案件 13 件，赋予调解协议合同效力案件 12 件，受理调解协议支付令申请案件 5 件；调解组织适用无争议事实记载机制案件 12 件，适用无异议调解方案认可机制案件 7 件。

（三）保障工作全面到位

一是各区县党政为试点工作建立专门机构，并在人员、经费上给予了相应保障。比如，批准设立市县两级诉调对接中心，解决了相关工作部门的职级待遇，给予充足的工作经费保障，基层法院财政专项预算达 230 万元。二是各基层法院充分发挥司法推动作用，全面推行“二培三接四辅导”诉调对接办法。“二培”即既培育调解组织又培训调解队伍，对内培养审判人员的衔接能力，对外培养调解人员的调解技能与衔接能力。“三接”是指接组织，全市法院“走出去”指导调解，设立法官联络站点和巡回法庭193个，与156个行政机关和538个调解组织建立了相对固定的诉调对接关系；将各非诉调解组织“请进来”，设立调解工作室42个，确保纠纷化解时能相互“喊得应”。接机制，着力完善诉前委派调解机制、诉中委托调解机制、无异议调解方案认可机制、无争议事实记载机制、民商事纠纷中立评估机制等，最大限度地动员非诉解决纠纷力量。接效力，受理赋予调解协议合同效力案件62件，受理调解协议申请司法确认案件785件，支持和确认率均在95%以上，确保了诉与非诉能相互“接得起”。“四辅导”，即辅导诉讼心理、辅导诉讼常识、辅导司法认知、辅导纠纷解决方法，使人民群众从心理上、诉讼中、纠纷解决中全面掌握自己所需的合适的解决纠纷的方法。三是信息、调研、宣传工作全面开展，为试点工作营造良好环境。四是中院定期检查指导及“一刊一通报”制度，保证了试点工作有序开展。各基层法院共编发“诉非衔接”专刊103期，中院督查20次，发表研究成果13篇。五是新型配套工具启用。眉山市专门研发了“诉非衔接”管理系统软件，实现了诉讼辅导分流纠纷、“诉非衔接”化解纠纷、涉诉信访处理的网上办理和实时监控，对各基层法院、中院各业务部门运用“诉非衔接”机制效果的“三个案比”等相关指标进行动态考核，为进一步加强和深化“诉非衔接”工作提供了强有力的技术保障。

（四）“辅分调审”解决纠纷流程基本形成

“辅分调审”是为了实现在诉讼与非诉之间的衔接而设定的模式。“辅”，即诉讼辅导，缓解当事人的紧张与不信任心理；“分”，即引导当事人选择高效率、低成本快速恢复关系的纠纷解决方式；“调”，即诉讼辅导法官对不愿意将案件委派相关组织调解的当事人立即组织立案调解；“审”，即对于坚持通过诉讼渠道解决纠纷的大案件根据案情进行分流，由不同的裁判庭裁判，实现资源的合理利用。截至2014年8月中旬，全市各基层法院诉讼辅导案件6409件，通过“辅”导，以委派方式“分”流给调解组织调解案件866件，在辅导环节“调”撤案件1406件，分流给“审”判庭（含速裁）4137件。

（五）“三个比率”考核台账初步建立

眉山市将“三个比率”纳入综治维稳大调解工作考核体系，并授权法院对“民事纠纷诉前调解率、委托委派调解成功率、民商事案件万人起诉率”进行考核，由于考核的依据为各区县法院提供的数据，目前各区县法院均已建立台账，为考核工作做了相应准备。具体情况：全市基层法院民事案件收案9503件，结案7788件，调撤5986件，调撤率为76.9%。应先行调解案件5097件，经人民调解、行政调解、行业调解组织等调解的案件3452件，未调解1645件，诉前调解率为67.73%（见表1）。

表1　眉山市各县（区）“三个比率”情况（2012年5月至2013年8月中旬）

法院	诉前人民调解率(%)	诉前行政调解率(%)	民商事案件起诉率(件/万人)
东坡区法院	12.32	92.61	36.58
仁寿县	81.74	97.76	17
彭山县	82.26	100	24
洪雅县	93.59	94.88	26
丹棱县	100	100	23
青神县	4.19	100	30

通过两年探索，“诉非衔接”已成为“大调解”工作的升级版，多元化解矛盾纠纷的综合效能全面显现，据统计，2013年眉山市通过非诉纠纷解决机制解决的纠纷占各类纠纷总量的81.57%，通过法院诉调衔接平台解决的纠纷占14.97%，通过审判程序解决的纠纷仅占3.46%。全市矛盾纠纷的社会化解数、法院分流化解数、司法裁判数之比约为82∶15∶3，矛盾纠纷化解呈现良性梯次结果，人民群众的纠纷得到高效率低成本的化解，人民法院案件数量合理控制，审判质量逐步提高，司法公信力全面提升，党委政府的信访量持续走低，社会稳定和谐。

眉山市“诉非衔接”改革试点仅有一年多，已多次受到全国关注，眉山经验先后被《中国审判》、《人民法院报》、《司法改革动态》刊载推广。2012年8月，眉山经验在浙江诸暨全国法院“诉非衔接”改革试点工作推进会上进行交流。2013年3月，全国法院在上海举行“诉非衔接”工作中期评估，眉山法院以94分的成绩获全国第一名。"诉非衔接"机制的改革在总体上实现了三个方面的大效果：初步确立了纠纷解决的创新机制，眉山市辖区各类社会矛盾仅有6%通过司法裁判解决；提高了纠纷解决效率。据统计，进入眉山法院的纠纷72.53%都经过诉前调解分流，平均案件的审理时间节约了17.29%；逐步提升了司法公信力，通过"诉非衔接"机制分流纠纷，法官可对案件进行精心审理，极大地保证了审判质效。

二 "诉非衔接"工作中存在的主要问题

（一）思想认识存在差距

个别基层党委政府和部分群众对"诉非衔接"和多元化纠纷解决方式的认识还不够，并未充分理解依法治国，低成本、高效率、便民、利民的纠纷解决理念，并未从全局出发考量"诉非衔接"工作。法院自身的认识不到位，未正确认识"诉非衔接"机制的积极作用，在推动机制创新上仍然滞后。部分调解组织尚未充分认识到"诉非衔接"改革中新机制对调解工作的支持作用，相关调解组织运用无异议调解方案认可机制化解纠纷仅有5件、运用无争议事实记载机制化解纠纷仅有11件。当事人对"诉非衔接"机制的认同度不高。由于宣传力度不够，当事人在纠纷发生后仍然过分依赖司法途径解决，同时，受利益因素的影响，有的律师、法律工作者有意识地引导当事人选择诉讼方式解决纠纷，而排斥非诉纠纷解决方式，影响机制作用的发挥。

（二）机制运行存在不足

一是考核权重过低。"大调解"工作仅占到综治目标考核的18%，而综治工作在全市目标考核中仅占到3.33%，司法调解中的"三个比率"考核虽然纳入大调解考核，但总体权重太低，以致部分区县不关心甚至不知晓"三个比率"考核，这与中央政法委将建立"诉非衔接"矛盾纠纷解决机制提升到推进社会治理创新、维护社会和谐稳定重要手段的高度极不相称。

二是量化考核、约束机制和激励机制不健全。考核结果运用没有具体落实到非诉调解组织和调解人员，使调解组织、调解人员之间的工作成效难以区别，因而矛盾纠纷化解的参与积极性未能有效调动，出现干与不干一个样的情况。

三是调解员的积极性不够高。“非诉”调解组织人员多为兼职，调解员专业性不强，流动性大；缺乏职业化发展前景，调解员职业目标缺位。这些现象，导致调解人员工作精力不集中，调解队伍不稳定，解决纠纷的第一道防线难以筑牢。

四是两大机制衔接受阻。非诉讼机制方面，眉山市常用的几大试点新机制的适用主体除当事人外，首先是相关调解组织，法院虽不断加强培训指导，但推进效果仍不明显。这几项机制的推广运用，实际上是在不增加非诉调解组织负担的情况下，让非诉调解组织有更多的解决纠纷的手段。“诉”的方面，办案法官沿袭传统审判模式，不愿意运用新机制调审案件。

（三）保障方面不平衡

在机构人员和经费保障层面，个别法院的诉调对接机构和人员编制、职级配备至今未落实，少数区县的调解工作经费打捆划拨并被挪作他用，在一定程度上影响了“诉非衔接”改革试点工作的深入推进。

（四）地方工作发展不平衡

根据眉山市的调研，矛盾纠纷数量较多的区县党政对“诉非衔接”较为重视、工作积极性高，而案件数量较少的地方动力略显不足、推进滞后。部分法院在试点工作上并未取得突破，部分机制开展范围较大且有所创新，但仍然缺少理论研究和阶段性经验提炼。

三　完善“诉非衔接”机制的对策建议

（一）提高思想认识，加大宣传力度

树立依法治国的真正理念。民间纠纷的解决不单纯是靠“依法治国”，从当事人对民间纠纷解决的意愿和性质来看，更多的是尊重当事人自治，在“法”的范围内合理地遵从个人习惯，让多元化纠纷解决机制更多应用于此，

使纠纷得以令人满意地解决，使"法"得以合理有效地利用。

坚持把"诉非衔接"工作作为社会管理创新的重要组成部分，坚持把"诉非衔接"工作作为深化"大调解"工作的重要抓手，进一步提升各级党委、政府和相关部门对"诉非衔接"工作的思想认识，切实加强组织领导。宣传衔接机制的新优势，推广新经验，使宣传渠道和载体多样化，使人民逐渐认同衔接机制，逐渐使用衔接机制，体会到使用衔接机制的优势，从而让人民自愿采用这种机制。

（二）完善工作机制

1. 探索推行"非诉"三大机制

一是量化机制。对调解组织受理案件数量、调处情况和"三比率两保障"等设置具体可量化的指标。二是约束机制。该机制是使非诉机制的调处机构在受理案件时的程序、行为、结果得以规范化。三是激励机制。使基层调解组织调解员切切实实享受个案补贴，开展星级评定命名工作，有效运用考核结果，调解员可上可下，打破干与不干一个样的困局，从制度层面激发调解热情，增强工作活力，先行先试，推行人民调解员等级评定制度等。

2. 加强基层法院与各类非诉调处主体的有效衔接

与非诉调解"接"组织。建设乡镇街道综治信访维稳中心，将综治办、司法所等多个部门的力量整合在一起，有的放矢，统筹三大调解资源，打造"综治 + 调解"的大工作平台。法院要积极与综治中心联络互动，从而利用双方的力量解决纠纷，维护社会稳定和谐。与重点行业"接"机制。加强与交警部门的联动。加强调解联动，提高行政调处效率；加强信息沟通，提高审判效率；加强救助联动，确保救济及时。加强与保险行业协会的协调联动，促进保险纠纷的妥善处理。加强与妇联的协调合作，稳妥处理涉及妇女儿童权益的纠纷。加强与医学会、卫生行政部门的协调合作，高效化解医疗纠纷。医疗纠纷的化解关系医患双方，及时处理对维护社会稳定大有益处。与调解结果"接"效力。通过赋予调解协议合同效力或司法确认来依法保障调解组织不同调解结果的效力。没有达成协议的使用无争议事实记载，虽未达成调解协议，但在标的额度上只存在微小差别的适用无异议调解方案认可机制，增强调解的公信力。

3. 加强法院内部的协调

制定内部联动工作机制，使立案、审判、执行等各环节衔接有序，明确衔接前后细小环节的操作规程。各部门要加强交流，从大局出发，统一案件调裁尺度，杜绝因个别部门尺度不统一而出现的不同结果。

4. 完善联席会议制度，推动衔接机制高效运行

各级“大调解”协调中心要加强统筹，制定本地区开展诉讼与非诉讼矛盾处理衔接工作规划，建立和完善联席会议制度，及时研究和解决衔接工作中遇到的问题和困难，就本地区内不同程度的纠纷提出相应的防范性建议。加强参与主体之间的交流和监督，及时通报和处理进行法律服务业务的相关违法人员。

5. 优化考评体系，强化考核的指挥棒功能

考察应有的放矢，调解组织及网络、调解员、地方治理效果和评价均应包括在考核体系内，有具体的指标，如调解组织网络覆盖度、调解员代表性、调解规则普及度、调解案件成功率、调解员培训水平、调解案件的公众评价程度等，同时建立相应的激励和惩戒机制。人民法院和司法行政机关应建立完善的个人考评制度，将调解员的调解成功率、调解质量、文书规范程度、社会评价等指标纳入考核体系，将考评结果与激励、评先评优等制度挂钩，从而提高调解人员的工作积极性。

6. 建立司法确认的事后救济机制

在“诉非衔接”机制中，不仅要完善前期、中期的对接协调机制，更应建立完善事后救济衔接机制。司法确认是形式审查，如确认后的调解协议存在错误，司法救济极为重要，如可以采用撤销之诉制度，给予当事人合理的救济，以简单的程序保障当事人最大的合法利益。

（三）强化队伍建设

1. 加强专业培训提升调解技能

坚持“两个队伍、一个结合”。“两个队伍”，即既要加强法官队伍的培训又要加强非诉调处队伍的专业培训，加强法官在调解和司法确认方面的培训，同时加强非诉调处队伍在法院业务方面的培训。“一个结合”，即将法官队伍和非诉调处队伍相结合，以先带后，互相交流，互相指导，互相总结，共同

进步。

2. 加强调解员层次化建构

调解纠纷需要丰富的工作经验和个人阅历，非诉调处人员应构建层次化体系，在不同环节安排不同能力的人员，如在调解纠纷上具有相当优势的退休司法人员更能胜任调解工作，这样不仅能发挥老同志的余热，更能提高调处工作的效率和质量。

（四）强化相关保障

1. 统筹并落实衔接工作经费

建议建立诉非衔接工作机制配套资金，且将其纳入统筹资金，根据案源、经费使用情况进行相应扶持，同时，配备专项资金的监督人员，对资金的统筹、是否到位、使用情况予以监督并纳入考核体系，加大对部分开展衔接工作的机构的补助力度，从而使非诉调处人员安心做好本职工作，促进基层法院非诉衔接工作的顺利开展，更好地发挥机制的高效便民性，保证质量，维护社会的稳定与和谐。

2. 优化诉非衔接机制工作的人力资源配置

建议制定完善的人才配备标准，针对不同地方情况的基层法院进行人才评估和统计，针对案多人少、人才流失的法院适当增加相关的编制人员，针对法官断层的法院进行法官资源的配置，针对人员冗杂的法院进行合理规划，使得工作人员流畅衔接。提高机制工作的效率，推动衔接工作的开展。

（五）深化纠纷类型化研究

诉与非诉两种方式的采用有一定的标准，并无优劣之分。采取何种方式取决于当事人的意愿、案件的复杂程度等。根据纠纷解决的经验，加强纠纷的类型化研究，确定适用不同机制的纠纷案件的标准，从而提高纠纷解决的效率，保证纠纷解决的质量。

B.19

医患纠纷的调解新机制

唐　军*

摘　要：医患纠纷是当前我国社会普遍存在的现象，它包括医疗事故纠纷和患者或者其法律上的利害关系人与医方之间的非医疗事故纠纷。医患纠纷产生有医方的原因，也有患者和社会等多方面的原因。当前，针对医患纠纷解决新机制的探索正在进行。为有效解决医患纠纷，四川各地市州相关政府和组织正开展着多元机制的有效探索。结合四川主要地市州的工作特点，笔者透过医患纠纷现象，挖掘其深层次的原因，力图找到一种解决此类纠纷的新机制。

关键词：医患纠纷　解决　调解　新机制

医患纠纷，是指患者或与其具有法律上利害关系的其他人与医疗单位之间产生的纠纷。其中既包括因医疗过错产生的医疗纠纷，也包括其他医患纠纷（如医疗机构中存在的非法行医行为、其他因为法律的直接规定医疗机构应当承担法律责任的医疗行为）。医患纠纷在外延和内涵上与医疗纠纷不同，医疗纠纷，是指基于医疗行为在医疗机构与患者或者与后者具有法律上利害关系的其他人之间产生的医疗过错、侵权与赔偿纠纷。患者在医院就诊过程中不仅可能遇到因医疗行为出现的纠纷，还有可能遇到与医疗行为无关的其他民事权益的争议，如医患双方之间可能存在隐私权、名誉权、肖像权、知情同意权、处分权等权益争议情况。这些纠纷不是医疗行为本身导致的，不属于医疗纠纷，

* 唐军，四川省社会科学院法学所副研究员。

不受医疗事故处理条例的规范和调整，属于《民法通则》和《侵权责任法》等法律调整的范畴。从其特点来看，医患纠纷的主体限于医患双方，即医方和患者及其利害关系人。除此之外，即使有医疗服务行为的内容，只要主体不是上述双方，也不属于医患纠纷，如医疗纠纷中的医疗行政处理纠纷等。

医患纠纷中的一方为医方，主要包括各级医院以及依法取得医疗资质的相关医疗机构。医护人员包括在医疗单位工作的管理者、医生、护士等。但是，从法律上讲，医患纠纷的一方主体是医疗单位，而不是医护人员。医患纠纷中，相对医方的是指患者，不仅是指患病者，还包括所有接受医疗单位诊疗护理服务的人。在特定情形下，非患者亦有可能成为医患纠纷主体，如法律规定的患者的利害关系人。

在西方国家，由于其法律制度相对健全，在医疗卫生服务方面有相对合适的法律救济途径和相对完备的社会保障体系，医患关系整体而言，处于比较稳定的状态。就我国而言，在20世纪90年代中期之前，民众对医患纠纷不是很关心，当时对医患纠纷进行处理的主要依据为国务院颁布的《医疗事故处理办法》。进入20世纪90年代中期之后，民众对医患纠纷开始给予较多的关注。在1998年中国消费者协会统计的消费者投诉事项排名中，医患纠纷投诉排名第5。进入21世纪，现代通信和交流方式与新兴媒体的大量出现，医患纠纷借助上述媒介的力量，逐渐成为社会关注的热点。2006年，中国医师协会做了一个关于医患关系的调研报告，其数据说明，医疗纠纷发生率每年为76件/家。近年来，医患之间的纠纷呈急剧上升的趋势，据中国消费者协会的官方数据统计，其增长幅度在两位数。

一　医患纠纷在四川的现状

就四川医患纠纷的现状分析，笔者选取了绵阳、广元和泸州等三个地级市进行调查。

从2009年到2013年绵阳的医患纠纷数量平均每年约为450件，其中影响较大的纠纷每年平均为40余件。在这几年时间里，平均每年支付的医疗纠纷赔偿金额为1500万元左右；医患纠纷通过诉讼和调解的途径解决的比例维持在30%左右，70%的医患纠纷通过其他途径解决。为有效解决医患纠纷涉及

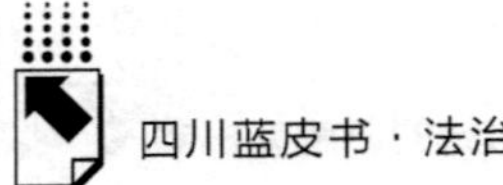

的经济赔偿问题，绵阳各区县法院设立了专门的医患纠纷处理法庭，集中力量，集中专业人才审理此类案件。[①]

2011 年 7 月，绵阳市设立医疗纠纷调解委员会，对涉及全市范围内的医疗纠纷进行第三方协调处置试点。随后，绵阳各个县级的医疗纠纷调解委员会也陆续成立。数据统计显示，截至 2014 年 11 月，绵阳市县各级医疗纠纷调处机构共受理医疗纠纷 600 件左右，调处的成功率在 95% 以上。其中，市医疗纠纷人民调解委员会受理医患纠纷案件 115 件，成功调解 98 件，进入诉讼程序案件 14 件。

2014 年 11 月，绵阳市以市司法鉴定行业协会自律管理的形式出台专项鉴定规则——《绵阳市医疗过错司法鉴定规则》，规范医疗纠纷司法鉴定程序，创造性地规定了当事人对鉴定程序的质询程序、医疗专家鉴定辅助程序等，提升了医患纠纷司法鉴定的权威性、专业性和公信力。

2012 年 2 月 9 日，广元市成立市医患纠纷调解中心。该中心为广元市司法局管理的事业单位，核定事业编制 3 名，财政全额拨款，主要职责：一是组织、协调人民调解员调解处理市级医疗机构与患方之间围绕医疗、护理服务而产生的纠纷；二是指导全市医患纠纷人民调解的工作；三是负责辖区内医患纠纷人民调解工作的统计与调研。2012 年 4 月，广元市医患纠纷调解中心正式受理调处医疗纠纷，当年受理医患纠纷 19 件，调解成功 14 件，赔偿标的金额 3821923.4 元，实际赔偿的金额为 1020669.27 元。2012 年 12 月开通了四川省首个医患调解微博——@广元市医患纠纷调解。2013 年 1 月 8 日，该微博通过认证，正式上线，为四川省首创。其创建微博的理由为：医患纠纷在调解的过程中，经常出现患方利用网络先行造势，然后利用舆论给各方施压，为自己争取最大经济赔偿额度的情况。建立微博能够充分利用新媒体平台，有针对性地对全市医疗投诉、医患纠纷的解决程序和方法进行答疑解难，引导网友正确维权，避免不实消息造成不良影响，有利于推进司法公正。

广元利州区法院审理医患纠纷案件的数据显示：2008 ~ 2012 年受理的医

---

① 廖德生、张海军：《医患纠纷的现状和思考——以绵阳市范围医疗机构为研究对象》，《首届四川省“治蜀兴川”法治论坛（巴中）“维稳与维权法治保障问题研讨”主题征文获奖论文集》。

患纠纷案件为151件，涉及的当事人为532人，医疗机构213家。而2013年广元利州区法院的医患纠纷受理为零，其原因是：广元市建立了医患纠纷调解中心后，通过中心的调解工作，广元市所属法院的医患纠纷受理案件急剧下降。许多久拖不决的医患纠纷，通过调解中心得到快速的解决。为更好地进行诉调衔接，广元的做法是：法院直接将格式文本，如承诺书、确认调解协议裁定书、申请司法确认应注意事项、司法确认申请书转交给医患纠纷调解中心，由调解员指导医患双方办理司法确认手续。调解协议签订后，调解员将电子文本传给法院。医患双方直接到法院办理司法确认手续。

泸州市为有效地解决医疗纠纷，2013年5月15日，出台了《泸州市医疗纠纷预防与处置暂行办法》，于2013年10月成立医疗纠纷调解中心及医疗纠纷人民调解委员会，积极配备办公设备和招聘相关从业人员，该调解委员会在12月底开始工作。医疗纠纷调解中心明确了工作职责，确保医疗纠纷第三方调解有机构受理。多渠道落实人员。落实医调中心工作人员编制3名和医调中心专职调解员4名；成立医疗纠纷调解专家库，征集医学、药学、法学、保险理赔和调解专家121人；采取单位推荐和向社会征集的形式聘请兼职调解员，既优化了人员结构，又保证医调中心独立第三方的性质。

二　医患纠纷产生的原因分析

（一）法律及政策原因

1. 法律规章的规定存在不同之处

根据2002年4月4日国务院第351号令公布的《医疗事故处理条例》的规定，其适用范围为：因医疗事故引起的医疗纠纷。非医疗事故的医疗纠纷适用的法律依据为《民法通则》、《侵权责任法》以及《最高人民法院关于审理人身损害赔偿案件适用若干问题的解释》等。采用上述医疗事故纠纷处理途径和适用《民法通则》等法律处理的非医疗事故纠纷存在两种不同的赔偿标准。在司法实践中，适用《民法通则》等法律处理的医疗纠纷，其赔偿的标准相对较高。根据民法过错归责原则，只要行为人的过错导致受害人人身损害，行为人就应承担相应的民事责任，包括赔偿责任，对其损害后果，一般不

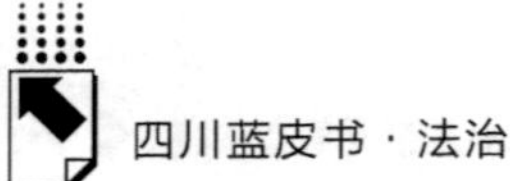

做“明显”与“非明显”的区分。而《医疗事故处理条例》对此进行了区分，如果医疗机构对患者造成的人身损害不是明显的，医疗机构将不承担赔偿责任。

由于上述法律法规的规定不同，导致医患纠纷不能得到合理及时的解决，对于医患双方而言，有可能耗费较长的时间、较高的经济成本。

在司法实践中，尽管学界对医患法律关系的认识还存在较大歧异，但用《民法》、《消费者权益保护法》、《产品质量法》等普通法来调整医患关系已经成为实践。医患双方的法律关系其属性为合同或者契约关系，突破了医疗机构的行政管理机制理念，赋予患者平等权利，具有较大的进步意义。《消费者权益保护法》首次在立法上规定了惩罚性赔偿制度①，理论界对医患纠纷适用《消费者权益保护法》一直存在争议，一种观点认为医方不是营利的经营者，患者也不是消费者，所以《消费者权益保护法》对此没有约束力；另一种观点认为医患双方是平等的民事权利法律关系主体，医患关系是平等的民事法律关系，医方和患者之间建立的应为医疗服务合同，所以应当适用《消费者权益保护法》。但是适用《消费者权益保护法》中惩罚性赔偿条款的前提是经营者必须存在欺诈行为，如果医方不以欺诈方式，而以其他方式严重侵害患者的利益，将不能直接引用惩罚性赔偿条款。非欺诈性行为带来的后果有可能比欺诈行为带来的后果更严重。因此，有学者认为要解决此问题，只有扩大惩罚性赔偿制度的适用范围，不应该仅仅局限于医疗欺诈行为。上述情况表明，对医患关系进行准确的法律定性，正成为当前医事立法首先要解决的重要课题。

2. 医患纠纷解决途径堵塞

现阶段，解决医患纠纷的途径主要有：自行协商解决、申请行政处理、申请人民调解委员会解决、向法院提起诉讼解决。对于诉讼而言，其时间成本和物质成本较高，一般患者不愿采取。另一个客观现实是：尽管法律对于医患纠

---

① 《消费者权益保护法》规定：“经营者提供商品或者服务有欺诈行为的，应当按照消费者的要求增加赔偿其受到的损失，增加赔偿的金额为消费者购买商品的价款或者接受服务的费用的三倍；增加赔偿的金额不足五百元的，为五百元。法律另有规定的，依照其规定。经营者明知商品或者服务存在缺陷，仍然向消费者提供，造成消费者或者其他受害人死亡或者健康严重损害的，受害人有权要求经营者依照本法第四十九条、第五十一条等法律规定赔偿损失，并有权要求所受损失二倍以下的惩罚性赔偿。”

纷规定了举证责任倒置，但医方通常不愿举出对自己不利的证据，因而往往规避自己的部分举证义务。因此，患者要更好地支持自己的诉讼主张，其提供相应的证据较难，特别是一些技术性证据。

从我国医疗事故处理条例的规定来看，如果发生了医患纠纷，任何一方都可以申请医疗行政主管部门进行调解处理。但是在现实实践中，医疗机构和患者都不愿意通过此途径解决。医疗机构回避这一途径解决的考虑是：一旦医疗机构的医疗行为被认定为医疗责任事故，医疗行政部门将对其领导和有关责任人员进行行政上的惩罚。患者不愿通过医疗行政部门解决的考虑是：医疗行政部门是医疗机构的主管部门，很难保证其公正地进行调解，可能出现只维护自己所属单位的利益，而损害患者利益的行为。其调解的公信力很难得到患者的认同。

3. 医疗保障措施缺失，机制不灵活

尽管我国医保制度正在不断健全完善，但客观现实是：患者一旦就医，由于医保对于报销药物的种类限定很大，其医疗成本的个人承担比例仍较高。因此，一旦患者付出了很高的医疗成本，获得的结果却难以达到其预期，这往往成为医患纠纷产生的一个重要原因。

（二）社会方面的原因

1. 社会意识方面

民众对医方的理解存在误区。民众普遍认为，医院是纯粹的营利性机构，医方出现了医疗事故，就应当让其承担相应的赔偿责任。

2. 媒体的过度炒作

部分媒体大肆炒作医患纠纷，渲染高额医疗赔偿。新闻舆论导向有偏颇。新闻记者不一定熟悉医学专业知识，他们对医疗纠纷的报道带有一定的片面性和误导性。媒体的偏颇报道一定程度上加深了医患之间的矛盾。中国医疗协会进行了1950份调查问卷，其结果显示：新闻媒体对医疗纠纷的报道全面客观的仅为1.64%，比较客观为17.7%，不客观为80.66%。

3. 存在“医串串”现象

受经济利益的驱动，不法中介“串串”出现在医患纠纷的处理程序之中，医方与患者达成赔偿后，“医串串”从患者或医疗机构得到的赔偿中抽取提

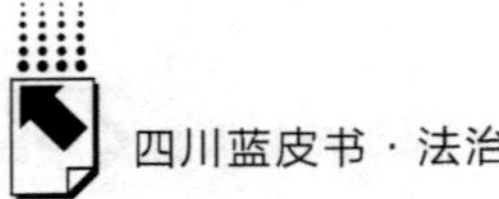

成。其参与医患纠纷的处理，不是基于法律的方式和程序，其采取的是“缠、闹、告”等方式，无形之中将医患纠纷矛盾进行扩大化。

（三）医疗机构方面的原因

1. 医德医风未能得到彰显

少数医务人员不遵守规章制度和医护操作的常规，医疗文书书写随意、不规范，对患者检查片面化。责任心不强，技术水平落后，受经济利益的驱动，医护人员为患者治疗时，开大处方，拿药品的回扣，让患者做不必要的医疗检查。市场经济影响下，医院过分追求经济利益，患者看病难、看病贵现象突出，使医患双方处于经济的对立面。上述情形严重地影响了医生在患者心目中的形象，使患者对医生和医院产生了不信任感。

2. 良好的沟通渠道在医疗机构和患者之间没有建立

医疗机构及其人员的服务意识普遍不强。医患关系中，由于其特殊的技术性和知识性，医疗机构明显处于优势地位，直接影响了医患之间的交流和沟通。医务人员服务意识淡薄，缺乏对患者的同情心，甚至利用职权向患者或者其家属吃、拿、卡、要。在工作中解答患者的问题时，表现出不耐烦，简单生硬，缺乏与患者沟通的基本技巧，上述情况严重制约着医患关系的和谐发展。

3. 医院管理制度落后，不健全

由于医院管理制度不健全，职责不明确或者制度建立后，部分医院并没有很好地贯彻执行这些制度。医方内部各个职能部门各自为政，缺乏有效的协作。对来访人员接待应变不力，使小矛盾升级为医疗纠纷，如不认真为患者做检查，不能很好地履行告知义务，侵犯患者的知情权、隐私权，病案管理、医疗质量管理等措施不到位，医用材料质量不能保证，收费台账记录错误等，上述情况极易引起医疗纠纷。部分医护人员责任心不强，导致本可避免的医疗事故发生。部分医务人员违反医疗技术操作规程，导致误诊，如将手术器械等遗留在患者的体内，开错手术部位，将健康的器官切除而把生病的器官留在患者体内等。

4. 医疗单位的医疗技术、医疗器械设备达不到正常的诊治标准要求

由于现有的医疗技术水平和医疗设施不能满足诊疗的需要，有时可能引发医疗纠纷。部分医护人员缺乏基本的医疗技术和临床经验，在诊治患者过程中，导致医疗纠纷的发生。

（四）患者方面的原因

患者的法律意识相对薄弱，患者及其家属存在不正确地理解和行使法律赋予权利的可能。有些患者根本不知道如何通过法律途径保障自己的权利，认为将事情闹得越大就能越快地解决问题。即使有懂法律的患者，也存在“信访不信法”的现象，不按法律途径来解决问题，而是采取不计后果的过激行为。

三　医患纠纷解决建议

（一）法律方面

应当对《医疗事故处理条例》进行必要的修订，使其内容与《民法通则》、《侵权责任法》、《最高人民法院关于审理人身损害赔偿案件适用若干问题的解释》等法律规定的内容有相应的衔接和统一。法律法规得到统一后，医患双方在统一的法律面前，其机会成本降低，有利于医患纠纷及时合理地解决。法律上应当进一步明确患者在特定情形下的消费者地位，更大程度地保障患者的合法权益。

（二）采取有效的预防措施，防患于未然

1. 重塑医方形象

针对医方存在的各种问题，应有针对性地开展各项工作，如加强医院的管理制度建设，严格各项操作规程，提升净化医院的医德、医风，提高服务水平，保障患者的知情权等相关权益，加强与患者及其利害关系人的沟通。

2. 积极引导舆论走向

媒体应坚持廉洁自律，坚持客观、公正而且专业化，对待某些专业技术性问题，应当科学严谨，不能凭自己的主观意志随意报道。相关新闻主管单位应建立相应的约束机制，以保障媒体公平、合理、合法地报道医患纠纷。加强依法有序地反映合理诉求和严厉打击“职业医闹”等违法行为的宣传报道。积极引导家属通过正当的法律途径解决医疗纠纷。

（三）拓宽医患纠纷解决途径，重点突出诉调机制的新结合

调解解决医患纠纷是各国普遍的做法，在德国，2012 年出台了《促进调解及其他诉讼外冲突解决程序法》，该法的主要内容为：一是担任非诉讼调解员的人员可以是当事人选任的律师及其他人员，但是法官不能担任非诉讼程序的调解人员。二是调解人员应保持在案件调解中的中立身份，并根据案件的需要及其应当具有的专业背景，公平地调解案件，等等。三是调解人员的培训制度。德国法律规定，从事调解工作应当接受调解工作相关的培训，经过培训后，取得培训资格，方可从事具有法律特殊要求的认证调解员的工作。四是德国法律规定，非诉讼调解工作的有效期限为三个月。五是调解协议的效力与法院判决的效力等同，依法调解达成的协议，如果一方当事人恶意不履行的，另一方当事人可以申请法院进行强制履行，其调解效力类似于我国的仲裁裁决的效力。

司法部、卫生部、中国保监会于 2010 年 1 月 8 日联合发布了《关于加强医疗纠纷人民调解工作的意见》。其内容主要包括：一是强调医患纠纷专业调解机构建立的必要性和重要性；二是强调医疗调解机构的组织建设；三是强调加强调解队伍建设的重要性；四是强调各级政府对医疗纠纷调解工作保障的必要性；五是强调从事医疗纠纷调解工作的司法行政部门和医疗行政主管部门的指导性。2011 年 1 月 1 日起施行的《人民调解法》进一步规定了根据社会发展的需要建立相适应的调解机构的合法性。

为更好地推进医疗纠纷的调解工作，应注意以下几点。

第一，依法有序地建立各级医疗调解机构，明确其职责。在医疗纠纷调解的实践中，有必要建立省市县乡（镇）四级医疗调解机构。而这其中尤其以市县两级医疗纠纷调解机构最为重要，原因在于：市县两级医疗调解机构其辖区内的医疗单位相对较多，其医疗纠纷也较多。为此，应明确市县医疗纠纷调解机构的职责、专职调解人员的任职条件、兼职专家人员参与调解制度、调解期限和调解的回避制度等。各级司法行政部门和卫生行政主管部门应负责医疗调解专业队伍的建立、培训和指导工作，着力从经费、编制和办公条件上进行应有的保障。

第二，加强医疗调解与法院之间的调诉工作的衔接。根据《人民调解法》

及最高人民法院《关于建立健全诉讼与非诉讼相衔接的矛盾纠纷解决机制若干意见》等相关法律的规定，各级医疗调解机构所做的调解协议，在未得到法院的确认之前，一般不具有强制执行力。为维护调解协议的严肃性和调解工作的稳定性，加强调解协议的司法确认就成为调诉衔接工作的重点。应结合实践，在调诉衔接中，重点从方便当事人进行司法确认的角度出发，考虑设计有利于当事人的高效能确认机制。

从指导原则上设计：医疗调解机构与人民法院之间应当建立定期或者不定期的业务交流联系机制，发现诉调衔接中的难点、热点问题后，有针对性地开展对策研究，从适用法律、保障当事人权益、方便调解等角度出发，构建和谐的诉调衔接机制。

从申请确认的程序上设计：让调解人员告知当事人调解协议进行司法确认的效果和重要性，当事人愿意申请司法确认的，调解人员应当将调解协议书和申请确认书及时转交法院相关部门。法院在收到上述材料后，应当及时地通知当事人到法院进行确认。

从法院确认的原则上设计：法院对在医疗机构主持下达成的调解协议，应首先从协议本身的合法性进行审查，然后，询问和审查当事人是否自愿达成调解协议。在充分审查调解协议的合法性和当事人的自愿性后，应当及时地做出是否进行司法确认的裁定。

调诉衔接工作的另一个重点是，应强调医疗纠纷诉讼前置程序。法院在立案时，如果发现当事人争议的医疗纠纷案件未经过医疗调解机构的调解，可以告知其有权申请医疗调解及调解的程序和调解的优势（相对于法律诉讼），以便当事人进行选择，决定是调解还是直接诉讼。如果当事人不愿到医疗调解机构进行医疗调解的，在进入法院诉讼程序后，法院是否可以在审理中，委托相关医疗调解机构进行调解呢？在实践中，各地做法不一。这一点在四川的实践中做得比较有特色。根据《四川省人民调解条例》规定①，四川法院在受理医疗纠纷案件后，可以根据案件的情况，委托医疗调解机构进行必要的判决前

① 参见《四川省人民调解条例》第十五条，人民调解委员会可以对人民法院征得当事人同意后委托的、已经进入诉讼程序的民事案件进行调解。人民调解委员会可以接受行政机关的委托，调解委托机关受理的矛盾纠纷。

调解。

在调诉衔接中，另一个重要问题是，在调解中如果需要进行司法鉴定，其鉴定结果在诉讼中是否能得到法院认可？为有效地避免鉴定工作的重复性和不必要性，四川省部分地方的做法是，法院和医疗调解机构在工作上充分协作，如果医疗纠纷案件正处于诉讼中，法院委托医疗调解机构进行调解，如果有鉴定的需要，由法院依法指定相关鉴定机构进行鉴定，其效力得到法院确认。如果该医疗纠纷案件还未进入诉讼程序进行的医疗调解，在调解中如果出现需要鉴定的情况，由调解机构委托法院指定相关机构进行鉴定，这样一旦调解不成，进入诉讼程序后，在医疗调解阶段进行的鉴定结论仍会被法院认可。这样就极大地避免了在诉讼阶段，法院再行委托鉴定的问题。极大地节省了司法成本，提高了诉讼效率。①

① 袁杰：《医疗纠纷调诉对接机制的完善与展望——调诉对接机制广元实践探析》，《首届四川省“治蜀兴川”法治论坛（巴中）“维稳与维权法治保障问题研讨”主题征文获奖论文集》。

B.20

产权市场推动西部金融中心建设的法治路向*

四川产权市场法治研究课题组**

摘　要： 近年来，全国各地相继提出建设区域性金融中心的口号。随着各地产权市场的不断壮大，产权市场逐渐在建设区域性金融中心中扮演着重要的角色。全国各地通过产权市场建设区域性金融中心均取得了一定成效。相比较而言，四川在区域性金融中心的建设方面明显有政策弱化的倾向，产权市场如何推动西部金融中心建设的路径尚不明晰。本文通过分析当前四川省产权市场推动西部金融中心建设的法治现状，结合其他地区产权市场推动区域性金融中心建设的经验，试图发现四川省建设西部金融中心的法治困境，提出以产权市场为基石，同时纳入互联网金融的创新解决法治思路。

关键词： 产权市场　区域　金融中心　法治

金融是经济的内生变量和核心要素。现有资料和研究成果显示，一个国家和地区的金融中心是多区域、多层次的，各区域、各层次金融中心之间既是独立自治，又是共生互补的关系。随着近年来国家在总体上对区域经济建设提出要求，全国绝大部分省会城市和区域经济中心城市纷纷提出建设区域性金融中

---

* 基金项目：2010 年国家社科基金项目“新形势下产权交易市场法律制度研究”（10XFX0014）。

** 课题组成员：郑鈜，四川省社会科学院法学研究所副所长，副研究员，硕士研究生导师；赵雯，四川省社会科学院法学研究所硕士研究生。

心的口号，并相继发布若干政策意见。区域金融市场是以行政区划为基础的区域化金融市场，是金融市场体系的地区化结果。经济学的现有研究成果显示，区域金融市场已经成为影响和制约区域经济发展的决定性因素。区域性金融中心是区域金融市场建设的核心内容，它通过地区性的金融资源优化配置和有机整合，使区域金融市场能够更加独立、自洽地运行，进而更好地为区域实体经济服务。区域性金融中心在提升城市和地区核心竞争力、促进经济持续快速发展等方面有着重要的战略意义。四川省作为西部大省，通过建设西部金融中心，以金融业撬动整个经济发展，缩小地区间差距，具有十分重大的经济意义。

一　产权市场推动区域金融中心建设的法治现状

近年来，随着各地相继提出建设区域性金融中心的口号，四川省也出台了一系列积极的政策支持西部金融中心建设。产权市场因具备强大的资源整合能力，在区域性金融中心建设中发挥着重大作用。

（一）四川建设西部金融中心的法治现状

自2008年四川省“两会”第一次明确提出建设西部金融中心以来，四川省就开始了对西部金融中心建设的积极探索和发展。2010年《西部金融中心建设规划（2010～2012年）》指出建设西部金融中心的基本思路，期冀到2012年将成都初步建设成为西部地区的直接融资中心、产权交易市场中心、大宗商品交易市场中心等交易市场中心。2012年《四川省“十二五”金融业发展规划》指出，以大力推进西部金融中心建设为重点，全面提升四川金融业的综合竞争能力和可持续发展能力，力争到2015年末将成都建设成为西部地区的各类交易市场中心。上述一系列政策性文件不仅表明了四川省对建设西部金融中心的高度重视，也为西部金融中心的建设指明了方向。

此后，2013年《四川省人民政府办公厅关于金融支持小微企业发展的若干意见》和2014年《四川省人民政府关于发展多层次资本市场服务实体经济的若干意见》都将四川省金融业建设的重点落在推进区域性股权交易中心的建设上，发挥成都（川藏）股权交易中心的基础平台作用，而对西部金融中心建设未提及。《中共四川省委关于贯彻落实党的十八届三中全会精神全面深化改革的决定》指出，要加快金融改革创新，推进以成都为主要载体的西部金融中心建设。在2014年10月18日举行的第五届西部金融论坛上，副省长甘霖强调，在新的机遇和挑战面前，四川金融业要以改革创新为动力，坚持金融服务实体经济本质要求，进一步激发金融发展活力，全力推进以成都为西部金融中心、若干城市为金融次级中心的金融发展布局。① 至此，西部金融中心建设的议题虽有所涉及，但始终没有新的政策文件出台。

在西部金融中心建设相关政策的指引下，四川省金融业不断发展壮大。金融业融资结构改革取得积极进展，金融风险得到妥善处置，金融业对外开放进一步扩大，金融体系的稳定性进一步增强。据统计，四川省2014年上半年实现地区生产总值1.27万亿元，增幅高于全国平均水平1.1个百分点。截至2013年末，四川银行业金融机构总资产、存款余额均居中西部地区第一位，居全国第七位。四川共有上市公司103家，居中西部地区首位、全国第七位；保险机构72家，保费收入居中西部地区首位、全国第七位。② 2013年上半年，全省新增各项融资4033亿元，银行贷款以外的债券、股权、信托、租赁等各种渠道实现融资1403.75亿元，同比增加262.9亿元。截至2013年12月31日，全省共有融资性担保机构444家，小额贷款机构344家。担保机构在保余额2338亿元，排在中西部第一位，全国第二位。小额贷款机构贷款余额586亿元，排在中西部第一位，全国第三位。准金融机构在促进小微企业融资、"三农"经济发展和县域经济发展等方面发挥了突出的作用，有效填补了银行、保险、证券等金融机构的业务空白，是西部金融中心建设的重要力量。

（二）产权市场推动西部金融中心建设的法治现状

2003年中共十六届三中全会通过的《中共中央关于完善社会主义市场经济体制若干问题的决定》提出"产权是所有制的核心和主要内容，包括物权、债权、股权和知识产权等各类财产权"，同时明确了现代产权制度在巩固公有

① 梁颖、罗霄：《金融产业集聚的形成模式研究：全球视角与中国的选择》，《南京财经大学学报》2006年第5期。

② 蔡云舟：《聚焦金融改革创新　推动西部经济转型升级》，《成都日报》2014年10月19日。

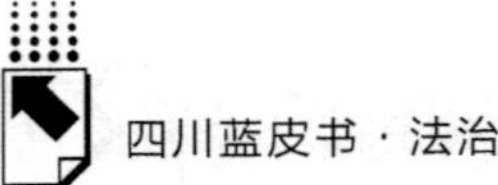

制经济主体地位、促进非公有制经济健康发展、保护公私财产权中的重要作用。我国开始在建立现代企业制度和产权有序流转方面做出积极尝试，各地纷纷建立了具有地域特征的区域产权交易市场。

四川省也把产权市场的建设作为西部金融中心建设的重要内容。《四川省西部金融中心建设规划（2010～2012 年）》明确提出：积极推进各类产权的规范转让和合理流转，提高交易效率、完善交易手段、活跃交易市场，把西南产权交易所建成西部的产权交易中心。《四川省“十二五”金融业发展规划》指出依托西南联合产权交易所，加强统一、集中、规模化的产权市场建设，力争将成都建设成为既有西部地区特色和优势又有全国影响力的金融市场和交易中心。《中共四川省委关于贯彻落实党的十八届三中全会精神全面深化改革的决定》指出要大力发展各类生产要素市场，积极发展多层次资本市场，推动区域性产权交易中心建设，成立成都（川藏）股权交易中心。此后出台的《四川省人民政府关于发展多层次资本市场服务实体经济的若干意见》指出要建设多层次股权市场，发展债券市场，培育各类要素市场，规范发展国有产权交易平台、民营企业产权交易平台、金融资产交易平台等权益类交易场所。2014 年 10 月 23 日通过的《中共中央关于全面推进依法治国若干重大问题的决定》首次将公平原则作为产权保护的核心原则，再次强调了加强对各种所有制经济组织以及公私财产权的保护，对现行有违公平的法律法规条款进行清理，为四川产权市场有序发展提供了重要的制度支撑。

四川省产权市场发育较早，经过多年的发展，积累了十分丰富的信息资源，在推动西部金融中心建设中发挥着举足轻重的作用。四川省第一家产权交易所成立于 1992 年，是我国最早建立产权交易所的省份之一。1992 年至 1995 年底，四川省的产权市场先后组织了 20 多个产权项目交易，交易额达到 3.2 亿元，取得相当不错的成绩。此后，四川省根据《四川省企业国有资产监督管理暂行办法》（省政府令第 220 号）等有关规定，确定了四川省国投产权交易中心和成都联合产权交易所作为企业国有产权进场交易的指定交易机构。2009 年，四川省发出《四川省人民政府关于组建西南联合产权交易所有限责任公司的通知》（川府函［2009］287 号），建立了国内首家跨省区的产权交易所——西南联合产权交易所有限责任公司。西南联合产权交易所（以下称西南联交所）以控股和参股的形式组建了四川联合环境交易所、天府商品交易所、成都文化产权交易所、成都（川藏）股权交易中心等。2011 年和 2012 年国务院相继下发《关于清理整顿各类交易场所切实防范金融风险的决定》（国发［2011］38 号）、《国务院办公厅关于清理整顿各类交易场所的实施意见》（国办发［2012］37 号），对产权市场形成直接影响。经过对交易场所的清理整顿，四川省的产权市场得到进一步净化，以西南联交所为代表的区域产权市场已经初具规模。2013 年西南联交所及其关联交易所完成交易额 4255 亿元，这是四川产权市场发展历程上的重要里程碑。截至 2014 年 8 月，西南联合产权交易所自成立以来已累计完成各类交易项目 9644 宗，交易总额 872 亿元，其中国有产权 776 亿元，累计实现国有产权交易增值额 30 余亿元。[①] 截至 2014 年 12 月，已有 187 家企业在成都（川藏）股权交易中心成功挂牌，为中小企业融资提供了十分便利的渠道。产权交易市场体系化发展，不仅为四川各种资源要素提供了规范化交易平台，极大地活跃了四川要素市场，也通过相关金融活动将金融机构和金融市场紧密衔接，有力地推动西部金融中心建设。

（三）其他产权市场推动区域金融中心建设的法治现状

近年来，全国各地相继提出建设区域性金融中心的口号。深圳、重庆、北京地区的经济发展水平多年来领跑全国，各区域内的金融机构数量众多、种类丰富，为区域性金融中心建设提供了良好的要素环境。这些城市的区域性金融中心建设更具代表性与参考性。

借助经济特区和深圳证券交易所的平台优势，深圳区域性金融中心建设起步较早。2003 年深圳便提出建设区域性金融中心的规划。2014 年《深圳市人民政府关于充分发挥市场决定性作用　全面深化金融改革创新的若干意见》，指出要创新发展各类新型要素交易平台，引导各类要素交易平台做大做强，推动各类新型要素平台组建运行。深圳产权市场推动区域性金融中心建设取得显著效果。深圳联合产权交易所自成立以来业绩斐然，其自 2006 年起推出中小企业成长路线图计划，截至 2013 年 5 月，累计完成企业股份制改造 160 余家，辅导培育上市企业 67 家。前海股权交易中心运行一年半以来，挂牌展示的企

① 《产权交易机构可为国有资产处置提供优质平台》，《四川日报》2014 年 8 月 27 日。

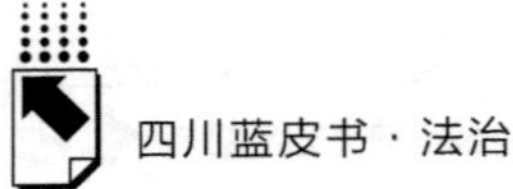

业总数达到4204家,[①] 已占领全国场外资本市场的制高点。2014年上半年,深圳金融业实现增加值902.21亿元（占GDP 14%），仅次于上海和北京，居全国大中城市第三位。

《重庆市金融中心建设"十二五"规划》确立了"打造内陆金融结算中心，加快建成以产业发展和投融资活动为基础的结算型区域性金融中心框架体系"的发展思路，同时提出了"鼓励重庆联交所建成各类产权交易服务的阳光平台，完善重庆股份转让中心功能"的发展目标以支持金融中心建设。2013年《重庆市人民政府关于加快建设长江上游区域性金融中心的意见》指出，要加快建设农村综合产权交易市场，支持"基本建成以金融结算为特征的长江上游区域性金融中心"的目标任务。依托政策的大力支持，2014年上半年，重庆市金融运行总体平稳，地区社会融资规模在全国各省市区中排名第十，各金融机构存贷款适度增长，信贷结构进一步优化。重庆联合产权交易所集团从规范国有产权起步，交易品种扩展到20多个门类，是建设长江上游地区金融中心的重要助推力量。

北京于2008年确立了建设金融中心城市的目标。在北京建设金融中心城市过程中，北京产权交易所发挥着重大作用。自2008年以来，北京产权交易所成立了中国技术交易所、北京石油交易所、北京环境交易所等专业平台，业务领域涵盖技术、石油、环境权益等各类要素资源，为建设区域性金融中心提供了丰富的资源。2014年7月18日，北京产权交易所与天津产权交易中心、河北产权交易中心签署了合作协议，共同成立了京津冀产权市场发展联盟，实现了京津冀产权交易机构的优势互补。在产权市场的积极推动下，北京金融中心建设取得了积极的成效。2014年上半年，北京市金融业整体实现平稳较快增长，对经济增长和财政增长的贡献突出，金融支持经济社会发展力度不断加大，改革创新工作有序推进。

二　产权市场推动西部金融中心建设的法治困境

当前，四川省已构建起银行、证券、保险、信托、担保、小贷等组织形式

① 前海股权交易中心网站，https://www.qhee.com/，最后访问日期：2014年12月3日。

齐全、功能完备、运行稳健的金融体系，是西部地区金融机构数量最多、种类最齐全、开放程度最高的省份，加之成都东大街金融一条街、天府国际金融中心等场所相继建成，四川省西部金融中心的建设已经初见成效。然而，我们也要看到，目前产权市场推动西部金融中心建设依然面临诸多法治困境。

（一）四川建设西部金融中心的法治困境

目前四川建设西部金融中心主要面临着以下问题。

第一，从以上有关政策文件的内容可以看出，四川省关于西部金融中心建设的政策统筹力度和指导力度越来越小。《四川省“十二五”金融业发展规划》之后的相关政策文件，鲜有提及西部金融中心建设或者虽有提及但并不明确具体，这与四川省近年来金融业快速发展的态势是十分不吻合的。相对于东部地区区域性金融中心建设的积极政策导向，四川省西部金融中心建设的政策支持难以满足金融业发展的需要，这将导致四川地区与东部地区的金融发展差距越来越大。政策安排在支持西部金融中心建设上的弱化也将拉大四川省与东部地区的经济发展差距。

第二，政策力度的弱化导致四川省建设西部金融中心的思路越发不清晰。四川省虽已构建起组织形式齐全、功能完备、运行稳健的金融体系，但当前西部金融中心建设还面临着中小企业融资难、区域金融市场体系发育程度不高、农村发展面临金融障碍、高端金融人才匮乏等一系列困难和问题，[①] 政策安排的模糊与不确定使得以上问题难以根本解决。区域金融差异更多地决定于政府的外部制度安排，区域金融差异的形成具有很强的外生性，政府的行为自然也就成为分析我国区域金融差异形成制度诱因的重点。[②] 因此，四川省需要尽快研究和制定相应的政策文件，找到统筹西部金融中心建设发展方向的路径，不断缩小与其他省市的区域金融差异。

第三，四川省建设西部金融中心的思路和策略与大多数省会城市、区域经济中心城市建设区域金融中心的思路较为相似，即以金融市场扩容和金融机构

---

① 周友苏、郑鈜：《区域性金融中心建设若干问题研究》，载郭锋主编《金融服务法评论》，法律出版社，2013。

② 崔光庆、王景武：《中国区域金融差异与政府行为：理论与经验解释》，《金融研究》2006年第6期。

聚集为途径，主要以做大体量的方式扩大金融业规模，但缺乏骨干产业、骨干市场和地域特色，二者产业规划颇为相似，与相关产业、相关市场的融合还缺乏观念创新、手段创新、制度创新。这与内涵丰富、体系化特征明显的“金融中心”还有一定距离。金融创新能力的不足和金融创新投入的不积极让西部金融中心难以在全国脱颖而出。

第四，受制于地理位置和经济发展程度，作为内陆省份的四川省还存在如下具体矛盾：一是金融市场结构发展不均衡，传统金融机构、间接融资占绝对比重，新型金融机构、直接融资发展缓慢；二是金融市场化深度不足，金融业创新能力不强，金融机构在运用股票、债券、信托、资产证券化、基金、衍生产品等创新型金融工具方面，以及充分利用现有资本市场、金融市场的能力还有待提高；三是地方法人金融机构实力偏弱，缺乏对金融资源的吸引和聚合能力，金融总部经济特征不明显，功能难以发挥；四是西部金融中心建设面临重庆、西安等地的类区域竞争、同质化竞争，区域性金融中心前瞻性地服务于“长江流域经济带”、“丝绸之路经济带”等国家战略的准备明显不足等。

（二）产权市场推动西部金融中心建设的法治困境

产权市场作为典型的场外市场和权益市场，其自身的优势和实践因素对建设西部金融中心具有十分重要的现实意义。然而，我们也需要看到，目前产权市场推动西部金融中心建设依然存在以下问题。

第一，由于四川省西部金融中心建设的政策导向逐渐弱化，相应的政策文件对如何通过产权市场推动西部金融中心建设的指导力度也越来越弱。继《四川省“十二五”金融业发展规划》之后的政策文件，在表述中均未涉及产权市场推动西部金融中心建设的具体思路。由于在实践中还有不少产权市场不属于金融市场，产权市场如何推动西部金融中心建设的理论和路径尚不明晰。

第二，四川省西部金融中心建设的政策文件对产权市场提得越来越少，政策指导的重点逐渐向区域股权交易中心、大宗商品交易所等具有显著特征的金融类交易场所倾斜。2014 年四川省出台的《决定》和《意见》无一例外地指出要积极发展多层次资本市场，建设多层次股权市场。《意见》进一步要求各级政府对在成都（川藏）股权交易中心挂牌的企业给予相应的政策扶持，打造大宗商品交易平台。产权市场在建设区域性金融中心中的重要作用在其他省市实践中已日益凸显，产权市场的制度弱化将会阻碍四川建设西部金融中心的进程。

第三，政策安排对相关市场的过分青睐，可能导致产权市场逐渐被边缘化。由于产权的概念具有弹性和开放性，因而导致产权市场的内部和外部边界较为模糊。在我国的政策语境下，由于资本市场、证券市场等需要独立发展，因此产权市场多被限定于整体性、一次性、协商性转让财产权的基础交易市场，从而与价值表现多样、交易制度灵活、可以反复交易权利客体的资本市场、股票市场、债券市场、期货市场等形成差异。① 同时，由于近年来公共资源交易平台受到政策扶持突然崛起，导致产权市场受到资本市场、公共资源交易市场的两面夹击，使得产权市场在应然层面本应享有的制度优势，反而在制度实践中受到重重钳制。

三　产权市场进一步推动西部金融中心建设的法治建议

通过产权市场进一步推动西部金融中心建设，需要结合当前西部金融中心建设面临的问题，合理利用产权市场的优势，有针对性地采取高效的法治措施进一步推动西部金融中心建设，以达到事半功倍的效果，使产权市场更好地服务于西部金融中心的建设。

（一）牢牢把握产权市场是建设金融市场的基石

在其他省市纷纷在金融发展政策文件中把产权市场作为重要领域和内容的同时，四川省近年来出台的有关金融发展的政策却有淡化产权市场作用的趋势，二者之间形成明显反差。这固然一方面是反映了产权市场在近年来受到交易场所清理整顿、公共资源交易市场崛起等影响，另一方面也反映出金融管理部门对于产权市场的重要功能和未来发展缺乏足够的信心。但是必须看到，在

① 郑鈜：《资本市场、产权市场与场外交易市场的政策边界》，《经济体制改革》2013 年第 5 期。

理论上，产权的概念本身就是资本、金融的上位概念，产权市场的范畴要远远大于资本市场、金融市场,[①] 因而产权市场是金融市场、资本市场无可争议的基础；在实践中，股票场外市场、四板市场、私募债券市场等典型的资本市场、金融市场往往诞生于普通的产权交易平台，没有产权市场对于这些细分市场的培育，就没有高度专业化的新型市场。因此，必须树立产权市场是金融市场基石的意识，强化产权市场与金融中心建设之间的密切关系，在做大做强区域资本市场、区域金融市场的同时，不断加强对具有典型区域特征的产权市场的政策扶持，通过产权市场的开放创新带动相关机构、市场的活跃，充分发挥产权市场服务金融市场的优势，加快繁荣发展西部金融中心。

（二）坚定不移地落实国有产权市场交易的法定原则

尽管受到整合建立统一规范的公共资源交易平台的影响，尤其是四川在建设公共资源交易市场体系中的步伐较其他省市迈得快。但是必须充分认识到产权市场对于四川的金融市场、产业发展、经济建设具有其他公共资源交易平台所不具备的密切关联性和直接推动作用，所以应进一步巩固产权市场的市场制度、市场交易和市场规模。坚决落实《企业国有资产法》等法律法规确立的国有产权市场交易的法定原则[②]，依法严格要求企事业单位国有产权、国有金融产权等进入产权市场交易，通过产权市场使各类国有产权得到资源优化配置，避免行政权力违规干预。同时，通过积极参与全省混合所有制改革，畅通非国有产权进场交易的渠道，通过有机整合不同的资本类型，不同的产权主体、客体及其关系，进一步形成生产要素和金融资源在产权市场进行整合的有利局面，从而推动西部金融中心建设。

（三）大力推动产权市场实现交易品种、交易机制创新

政府应当鼓励产权市场在不违反国务院 38 号文件和 37 号文件的前提下，结合市场需求和自身优势开发一系列金融创新品种。针对目前中小企业融资比

---

① 郑鉱、张前东：《多层次产权市场：理论与结构》，《武汉金融》2013 年第 10 期。

② 《企业国有资产法》第 54 条："国有资产转让应当遵循等价有偿和公开、公平、公正的原则。除按照国家规定可以直接协议转让的以外，国有资产转让应当在依法设立的产权交易场所公开进行。"

较困难的现状，产权市场可以利用国家大力发展多层次资本市场、规范债券市场的契机，开展以向特定主体非公开发行私募债券为代表的债券融资、私募融资业务，通过私募债券等债券融资破解中小微企业融资难题，创新私募债券的转让和交易机制，活跃区域金融市场。产权市场可以通过各种对象非公开发行的方式实现集资、融资，突出私募融资方式灵活、管制较少、发行便捷等优势，丰富区域金融市场的内涵。同时，还可通过支持、合作等方式促进其他专门性产权市场创新，如协同股权交易市场、私募基金市场、金融机构市场等开展股权质押融资①，与商品交易市场等共享产权信息，协助其他市场客户进行商业拓展，提供全方位、立体化的产权服务、直接金融服务和金融增值服务。此外，还需要针对不同的交易需求创新交易方式和制度，针对新兴市场建立独立的内部机构，开发产品、设计制度，尤其是针对由两个或多个传统市场交叉形成的新型市场，应当更加注重在产权服务功能上开发，叠加金融服务功能。

（四）大力推动产权市场与地方性金融机构、准金融机构合作

一是通过产权市场直接服务于地方性金融机构的产权转让、增资扩股、收购兼并、业务延伸等，积极争取政府出台相关的政策意见，支持产权交易机构与农村信用社、城市商业银行等地方金融机构，以及全国性金融机构的区域分支机构全面合作，通过市场化的交易方式优化金融资源配置，实现金融增值服务，壮大地方性金融机构实力，有力推动区域性金融中心建设。二是支持产权市场与各准金融机构加强合作，如通过产权市场联合金融机构、担保机构对企业实物资产、知识产权或股权以评估价格进行典当或质押，为企业提供发展资金；与小贷协会共同开发小贷公司资金池业务、信贷资产转让业务，作为小贷公司融资渠道；联合投资机构设立私募基金为企业提供增资扩股等投融资服务；通过与商业银行合作并购贷款为企业提供并购服务支持；通过产权市场完成准金融机构的增资扩股、股权交易以形成资本统一开放、竞争有序的流转局面。

---

① 郑泰安、郑鈜：《发展场外市场股权质押融资》，《金融投资报》2014 年 8 月 29 日。

（五）积极探索构建产权市场的“川藏实验区”

跨区域的产权市场拥有其他独立型产权市场所不具备的资源优势、信息优势和交易优势。作为全国唯一一个跨区域的产权市场，如何通过区域间的产权流动，进一步实现跨区域的金融资源乃至经济资源的整合，是前瞻性、战略性、全局性的重要命题。川藏地区在西部大开发、民族团结、社会稳定以及能源、农业、旅游、商贸等领域发展方面具有独特的战略优势，应当充分利用国家对西藏地区经济社会发展的支持政策和川藏地区的战略优势构建产权市场的“川藏实验区”，发挥实验区不可比拟的政治效益、经济效益和社会效益。借助川藏两地区的信息优势，构建地区性的金融信息综合服务系统，以使金融资源贫乏的地区通过该服务系统接收到金融市场集中地区的有效金融信息。充分发挥区域金融集聚的辐射效应，进而实现各区域金融联动发展。[①] 探索产权市场跨区域之后的深度和广度拓展，从扩充交易主体、增大交易客体、变革交易模式、创新交易监管等方面，进一步扩大产权市场的辐射范围和经济规模，在此基础上灵活调配两地的金融资源、优惠政策，提升西部金融中心建设的高度和品质，从而进一步巩固四川建设西部金融中心的地位和优势。

（六）充分融入互联网金融，突破传统产权交易瓶颈

当前，互联网金融飞速发展，已经深刻影响我国金融市场的建设。引起高度关注的众筹、P2P 等互联网金融领域正以其融资易、成本低、效率高的优势吸引各类企业和投资者参与其中。四川产权市场应当尽快融入互联网社会，积极通过现有的产权交易平台和所积累的丰富产权交易经验，努力对接互联网金融相关业务，在搭建便捷的线上投融资平台、降低企业融资成本、扩大企业直接融资规模的同时，通过互联网金融对传统金融机构的“脱媒”，将线下的金融市场直接纳入产权市场，从而使产权市场蜕变为特征显著的新兴金融市场，直接成为金融市场的组成部分。具体而言，产权市场可以培育股权众筹、债权众筹、服务众筹、捐赠众筹等众筹平台，以及 P2P、P2B、O2O 和第三方支付

① 潘辉、冉光和、张冰、李军：《金融集聚与实体经济增长关系的区域差异研究》，《经济问题探索》2013 年第 5 期。

等互联网金融模式，打造互联网金融的“产权市场模式”。

产权市场融入互联网金融需要注意以下几点：第一，建立与原有产权市场运行模式有所区分的运作流程。在借鉴目前主流众筹平台、P2P平台运作模式的基础上，进一步改造传统的产权交易模式，加强金融安全的制度建设，防范金融风险。第二，建立“门槛适度、监管完善”的互联网金融合格投融资制度。通过设定门槛、识别投资者和融资者等机制建立互联网金融合格投融资者制度，通过强化规则约束和交易机制建设完善制度监管和市场监管。第三，积极参与、接受互联网金融的法治框架。建立健全监管报备制度、资金托管制度、风险隔离制度，积极争取第三方支付业务牌照，积极对接股权众筹、债权众筹、P2P等宏观政策的制定和实施，争取在探索互联网金融的进程中形成独有的“产权市场经验”。

附　　录

Appendix

B.21
四川省依法治省大事记

时间	事件
2013 年 1 月 31 日	四川省委书记、省人大常委会主任王东明在省十二届人大一次会议闭幕会上指出，法治是治国理政的基本方式，要大力推进依法治省，努力把四川民主法制建设提高到新的水平。
2013 年 5 月 13 ~ 14 日	在四川省委十届三次全会上，省委书记王东明再次就推进依法治省的重要意义展开论述，提出要坚持依法治省，大力开展社会主义法制教育，增强党员干部和群众的法制意识，以宪法和法律法规严格规范公权力运用和公民行为，既做到科学立法、依法行政和司法公正，又做到人民群众依法理性表达诉求，维护权益，履行义务，在全社会形成尊重法律、崇尚法制的氛围。
2013 年 5 月 16 日至 6 月 8 日	2013 年 5 月 16 日，接到四川省委赋予的起草《法治四川建设行动方案》任务后，省人大常委会副主任、党组副书记张东升主持召开专题会议，决定由常委会副主任刘道平牵头，成立起草组开展工作。5 月 17 日，张东升主持召开起草工作联席会。6 月 4 日，省人大常委会办公厅再次邀请省法学会、律师协会及省内高等院校法学专家召开座谈会，就方案初稿征求意见，同时发送省级有关部门、省人大各专门委员会和办事机构、各市州人大常委会征求意见。省人大常委会党组于 6 月 8 日召开党组（扩大）会议研究、讨论，提出修改意见和要求，形成《法治四川建设行动方案》（送审稿）。

续表

时间	事件
2013 年 6 月 25 日	四川省委常委会第 47 次会议对《法治四川建设行动方案》（送审稿）进行审议。
2013 年 10 月 15 日	四川省委办公厅发出《关于征求对〈法治四川建设行动方案（征求意见稿）〉意见的通知》（川委厅秘［2013］344 号），征求各方的修改意见。党的十八届三中全会后，根据中央依法治国的安排部署，又对方案进行了进一步充实完善。
2013 年 11 月	四川省委常委会第 63 次会议对《法治四川建设行动方案（征求意见稿）》进行了审议。
2013 年 12 月 11 日	四川省人大制定五年立法规划。
2013 年 12 月 21 日	四川省委书记王东明发表署名文章《治蜀兴川重在厉行法治》。
2013 年 12 月 31 日	四川省委下发《中共四川省委关于印发〈四川省依法治省纲要〉的通知》（川委发［2013］25 号），正式颁布《四川省依法治省纲要》。
2013 年 12 月 31 日	四川省委常委会第 68 次会议审议全省推进依法治省工作电视电话会议有关文件。
2014 年 1 月 9 日	全省推进依法治省电视电话会议在成都召开，标志着四川省深入推进依法治省各项工作全面启动。省委书记、省人大常委会主任王东明作重要讲话。
2014 年 1 月 13 日	四川省委、省政府办公厅印发《关于成立四川省依法治省领导小组的通知》（川委厅字［2014］1 号），决定成立省依法治省领导小组，由省委书记王东明亲任组长；领导小组办公室设在省委办公厅，办公室主任由省委杨天宗副秘书长兼任。四川省人民政府办公厅制定《四川省行政权力依法规范公开运行平台建设和使用管理办法（试行）》、《四川省行政职权目录动态调整管理办法（试行）》、《四川省行政权力依法规范公开运行电子监察管理办法（试行）》。
2014 年 1 月 18 日	四川省委办公厅印发《四川省依法治省 2014 年工作要点》（川委办［2014］1 号），对重点工作、牵头单位、责任部门、完成时限等作了明确规定。
2014 年 1 月 20 日	四川省委书记、省人大常委会主任王东明在省第十二届人民代表大会第二次会议闭幕大会上讲话指出，推进治理体系和治理能力现代化，把治蜀兴川各项事业纳入法治化轨道。
2014 年 2 月	《四川省人民政府 2014 年度推进依法行政工作安排》出台。
2014 年 2 月 9 ~ 10 日	四川省委十届四次全会举行，会议做出了《中共四川省委关于贯彻落实党的十八届三中全会精神全面深化改革的决定》（川委发［2014］4 号），对大力推进依法治省做了进一步部署安排。
2014 年 2 月 24 日	四川省依法治省领导小组印发《〈四川省依法治省领导小组办公室领导成员名单〉通知》（川法组［2014］1 号），明确依法治省领导小组办公室主任由杨天宗担任，副主任分别为吕华、张晋川、邹吉祥、孔祥俊。
2014 年 3 月 7 日	四川省依法治省领导小组印制《关于印发〈四川省依法治省领导小组工作规则〉等 3 件工作制度的通知》（川法组［2014］2 号），下发《四川省依法治省领导小组工作规则》、《四川省依法治省领导小组成员单位工作职责》、《四川省依法治省领导小组办公室工作细则》等 3 项制度规定。

续表

时间	事件
2014 年 3 月 14 ~ 16 日	举行全省学习贯彻《四川省依法治省纲要》培训班。省委副书记柯尊平在开班仪式上作重要讲话。
2014 年 3 月 22 日	四川省人大初步构建了法制工作联系点、立法专家咨询库、立法评估协作基地，并制定了《四川省地方立法咨询专家库管理办法》、《四川省地方立法评估协作基地管理办法》。
2014 年 3 月 24 日	四川省依法治省领导小组办公室、四川省委宣传部、司法厅联合下发《关于集中开展依法治省宣传教育月活动的通知》，从 2014 年 3 月 25 日至 4 月 25 日，在全省集中开展为期一个月的依法治省宣传教育月活动。
2014 年 3 月 26 日	四川集中开展依法治省宣传教育月活动，全省司法系统以"法律七进"为载体，集中组织开展"法律服务进万村"和"普法宣传进万家"活动，组织指导各法律服务小分队开展一次以上活动。
2014 年 3 月 27 日	四川省司法厅派出十个督导组到各市州巡回督察。
2014 年 3 月 29 日	四川省人民政府办公厅印发《四川省人民政府法律顾问团管理办法》。
2014 年 4 月 9 日	四川省检察院出台意见：提高查办职务犯罪法治化水平。
2014 年 4 月 13 日	四川省高级人民法院出台多项举措深入推进依法治省。
2014 年 4 月 22 日	四川省高级人民法院出台实施意见推进依法治省。
2014 年 4 月 22 日	四川省 21 市州决定轮办"治蜀兴川"法治论坛。
2014 年 5 月 4 日	四川省依法治省领导小组办公室下发《关于抓紧推进 2014 年度依法治省各项工作任务的通知》。
2014 年 5 月 26 日	四川省委宣传部、省司法厅制定了《四川省"法律七进"三年行动纲要(2014 ~ 2016 年)》，并于 5 月 26 日下午在省司法厅召开了贯彻落实《四川省"法律七进"三年行动纲要》大会。
2014 年 5 月 29 日	四川省第十二届人民代表大会常务委员会第九次会议通过《四川省人民代表大会常务委员会关于深入推进依法治省的决议》。
2014 年 6 月 30 日	四川省政府出台《关于推进依法治省、加快法治政府建设的意见》。
2014 年 8 月 3 ~ 9 日	全国媒体"法治四川行"采访活动在四川进行。
2014 年 9 月 29 日	中共四川省委办公厅印发《四川省依法治省指标体系(试行)》的通知。
2014 年 10 月 11 日	《四川省依法治省指标体系(试行)》正式发布实施。
2014 年 10 月 19 日	四川省政府官网发布《关于进一步加强财政资金管理的规定》等十项重要新规。由省政府出台的这十项新规，从不同领域、不同层面建章立制，对政府权力进行监督制约。
2014 年 10 月 28 日	四川省人大常委会召开第三十四次党组(扩大)会议，传达党的十八届四中全会和省委常委(扩大)会议暨省委中心组学习会有关精神，研究贯彻落实意见。

续表

时间	事件
2014 年 10 月 28 日	四川省政府党组召开(扩大)会议,学习贯彻党的十八届四中全会精神、省委常委(扩大)会议暨省委中心组学习会议精神,研究省政府党组贯彻落实的意见措施。
2014 年 11 月 11 日	国家统计局四川调查总队举办了 2014 年四川省市级政府依法行政第三方测评培训会。
2014 年 11 月 19 ~ 20 日	四川省召开中国共产党四川省第十届委员会第五次全体会议,全会审议通过了《中共四川省委关于贯彻落实党的十八届四中全会精神全面深入推进依法治省的决定》和《中共四川省委关于坚持思想建党与制度治党紧密结合全面推进从严治党的决定》。
2014 年 12 月 5 日	四川省委召开常委会议,传达学习习近平总书记在中共中央办公厅有关芦山地震灾区回访调研报告上的重要批示,传达学习全国离退休老干部先进集体和先进个人表彰大会、中央巡视工作动员部署会议和省区市巡视办主任座谈会精神,研究四川省贯彻落实意见,听取 2014 年以来四川省政法工作情况汇报。

Abstract

Annual Report on Development of the Rule of Law in Sichuan (2015) is divided into the General Report, Overall Reports, Theme Reports, Local Rule of Law and Innovation of Rule of Law, etc.. It sorts out the key work and hot issues in the development of Sichuan's rule of law in 2014 and highlights that the new age of institutional bonus has come in the context of overall promotion of governing the country in line with law.

Based on Sichuan's implementation of Outline of Governing Sichuan in Line with Law and centered around several aspects including legislation, law enforcement, judicature and law – abiding, the Bluebook of the Rule of Law in Sichuan (2015) focuses on the new development, new ideas and new patterns of Sichuan's work of rule of law, analyses from the perspective of rule of law the activities at all levels in the economic, administrative, social and other fields, which is helpful to boost the theories and practices and spirits of rule of law to have comprehensive and profound impact on the economic and social development.

Besides sorting out from overall dimensions the governance of Province in line with law, legislation, administrative rule of law and judicial practices, the Bluebook of the Rule of Law in Sichuan (2015) explores by Theme Reports several issues such as legislative consultation, open justice, social stability risk assessment, administrative discretion, community correction, rule of law in respect of mixed ownership economy and so forth. It actively responds to the economic and social development and contributes to the whole society a local model of rule of law in Sichuan: in Local Rule of Law Reports, it shares important experiences in minority legislation, "Big Mediation", rule of law in respect of litigation – related letters and calls, innovation of training methods for prevention of duty crimes, pilot reform on comprehensive law enforcement, and so forth; by the Reports of Innovation of Rule of Law, it focuses on analyzing "Seven – in of Law", administrative approval reform, convergence of litigation and non – litigation, medical dispute mediation, rule of law in property market, which fully demonstrates the wisdom and courage of Sichuan in reform on rule law.

Contents

B I General Report

Abstract: Since the 18th CPC National Congress, Sichuan Province, starting from the top design, highlights the high - end planning, and rigorously practices the rule of law. It has become a pioneer in thoroughly implementing the strategy of governing the country in line with law and has written a new chapter of governing Sichuan in line with law. Sichuan has promulgated and implemented important documents, including but not limited to the Outline of Governing Sichuan in Line with Law, the Index System of Governing Sichuan in Line with Law, the Decision on Implementing Spirits of the Fourth Plenary Session of the 18th CPC Central Committee and Comprehensively and Thoroughly Governing Sichuan Province in Line with Law, and the Three - year Action Program of "Seven - in of Law" in Sichuan Province (2014 -2016) . Sichuan is top - ranked nationwide in aspect of governing the province in line with law. Based on empirical research on the status quo of governing Sichuan Province in line law, this Report sorts out the practices of governance in line of law of some Sichuan areas, and summarizes typical experiences and highlights of some cities and prefectures. From multidimensional levels of top design, institutional mechanisms, practices and explores, etc. , the issues and challenges lying in the process of governing Sichuan Province in line with law are explored, and overall outlooks on Sichuan's work of governing the Province in line with law are brought forth at the end of the Report so as to provide theoretical and practical support to the overall promotion of rule of law in Sichuan Province.

Keywords: Governing Province in Line With Law; Building of Rule of Law in Sichuan

B Ⅱ Theme Reports

B. 2 Making Good Laws, Promoting Good Governance, and Developing Sichuan: Sichuan Legislative Report of 2014

Abstract: Governing and developing Sichuan, good laws promotes the good governance. Based on sort – out of the legislative work of Sichuan in 2014, the Legislative Report analyzes the features of local legislation in the building of rule of law in Sichuan: 1) with foresight on reform, Sichuan promulgated the Outline of Governing Sichuan in Line with Law to lead the legislative work; 2) Overall planning, Sichuan promotes legislation and highlight the ideas of rule of law by legislative plan; 3) focusing on intelligence support to legislation, and so forth. The Report holds the view that the legislation of Sichuan in 2014 reflects four points: 1) respect for public opinions, open and scientific legislation; 2) the more the Party stresses the leading and promoting role of legislation, the greater authority and vitality the law will have; 3) serving the overall development of Sichuan, putting the leading role of legislation into play; 4) strengthening legislation in key fields and responding to social concerns. Outlooks on future legislations include: 1) effectively improving the quality of legislation; 2) promoting democratic legislation; 3) improve the constitution implementation and supervision system; and 4) gradually promoting legislation assessment.

Keywords: Legislation; Science; Good Governance

B. 3 Vigorously Carrying out Reform, Boosting Administration by Law: Administrative Rule of Law in Sichuan 2014

Xian Zhiyong / 049

Abstract: Sichuan Province has carried out a series of reforms during the 2013 – 2014 administrative rule of law. In the following eight aspects Sichuan has made innovative exploration, achieved good results and set a good example for the whole nation: deepening the reform of administrative approval system, establishing the government counsel system, implementing administrative power list system, further standardizing administrative enforcement activities, strengthening supervision and administration on normative documents, improving governmental legislation work, resolving administrative disputes pursuant to law, and establishing and improving the working mechanism. 2015 is the year for Sichuan Province to deepen the promotion of governing Province in line law. Based on the spirits of the Decision of the Fourth Plenary Session of the CPC Central Committee and the Fourth Plenary Session of the Tenth CPC Sichuan Provincial Committee, and in accordance with the general requirements in the Outline of Governing Sichuan in Line with Law, Sichuan continues to deepen the building of administrative rule of law and provides solid legal guarantees for governance and development of Sichuan and promotion of "Two Leaps".

Keywords: Administration by Law; Administrative Rule of Law; Legal Guarantees

B. 4 Impartial Justice Escorts Rule of Law in Sichuan: Sichuan Judicial Report in 2014

Xu Binhui / 061

Abstract: "A country without impartial law is doomed to decline and fall" . Sichuan judicial organs have always been aimed to practice judicial impartiality. Courts and procuratorial organs throughout Sichuan Province have put their functional roles of trial, enforcement, investigation and supervision into full play. From 2013 to the early half of 2014, courts in Sichuan have accepted 1201798 cases and completed trial and enforcement of 1069978 cases; in 2013, procuratorial organs in Sichuan Province have ratified arrests of 37270 criminal suspects of all kinds and indicted prosecution

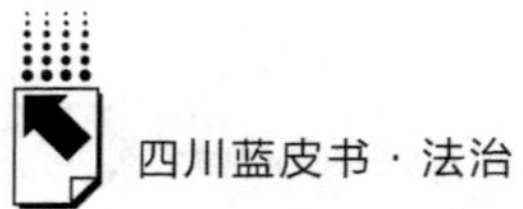

against 57692 persons. Such activities have fiercely combated and punished crimes, maintained social stability, and provided good market order and safety guarantee for the economic development. Besides keeping the last line of defense for social fairness and justice, Sichuan judicial organs also effectively change their work style, focus on improving the staff quality, adhere to justice for the people, and effectively solve the masses' problems such as difficulties in litigation, enforcement, reporting, complaining or difficulties in applying for certificates. Promoted by adhering to judicial justice and efficiency, furthering judicial transparency and services, standardizing judicial activities and procedures and improving judicial work style and capacities, Sichuan judicial organs have innovated work mechanisms, deepened open justice, implemented supervision over power operation, improved service effects, actively promoted peace in Sichuan, building of rule of law in Sichuan, effectively promoted the social fairness and justice. Judiciary credibility has been greatly enhanced, and judicial guarantee has been provided for further reform in Sichuan in all aspects, for building rule of law in Sichuan, and for achieving good and fast development, comfortable homes and satisfactory jobs for the people and harmony and stability in the society.

Keywords: Court Trial and Enforcement; Procuratorial Investigation and Supervision; Police Law Enforcement; Prison Administration

B Ⅲ Overall Reports

Abstract: As an important part and form of deliberative democracy, legislative consultation is an innovation to implement "consultation before decision - making" and an important method to improve legislative quality. This Report summarizes the concept and mechanisms of legislative consultation, and analyzes by case study the status quo and effects of legislative consultation in Sichuan Province, and by such status quo analysis, sorts out the existing problems concerning legislative consultation. Based on drawing on experiences of other provinces and cities, suggestions are made on how to structure the system of legislative consultation in Sichuan Province.

Keywords: Legislative Consultation; Connotation; Mechanism; System Structuring

Abstract: Discretion, used to be called "free discretion" is sure to exist in the administrative enforcement. In the practices of administrative enforcement, administrative bodies have discretion in certain enforcement space; administrative counterparts are constantly concerned about how the administrative bodies exercise such discretion and even suspect the justice in the exercise of discretion. In order to enable administrative bodies to enforce laws in a transparent way, and get the administrative counterparts "convinced", it is indispensable to standardize discretion. Through years of trial, Sichuan has explored to compress the space for discretion of administrative bodies and reduce the "free" margin so as to enhance the legitimacy of law enforcement by formulating the Provisions of Sichuan Province on Standardizing Discretion in Administrative Enforcement. Such standardization of discretion has been applauded and praised by the general public. Undoubtedly, this project is still underway and requires further work and continuous efforts.

Keywords: Discretion; Administrative Law – Enforcement; Legislation

Abstract: "Sunshine" is the best justice "preservative" and open justice is an important symbol of the rule of law. From 2013 to 2014, open justice in Sichuan has been accelerated. Sichuan courts at all levels have, according to deployment by the High Court of Sichuan, fruitfully promoted the building of "three open platforms", optimize the function of litigation service centers, improved the self - service capacities of portals, propelled the extension from the courtroom hearings that can only have limited audience and one - way styled to interactive modes such as microblogging and video live; strengthened online disclosure of effective judgment documents, promoted the construction of enforcement information disclosure platform, established online enforcement inspection and control mechanism, tried online auctions, established "dishonest debtor list library" and effectively achieved transparency in court trial and enforcement work. As a pilot place for deepening reform on the system of procuratorial transparency, Sichuan procuratorates at all levels will fully popularize the unified business applications, achieve online operations regarding all the newly accepted cases and handling cases; officially open the People's Procuratorate case information publicity network, improve online real - time inquiry, reporting, complaining and appealing platform; strengthen construction of platforms such as portals, official microblogging, wechat, etc. , accumulate and summarize rich experiences in pilot work of procuratorial transparency. Under the guidance of Provisions on Transparency of Law Enforcement by Public Security Organs, Sichuan public security authorities have established internet law - enforcement disclosure platform to disclose law - enforcement information and provide inquiry and self - services; strengthen the construction of website "Sichuan Public Security", improve the functions of online information disclosure and supervision; fully explore the advantages of traditional medias and new medias, actively and steadily promote police work transparence. Sichuan judicial prisons have adhered to the concept of "Great Law Enforcement", extended transparency in prisons to transparency to outside prisons, transparency in prisons to transparency to the public. Through the mechanism and platform of prison work transparency, justice and transparency of prison law - enforcement have been promoted and reflected and the transparency of prison work has been fully deepened.

Keywords: Open Justice; Three Open Platforms; Procuratorial Transparency; Police Transparency; Prison Transparency

Abstract: It has been expressly prescribed in the Decision of the Party's Fourth Plenary Session of the 18th CPC Central Committee that risk assessment has been taken as one of the legal procedures for major administrative decision - making. With the deepening of overall reform, Sichuan Province is challenged by surge of risks and conflicts that affect the economic development and social stability, including but not limited to economic imbalance, social disorder and people's mental imbalance. Starting from source control, the establishment and improvement of mechanism of social stability risk assessment for major decision - making is a new clue for preventing and solving the risks and conflicts impacting social stability. To popularize the application of such mechanism has practical urgency. Sichuan is making great efforts to achieve the coverage of social stability risk assessment throughout the whole province. In such context, this Article summarizes Sichuan experiences from the aspects of basic information and results achieved, sorts out the existing problems and makes targeted policy suggestions.

Keywords: Social Stability; Risk Assessment; Source Control

Abstract: Community correction in Sichuan Province has been practiced for approximately ten years, achieved certain merits and made corresponding contributions to the building of rule of law in Sichuan. Nevertheless, due to historical and social reasons, the Community Correction Act has not been promulgated yet. Thus, it is a must to explore the building of community correction organizational system, work system, coordination system with local characteristics and accumulate practical experiences for legislation.

Keywords: Sichuan; Community Correction; Status Quo; Reflection

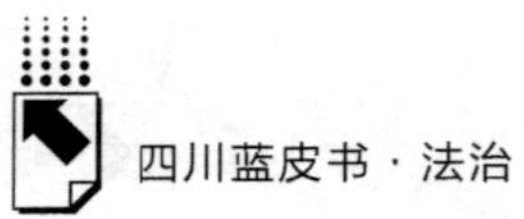

Abstract: This Article explores the connotation of mixed ownership economy, sorts out the policy evolution of China's development of mixed ownership economy, makes legal evaluation on the mixed ownership economy policies in Sichuan and in other provinces and cities. Based in analysis and research on status quo and problems, several suggestions are made in respect of improving mixed ownership policies in Sichuan.

Keywords: Mixed Ownership; Policy; System

B IV Local Rule of Law

Abstract: Social stability in minority areas is crucial to ethic policies and border security. China's regional ethnic autonomy system has a history of more than 50 years and the legislative power of minority areas is a great feature of the regional ethnic autonomy system. In recent years, Sichuan Province has achieved a lot in the legislative work in minority areas. Take autonomous regulations, separate regulations promulgated by regions such as Aba, Ganzi and Beichuan, they all have some distinctive features. In particular, Sichuan's legislative work in minority areas in 2014 reflects forward – looking prospective, timeliness, target – orientation, science and democracy of legislation. And among them, Beichuan area is the most typical. In this new era of overall promotion of rule of law by the CPC Central Committee, Sichuan's ethic legislative work still has a long way to go. Sichuan will fully use the legislative power in autonomous regions to maintain stability and promote the leapfrog development of minority areas.

Keywords: Ethnic Autonomous Governance; Legislative Practice; Legislative Innovation; Governing the Country in Line with Law

Abstract: "Big Mediation" is one of the social governance initiatives explored and innovated on the basis of traditional mediation to prevent and solve disputes, maintain social harmony and stability, guarantee the good and fast development of economy and society. "Big Mediation" has been introduced and developed for over ten years and has shown great vitality in local governance. Nevertheless, due to difference in development modes and effectiveness in various areas, issues such as the development directions, modes, and whether unified development mode can be formed are worthy of in - depth studies. Sichuan Province is a key region for innovative practices of "Big Mediation" work system in China, and Meishan has been selected as the birthplace and model city of the "Big Mediation "work system of Sichuan Province. It always adheres to exploring and innovating, continuously achieve new breakthroughs and have significant impact in the Province and the country. Reflection and suggestions on promoting the work norms and scientific development of "Big Mediation" under the new circumstances in combination with the lively practices in Meishan is vital to theoretical development and practical innovation.

Keywords: Big Mediation Work System; Development Strategy

Abstract: In recent years, the number of litigation - related letters and calls is big and modes of letters and calls are many. From individual petition to collective petition, from petition at local level to petition to the provincial or national level, from word petition to sit - in petition and then to violence petition, the litigation -

related letters and calls seem to be more and more intensified. The society has formed a misconception of "great havoc results in great solution, trial havoc results in trial solution and no havoc no solution"; the morale of relying on "letters and calls" rather than relying on "law" must be changed. Early this year, it was proposed at the Central Political Work Conference that "safeguarding rights is the basis of safeguarding stability and the essence of safeguarding stability is safeguarding rights". Appraisal on letters and calls has been excluded from the index for appraising party and government leaders and local governments. National authorities no longer "buy stability with money". Instead, grassroots reform is carried out on the work of letters and calls: strengthening the team building and resource input in grassroots letters and calls work. Establishing orderly and effective work system, expanding channels for the mass to express their appeals, leaders and cadres personally handle petition cases at the communities and resolving the contradictions at the grassroots level. Leshan City has accumulated rich experiences in the practices of rule of law regarding litigation - related letters and calls: establishing "People Auditorium" to enable the mass to tell their stories and laws in their daily life, let cadres listen to the problems and difficulties and jointly solve disputes and conflicts. Thus, the capacity of grassroots self - governance has been significantly improved. "People Auditorium" has become a new bridge to connect Party committees and governments with the mass, a classroom for listening to the voice of people and the new platform for serving the mass and promoting law publicity. Through grassroots work, Leshan City has successfully guided the work of letters and calls to the track of rule of law.

Keywords: Litigation-involved Letters and calls; Grassroots; People Auditorium; Rule of Law

B. 14 Qionglai Procuratorate Innovates Training Methods of Preventing Duty Crimes

Sichuan Research Group on Innovation of Training Methods of Preventing Duty Crimes / 212

Abstract: Cooperating with Psychology College of Beijing Normal University,

Qionglai Procuratorate developed the prevention innovation project of "organizing self - growth and psychological intervention in the building of clean government culture", explores and takes advantages of multi - disciplinary knowledge to carry out training on prevention of duty crimes, drafts the prevention training textbook of Scientifically Understanding Bribery Crimes, integrates knowledge of criminal law, psychology, sociology, economics and other disciplines. Dividing the training knowledge of duty crime prevention into 8 sections, lectures are giving by issue introduction and interactive teaching. Important knowledge points are designed into dramas. Thus the contents and methods for education of duty crime education are enriched and valuable experiences are provided for the current anti - corruption work.

Keywords: Prevention of Duty Crimes; Training Methods; Innovation

Abstract: Administrative enforcement is systematic and comprehensive. Whether the administrative enforcement is strict and impartial directly reflects the level and extent of administrative in line with law by governments at all levels; whether the administrative enforcement is timely and efficient directly affects the exercising of governance capacities of governments at all levels and the effects of social governance. Cross powers and duties, enforcement by various authorities and by authorities of different levels not only undermine the unity of law enforcement, but also increase the cost of law enforcement. The "comprehensive law enforcement pilot" work in Yanbian County of Panzhihua City focuses on grassroots law enforcement, by establishing a comprehensive law enforcement institution consisting of several departments, it achieves the unified use of enforcement power, and it is helpful in avoiding overlapped enforcement and vacancies of enforcement, establishing efficient, authentic administrative law enforcement system with unified powers and duties, improving the enforcement staff's level of enforcement and standardizing administrative enforcement activities. It is proved by practice that such "pilot" work has significantly improved the efficiency and quality of law enforcement, reduce social conflicts, enhance the power and vitality of villages and towns to promote economic and social development and effectively promote the orderly development of administration in line with law throughout the county.

Keywords: Administrative Enforcement; Comprehensive Law Enforcement; Reform; Pilot

B V Innovation of Rule of Law

Abstract: The Outline of Governing Sichuan in Line with Law Province establishes the basic position of legal education in the promotion of governing the Province by law and lists "Seven – in of Law" as important forms of legal education and includes it into the systematic project of governing the Province by law. During the promotion of "Seven – in of Law", based on the actual circumstances of the Province, Sichuan stresses the important role of "law into temples" in the legal education; formulate the Three – year Action Program of "Seven – in of Law" in Sichuan Province (2014 – 2016), draw timetable and roadmap for "Seven – in of Law", form sustainable legal education leadership mechanism and work mechanism; all regions and all departments of Sichuan Province have, based on actual circumstances of work, innovated work ideas and methods for "Seven – in of Law" and accumulated rich experiences of legal education.

Keywords: Legal Education; Seven – in of Law; Surpass

Abstract: The Outline of Governing Sichuan in Line with Law Province brings forth the targets for administrative approval reform, and comparatively refines the reform indicators. In 2014, Sichuan continues to promote and implement the State Council's policies concerning administrative approval reform, vigorously develops online governmental affairs, accelerates the building of information technology, scientific and service - oriented online administrative approval, specially promote new measures to promote the reform, attempts to achieve full localization of approval service of "in and out through one window", encourage trial investment project of "lifecycle service process reengineering". Although there are many pilot experiences and new methods throughout the Province, dividends of rule of law in approval are significant, in order to continuously obtain such dividends, efforts must be made on the establishment of responsibilities, powers and interests in the approval projects, deepening reform on preconditions for administrative approval and achieving one - stop coverage of internet and information technology relating to administrative approval so as to realize full coverage to all villages and towns.

Keywords: Control; Freedom; Administrative Approval

Abstract: Interlink between litigation and mediation is the soul of the "Big Mediation" work. In May 2012, Meishan City became one of the 42 pilot areas for the national dispute settlement mechanism of interline between litigation and non-litigation approved by the Central Government. On August 21st, 2014, Meishan's experiences of "interlink between litigation and non-litigation" and merits of "Big Mediation" were affirmed by the Supreme People's Court at the national deployment meeting held by the Supreme People's Court. This Article introduces the background of the birth and development of the mechanism of "interlink between litigation and non-litigation", summarizes the status quo of the birth and development of Meishan City's mechanism of "interlink between litigation and non-litigation". Through specific data analysis, the Article also sorts out the practices regarding interlink between litigation and non-litigation, and makes suggestions on how to deepen the pilot work of "interlink between litigation and non-litigation".

Keywords: Meishan; Interlink Between Litigation and Non-litigation

B. 19 New Mediation Mechanism to Solve Medical Disputes

Tang Jun / 278

Abstract: Medical disputes are common in current China. It includes disputes over medical malpractices and non - medical malpractices between the patients or people who have legal interests with the patients and the hospital. Main causes for medical disputes should be attributed to the hospitals, but there are also many other reasons, such as faults of the patients or the society. Currently, new mechanisms for solving medical disputes are being explored in China. To effectively solve medical disputes, governments and organizations of all cities/prefectures in Sichuan are carrying out effectively explores of multi - mechanism. Combined with the work features of major cities in Sichuan, this Article analyzes the medical disputes and digs out in - depth reasons for such disputes and attempts to search for a new mechanism for solving such disputes.

Keywords: Medical Disputes; Solve; Mediation; New Mechanism

B. 20 Road to the Rule of Law in the Promotion of Building Western Financial Center Through Property Market

Sichuan Research Group of Rule of Law in Property Market / 289

Abstract: In recent years, slogans of building regional financial centers can be seen throughout China. With the continuous growth of property markets, property markets gradually play important roles in building regional financial centers. Many places in China have achieved some success in building regional financial centers through property market. Comparatively speaking, policies of Sichuan on building regional financial center tend to be weakening. It is still unclear how the property market will promote the building of western financial center. This Article analyzes the status quo of rule of law in the promotion by property market in Sichuan on the building of western financial center. Combined with experiences of other regions on promoting the building of regional financial centers through property market, the Article attempts to find out the plight of rule of law in Sichuan's building of western financial center, and brings forth an innovative idea to solve the rule of law by take property market as the cornerstone and include internet finance.

Keywords: Property Market; Region; Financial Center; Rule of Law

B VI Appendix

皮书起源

“皮书”起源于十七、十八世纪的英国，主要指官方或社会组织正式发表的重要文件或报告，多以“白皮书”命名。在中国，“皮书”这一概念被社会广泛接受，并被成功运作、发展成为一种全新的出版型态，则源于中国社会科学院社会科学文献出版社。

皮书定义

皮书是对中国与世界发展状况和热点问题进行年度监测，以专业的角度、专家的视野和实证研究方法，针对某一领域或区域现状与发展态势展开分析和预测，具备权威性、前沿性、原创性、实证性、时效性等特点的连续性公开出版物，由一系列权威研究报告组成。皮书系列是社会科学文献出版社编辑出版的蓝皮书、绿皮书、黄皮书等的统称。

皮书作者

皮书系列的作者以中国社会科学院、著名高校、地方社会科学院的研究人员为主，多为国内一流研究机构的权威专家学者，他们的看法和观点代表了学界对中国与世界的现实和未来最高水平的解读与分析。

皮书荣誉

皮书系列已成为社会科学文献出版社的著名图书品牌和中国社会科学院的知名学术品牌。2011 年，皮书系列正式列入“十二五”国家重点图书出版规划项目；2012~2014 年，重点皮书列入中国社会科学院承担的国家哲学社会科学创新工程项目；2015 年，41 种院外皮书使用“中国社会科学院创新工程学术出版项目”标识。

权威报告　热点资讯　海量资源

当代中国与世界发展的高端智库平台

皮书数据库　www.pishu.com.cn

皮书数据库是专业的人文社会科学综合学术资源总库，以大型连续性图书——皮书系列为基础，整合国内外相关资讯构建而成。该数据库包含七大子库，涵盖两百多个主题，囊括了近十几年间中国与世界经济社会发展报告，覆盖经济、社会、政治、文化、教育、国际问题等多个领域。

皮书数据库以篇章为基本单位，方便用户对皮书内容的阅读需求。用户可进行全文检索，也可对文献题目、内容提要、作者名称、作者单位、关键字等基本信息进行检索，还可对检索到的篇章再作二次筛选，进行在线阅读或下载阅读。智能多维度导航，可使用户根据自己熟知的分类标准进行分类导航筛选，使查找和检索更高效、便捷。

权威的研究报告、独特的调研数据、前沿的热点资讯，皮书数据库已发展成为国内最具影响力的关于中国与世界现实问题研究的成果库和资讯库。

皮书俱乐部会员服务指南

1. 谁能成为皮书俱乐部成员?

- 皮书作者自动成为俱乐部会员
- 购买了皮书产品（纸质皮书、电子书）的个人用户

2. 会员可以享受的增值服务

- 加入皮书俱乐部，免费获赠该纸质图书的电子书
- 免费获赠皮书数据库100元充值卡
- 免费定期获赠皮书电子期刊
- 优先参与各类皮书学术活动
- 优先享受皮书产品的最新优惠

社会科学文献出版社 SOCIAL SCIENCES ACADEMIC PRESS (CHINA) 皮书系列
卡号: 902090275409
密码:

3. 如何享受增值服务?

（1）加入皮书俱乐部，获赠该书的电子书

第1步 登录我社官网（www.ssap.com.cn），注册账号；

第2步 登录并进入“会员中心”—“皮书俱乐部”，提交加入皮书俱乐部申请；

第3步 审核通过后，自动进入俱乐部服务环节，填写相关购书信息即可自动兑换相应电子书。

（2）免费获赠皮书数据库100元充值卡

100元充值卡只能在皮书数据库中充值和使用

第1步 刮开附赠充值的涂层（左下）；

第2步 登录皮书数据库网站（www.pishu.com.cn），注册账号；

第3步 登录并进入“会员中心”—“在线充值”—“充值卡充值”，充值成功后即可使用。

4. 声明

解释权归社会科学文献出版社所有

皮书俱乐部会员可享受社会科学文献出版社其他相关免费增值服务，有任何疑问，均可与我们联系

联系电话：010-59367227　企业QQ：800045692　邮箱：pishuclub@ssap.cn

欢迎登录社会科学文献出版社官网（www.ssap.com.cn）和中国皮书网（www.pishu.cn）了解更多信息

法律声明